KB264523

'필사적인 포옹': 독·소 불가침 조약 (1939·08·23)과 소련 측의 동기 분석

'필사적인 포옹': 독·소 불가침 조약 (1939·08·23)과 소련 측의 동기 분석

황 동 하 著

한국학술정보㈜

책 머리에

책 표지의 그림 제목은 〈그들의 '꿈 같은' 허니문은 얼마나 오래 지속될 수 있을까?〉이다. 그 제목이 암시하고 있는 것처럼 그들의 신혼은 그리 오래 지속되지 못하였다. 그러면 스탈린과 히틀러, 그들의 '필사적인 포옹(The Deadly Embrace)'[1]은 어떻게 이루어진 것일까? 익히 알다시피, 이념이 다를 뿐만 아니라, 서로 적대적인 체제의 수장이기까지 했던 그들이 당시 전 세계 사람들의 '머리 위에 폭탄'을 터트리면서 그러한 '포옹'을 한 동기는 무엇일까? 이것이 내가 이 주제를 선택하게 된 동기이다.

그러면 당시 소련의 대외적 입지는 어떠했는가. 어떠한 입지에 있었기에 소련은 '악마'와 거래를 했는가. 그러한 '거래'는 불가피했는가 아니면 다른 대안이 있었는가. 그 당시 소련이 직면한 상황은 대략 다음과 같았다. 사회주의혁명이 성공한 이후, 소련은 대외적으로 국제적 고립을 탈피해야 할 절체절명의 과제를 안고 있었다. 그 결과 소련은 자본주의국가들과 '우호적인' 외교관계를 수립하면서 그러한 고립에서 벗어난 듯하였다. 하지만 그러한 외부적인 안정은 그리 오래가지 못했다. 1930년대 초반 독일에서 히틀러가 정권을 장악하면서, 유럽의 정세에는 먹구름이 짙게 끼기 시작하였다. 그러한 먹구름은 유럽의 다른 국가들보다도 소련 하늘 위에서 더 짙고 두

---

1) A. Read & D. Fisher, *The Deadly Embrace : Hitler, Stalin, and the Nazi-Soviet Pact 1939-1941*에서 따온 것이다.

껍게 드리워져 있었다. 그에 따라 소련의 안보 문제가 다시금 최우선적인 의제(agenda)로 부상하게 되었다. 급기야 독일의 폴란드 침략이 목전의 일이 되자, 소련의 위기감은 한층 더 증폭되었다. 폴란드를 위시한 동유럽과 발트해 연안 지역의 위기는 곧 소련 서부 국경의 불안정을, 나아가 국가 안보의 위기를 의미했기 때문이다. 따라서 소련은 독일의 침략을 저지해야만 하였다. 물론 대안이 없진 않았다. 그것은 파시스트에 맞서 서유럽 국가와의 공동 전선을 구축하는 일이었다. 하지만 그와 같은 평화의 대의에도 불구하고 영국과 프랑스, 소련은 각자 독일 측에 끈을 대서 임박한 전쟁의 총구에서 벗어나고자 하였다. 독일 역시 마찬가지였다. 독일은 서유럽과 소련 양측을 상대로 동시에 양면전을 치를 수 없었다. 결국 당시 유럽의 4강국은 자국의 안전만을 확보하고자 치열한 외교전을 펼쳤던 것이다.

그런데 정작 다급해진 것은 독일 쪽이었다. 독일이 추진한 영국과의 단독회담은 막다른 골목에 처한 상태였고, 영국과 프랑스, 소련 간의 협상은 성공할 듯이 보였다. 독일은 폴란드 공격날짜를 더 이상 미룰 수 없기에 소련 측 대안을 선택하기에 이른다. 그 결과 소련은 '부유한 약혼녀'의 입장에 놓이게 되었고, 그러한 '이중의 게임'을 하면서 자신의 몸값을 충분히 올릴 수 있었다. 말하자면 그 결혼의 성사 여부는 누가 얼마나 더 많은 '지참금'을 가져오느냐에 달려 있었다. 영국과 프랑스는 소련과의 조약 체결을 배수(排水)의 진으로 삼아 히틀러를 유화시키려 하였다. 그에 따라 그들이 소련과의 동맹에 임하는 자세는 소련으로 하여금 의혹을 품게 하기에 충분하였다. 그와 반대로 독일은 폴란드 침공 계획을 차질 없이 실행하기 위해 적극적일 뿐만 아니라 '발트해 연안국을 포함한 동·중부 유럽'에서 모종의 합의를 할 수 있음을 알렸다. 그 결과 서유럽 국가와의 공동 전선은 수포로 돌아가는 대신 소련은 유럽을, 그리고 머지않아 자국을 전쟁의 소용돌이 속으로 몰아넣게 될 그 당사자와의 동맹을 선택하였다.

'목적을 이룰 수만 있다면 악마와도 손을 잡을 수 있다.' 소련의 속내를 이보다 더 선명하게 표현한 문구도 달리 없을 것이다. '악마의 유혹'은 이념도 체제도 가리지 않는다. 그들은 궁극적인 목적을 성취함으로써 욕망을 채울 수 있다면, 그 다음엔 어떻게 되든 상관하지 않겠다는 듯이 보였다.

실제로 그렇다. 그들의 행위가 비난의 대상이 되는 것은 바로 그 조약의 추가 비밀 의정서 때문이다. 그 의정서에는 주변 약소국의 의지와 상관없이, 아니 그들의 주권을 무시한 채로, 영토 정치적 변화가 생길 경우, 그들의 국경은 다시 그어진다는 사실을 명시한 내용이 담겨 있었다. 바로 그러한 사실로 인해 그 조약은 지금까지도 비판의 대상이 되었고 강대국 패권주의의 상징적 사례로 남게 되었던 것이다.

필자는 '조약'을 강대국 간의 이해관계의 충돌이라는 입장에서 고찰하였다. 이는 불가침 조약을 둘러싼 저간의 논쟁이 소련 붕괴 이전에는 다분히 선험적 가치판단 속에서 진행되었다는 판단에 기인한 것이다. '역사적 맥락'을 고려하지 않고 조약을 분석할 경우, 조약 탄생의 배경이 되었던 구체적 현실은 사장되기 마련이고, 정치적 정세의 변화에 따라 '추측'에 입각한 논쟁만이 되풀이 될 수밖에 없을 것이다. 그 점에서 조약을 둘러싼 사료들이, 비록 전면적은 아니더라도 부분적으로 공개된 현실에서 일차적으로 그러한 사건을 그 당시의 구체적인 상황에 비추어 재구성해보고자 하였다. 그러한 시도의 일차적 결과가 바로 이 책이다. 물론 이 책은 여러 가지 점에서 미흡하다. 강대국들이 희생양으로 '기정사실'화한 동유럽 약소국의 입장에서 조약을 철저히 재구성하지 못했다는 점, 조약을 결정하는 과정에서 당시 소련 지도부의 내부적 논의에 대한 분석을 하지 못한 점 등이 그것이다. 이러한 문제들은 향후 연구과제로 남겨 두고자 한다.

여행은 길고 힘들었지만 도처에서 구원의 손길이 나를 기다리고 있었다. 우선 필자의 지도 교수인 서울대 서양사학과 한정숙 교수님, 외교학과의 하용출 교수님, 모교인 숙명여대의 김형률, 문지영 교수님께 감사 드린다. 또한 이 책의 출간을 흔쾌히 맡아주신 한국학술정보(주)의 채종준 사장님과 임직원 여러분께 감사 드린다. 마지막으로 학자의 길을 걸을 수 있게 언제나 아낌없이 지원해주신 부모님께 감사하다는 말을 전하고 싶다.

이제 이 책은 힘겨운 항해 끝에 항구에 도착했다. 앞으로는 보다 나은, 보다 진척된 연구를 위한 새로운 항해의 닻을 올려야겠다.

2006년 3월

황 동 하

주요 인물 색인

1) 소 련

스탈린(И. В. Сталин): 소련 공산당 총서기(1922-53년)

몰로토프(В. М. Молотов): 인민위원회 의장(1930-41년), 외무인민
　　위원장(1939-49년)

리트비노프(М. М. Литвинов): 외무인민위원장(1930-39년)

포춈킨(В. П. Потёмкин): 외무인민위원회 부인민위원(1937-45년)

마이스키(И. М. Майский): 주영 대사(1932-43년)

메레칼로프(А. Мерекалов): 주독 대사(1938-9년)

슈리츠(Я. Суриц): 주불 대사

아스타호프(Г. А. Астахов): 주독 대사관 참사관(1938-39년 4월),
　　주독 대리대사(1939년 5월-41년)

보로실로프(К. Ю. Ворошилов): 방어인민위원장(1926-40년)

미코얀(А. И. Микоян): 교역인민위원장(1926-64년)

바바린(Е. Бабарин): 주독 소련 무역대표부 부인민위원(1938-41년)

샤포슈니코프(В. С. Шапошников): 소련 군 참모총장(1937-40년)

2) 독 일

히틀러(A. Hitler): 총통이자 수상(1933-45년)

리벤트로프(J. v. Ribbentrop): 외무장관(1938-45년)

슈누레(K. Schnurre): 외무부 경제정책국,

　　동유럽 분과 대표(1938-45년)

슐렌부르크(F. W. v. d. Schulenburg): 주소 대사(1934-1941)

바이쯔체커(B. E. Weizsäcker): 외무차관(1938-43년)

3) 영 국

체임벌린(N. Chamberlain): 수상(1937-40년)

핼리팩스(V. Halifax): 외무장관(1938-1940년)

시즈(W. Seeds): 주소 대사(1939-41년)

헨더슨(N. Henderson): 주독 대사(1937-39년)

스트랭(W. Strang): 3국 협상의 영국 측 대표(1939년)

케이도건(A. Cadogan): 외무차관

4) 프랑스

달라디에(E. Daladier): 수상(1938-1940년)

보네(G. Bonnet): 외무장관(1938-1939년)

나기에르(P. Naggiar): 주소 대사(1939-41년)

뻬이야르(G. Payart): 주소 대사관 참사관

두멩(J. Dumenc): 모스크바 군사 협상 사절단장(1939년)

목 차

머 리 말 ··· 13

Ⅰ. 1930년대 말 유럽 국제 정세의 위기 ························· 35

1. 독일의 팽창 정책과 유럽 국제 정세의 위기 ············· 35

2. 영국·프랑스의 외교적 대응 ··························· 47

3. 소련의 외교적 고립과 서부 국경에서의 안보 문제 ········· 62

Ⅱ. 동유럽을 둘러싼 외교 각축전 ···························· 83

1. 유럽 각국의 동유럽 정책 ····························· 84

1) 영국·프랑스의 동유럽의 '독립'에 대한 보장 선언 ······· 84

2) 소련의 대독일 집단 안보('3국 동맹 협상') 제안 ········· 89

2. 영국·프랑스와 소련 간의 이해관계의 충돌 ··············· 94

1) 양측이 제시한 기본 협정안 ··························· 99

2) 발트해 연안국의 영토 보장 문제를 둘러싼 논쟁 ········ 104

3) '간접 침략'의 개념 규정을 둘러싼 논란 ················ 113

4) 대독일 동맹의 형식에 관한 논쟁: 정치 협정과 군사

협정의 일괄 체결 문제 ····························· 118

Ⅲ. 독일의 대소 접근과 소련의 '이중 외교' ···················· 127

1. 독일의 대소 접근과 대소 외교 전략의 수정 ············· 128

1) 소련에 대한 접근 배경과 그 과정 ················· 128

    2) 대소 외교 전략의 수정 ··················· 144

  2. '3국 동맹' 협상의 교착 ··················· 153

    1) 영국의 지연 전술 ··················· 153

    2) 소련의 강경 대응 ··················· 165

  3. 소련의 '이중 외교' ··················· 176

    1) 독일 측 제안에 대한 수용 ··················· 176

    2) 소련의 '저울질': 이중 협상의 전개 ··················· 184

  4. '3국 동맹' 협상의 결렬 ··················· 196

Ⅳ. 독·소 불가침 조약의 체결과 그 역사적 의미 ··················· 217

  1. 독·소 불가침 조약의 체결 ··················· 217

    1) 불가침 조약의 체결 ··················· 217

    2) 비밀 의정서의 탄생 ··················· 223

  2. 독·소 불가침 조약의 역사적 의미 ··················· 228

맺 음 말 ··················· 239

참고문헌 ··················· 247

머 리 말

1930년대에 나치 독일은 팽창 일변도의 대외 정책을 추진하였다. 1939년 3월에 이르러 독일은 체코슬로바키아를 침공했으며, 곧이어 단치히와 폴란드 회랑의 반환을 요구하고 나섰다. 인접국에 대한 독일의 군사적 침략은 유럽에 엄청난 충격을 가하였다. 그것은 제1차 세계대전 이후 유지되어 오던 유럽 국제 질서의 붕괴를, 나아가 끔찍한 전쟁의 재발을 의미하였다.

유럽 전체가 위기감에 휩싸였다. 그에 따라 유럽 각국은 대책의 수립에 골몰하였다. 그러나 그 당시 유럽의 어떤 나라도 다른 나라를 무력으로 제압하거나 다른 나라의 침략을 막을 수 있는 군사력을 보유하지 않았다. 따라서 위기를 탈출할 수 있는 가장 확실한 보장책은 다른 나라와 동맹을 맺는 것이었다.

이러한 상황에서 영국과 프랑스는 그동안 유럽에 관련된 문제에서 배제해 왔던 소련을 자기들 편으로 끌어들이려 하였다. 소련은 이러한 기회를 놓치지 않았다. 소련은 영국과 프랑스에 '3국 동맹 협상'을 제의하였다. 소련은 그 협상의 명분으로 독일의 대외팽창 저지, 그리고 독일의 침략 위협을 받고 있는 국가의 방어를 내세웠다.

협상에 대한 기대는 사뭇 컸다. 협상의 시작과 더불어 파시스트가 지배하는 독일의 침공을 막고 유럽을 전쟁으로부터 구할 수 있으리라는 조심스러운 낙관론이 힘을 얻고 있었다. 그러나 그러한 희망은 일순간에 사라졌다. 1939년 8월 23일, 독일과 소련 두 나라가 전격적으로 '독·소 불가침 조약(Германско-Советский Договор о

14

Ненападении)'[2])을 체결했던 것이다. 소련은 이제 '반(反)파시즘과 집단 안보의 투사'가 아니라 나치 독일의 실질적인 '동맹자'로 간주되었다.[3]

전 세계는 엄청난 충격에 휩싸였다.[4] 그것은 사람들의 "머리 위에서 터진"[5] 폭탄이었다. "이제 전쟁은 피할 수 없다"는 똑같은 생각이 사람들의 마음을 사로잡았다.[6] 얼마 지나지 않아 그것은 사실로 입증되었다. 1939년 9월 1일, 독일이 폴란드를 침공함으로써 제2차 세계대전의 막이 올랐다. 이후 1945년 8월에 일본이 항복하기까지 약 6년여에 걸쳐 지속된 전쟁으로 막대한 인명과 재산이 손실되었을 뿐만 아니라 주변 약소국들의 희생과 식민화라고 하는 역사적 비극이 다시 한번 반복되었다.

---

2) 이 조약은 영미에서 '나치―소비에트 조약(Nazi-Soviet Pact)', 소련에서는 '몰로토프―리벤트로프 조약(Пакт Молотова-Риббентропа)', 독일에서는 '히틀러―스탈린 조약(Hitler-Stalin Pakt)'으로 불린다.

3) Teddy J. Uldricks, 'Evolving Soviet Views of the Nazi-Soviet Pact', R. Frucht (ed), *Labyrinth of Nationalism /Complexities of Diplomacy*(Columbus, 1992), 331쪽.

4) 이제 영국과 프랑스에게 소련은 모든 평화를 사랑하는 나라들이 단결하여 나치의 침략을 저지하자고 외치던 평화의 사도가 아니라 "전쟁의 방조자"일 뿐이었다.(윌리엄 L. 샤이러, 『제3제국의 흥망』), 유승근 옮김, 제2권(에디터, 1993), 443쪽.) 이 조약으로 일본에서는 내각이 총 사퇴하는 사태가 벌어졌다. 이 당시 일본은 독일과 반소비에트 동맹의 체결을 위해 동분서주하고 있었다. 이러한 상황에서 독·소 불가침 조약의 체결은 일본이 추구해온 외교정책의 기조를 뿌리까지 뒤흔드는 일대 사건이었다. 1939년 8월 28일, 히라누마(平沼) 내각은 총 사퇴하였다.(J. Haslam, *The Soviet Union and the Treat from the East, 1933-1941*(London, 1992), 136쪽.) 그가 남긴 말은 "구주정세 복잡괴기(歐洲政勢 複雜怪奇)"였다. 또한 국제 공산주의 운동, 최소한 독일에서 나치 저항 운동에 가담했던 공산주의자들도 혼란에 휩싸였다.(A. Merson, *Communist Resistance in Nazi Germany*(London, 1985), 211쪽.)

5) 윈스턴 S. 처칠, 『第2次世界大戰』, 황성수 외 3인 공역, 제1권(서울, 1970), 466쪽.

6) W. L. Shirer, *Berlin Diary*(New York, 1961), 138쪽.

이러한 역사적 상황 때문에 독·소 불가침 조약은 2차대전의 발발 원인과 책임에 관련된 역사학 연구에서 언제나 중요한 논의의 대상으로 다루어져 왔다. 독일이 폴란드를 침공함으로써 제2차대전이 시작되었으며, 독·소 불가침 조약은 그것을 가능하게 만든 사전 조치였다. 말하자면 방아쇠는 독일이 먼저 당겼지만, 권총을 뽑을 용기는 소련이 북돋우어 준 셈이었다. 이러한 배경 때문에 독일과 소련, 그리고 그들이 맺은 조약은 엄청난 비난의 대상이 되었다.

그러나 해결되지 않은 문제가 남아 있다. 애초 소련은 파시스트가 지배하는 독일의 침공을 막는다는 명목으로 영국과 프랑스에 세 나라 간 동맹을 제안한 나라였다. 그런데 사건의 진행 과정에서 그들은 오히려 독일과 손을 잡았다. 과연 소련은 그 당시에 정말로 파시스트 독일의 침략을 저지하기 위해 서유럽 국가와의 동맹을 체결하려고 했는가 아니면 처음부터 자신의 이익만을 염두에 두고 침략국 독일과 손을 잡기로 마음먹고 있었는가? 이런 연유로 소련이 독일과의 조약을 구상한 시점[7]과 독·소 불가침 조약 체결로 나아가게 된 이유가 무엇인가를 둘러싸고 역사적 논쟁은 지속되었다.

러시아사의 전개에 중점을 두고 볼 때, 당시의 역사적 상황은 대체로 다음과 같다. 독일의 폴란드 침략이 코앞의 일로 닥치자 소련의 위기감은 증폭되었다. 폴란드를 위시한 동유럽과 발트해 연안 지

---

7) 이러한 논쟁의 과정에서 '칸텔라키 테제, 뮌헨 협정 테제, 스탈린 연설 테제, 메레칼로프—바이츠체커 테제, 리트비노프 해임 테제, '3국 동맹 협상'의 결렬 시기로 간주하는 이른바 '집단 안보 학파'들의 테제가 등장한 바 있다. 이에 관한 자세한 내용은 G. Roberts, *The Soviet Union and the Origins of the Second World War: Russo-German Relations and the Road to War 1933-1941* (London, 1995), 64-73쪽.; 임경훈, "The Origins of the Nazi-Soviet Non-Agression Pact of 1939," ≪러시아 연구≫, 8, no.1(1998), 203-233쪽 등을 참고할 것.

역의 위기는 곧 소련 서부 국경의 불안정을, 나아가 국가 안보의 위기를 의미했기 때문이다. 따라서 소련은 독일의 침략을 저지해야만 하였다. 가장 좋은 대안은 서유럽 국가들, 특히 독일의 침략 행위에 대해 공통의 이해관계를 갖는 영국·프랑스와의 동맹 결성이었다. 그래서 소련은 두 나라에 대독일 집단 안보를 제안하였다. 그 제안의 명분은 독일의 대외팽창으로부터 유럽을 방어한다는 것이었지만, 소련 측의 입장을 감안한다면 사실상 그 목적은 동유럽 지역의 현상 보전에 있었다. 한 마디로 동유럽이 독일의 영향권으로 들어가는 것을 사전에 막자는 의도였다. 결과만을 놓고 볼 때, 비록 일시적이긴 하지만 소련은 자신의 목표를 달성할 수 있었다. 그러나 그것은 애초의 계획처럼, 영국·프랑스와 대독일 동맹의 결성이 아니라 정반대로 독일과 정치·군사적 동맹의 체결에 합의한 결과에서 비롯된 것이었다. 그렇다면 어떻게 이런 일이 일어날 수 있었을까?

이러한 의문에 대한 대답을 모색하는 과정에서 대략 두 가지의 해석상의 조류가 나타났다. 첫째는 소련이 처음부터 동유럽에서 자신의 이해관계를 보장 받을 목적으로 독일과 조약을 체결하였다고 하는 견해이다. 서구 학계의 터커(Robert C. Tucker)를 비롯한 여러 학자들과 러시아 학계의 다쉬체프(В. И. Дашичев) 등이 이 견해를 따르고 있다.[8] 서로 간에 약간의 차이는 있으나, 이들은 소련과 독

---

8) 서구 학계에서는 힐그루버(A. Hillgruber, "Der Hitler-Stalin-Pakt und die Entfesselung des Zweiten Weltkrieges. Situationanalyse und Machtkalkül der beiden Pakt-Partner," A. Hillgruber, *Die Zerstörung Europas. Beiträge zur Weltkriegepoche 1914 bis 1945* (Berlin, 1988), 219-238쪽.: "Der Zweite Weltkrieg," D. Geyer(Hrsg), *Sowjetunion. Außenpolitik 1917-1955*, Köln, 1972, 270-342.), 힐데브란트(K. Hildebrand, *Deutsche Außenpolitik 1933-1945. Kalkül oder Dogma?* 5. Auflage(Stuttgart, 1990), 55-93쪽.), 터커(Robert C. Tucker, *Stalin in Power. The Revolution from Above 1928-1941*(New York & London,

일 간의 조약 체결 이유를 사회주의혁명과 공산주의 이데올로기의
확산을 위한 소련의 대외팽창 정책에서 찾고 있다는 공통점을 보이
고 있다. 라아크(R. C. Raack)는 그러한 팽창주의적 전통을 차르 통
치 시기의 구러시아 제국으로까지 소급하여 팽창주의가 "차리즘의
유산"이라고 주장하는가 하면,[9] 스탈린에 관해서는 막강한 국력을
자랑했던 차르 제국과 레닌의 국제적 팽창주의에 매료되어 마르크
스―레닌주의를 전 지구적 차원으로 확산시키고자 했던 인물이라고

1990), 223-237쪽, 585-607쪽.), 아만(R. Ahmann, "Der Hitler-Stalin-Pakt. Eine
Bewertung der Interpretationen sowjetischer Außenpolitik mit neuen Fragen
und neuen Forschungen," W. Michalka(Hrsg), *Der Zweite Weltkrieg.
Analysen, Grundzüge, Forschungsbilanz*(München, 1989), 93-106쪽.), 와인버그
(G. L. Weinberg, *Germany, Hitler, and World War II. Essays in modern
Germany and World History* (Cambridge, 1995), 168-181쪽.)와 호치맨(J.
Hochman, *The Soviet Union and the Failure of Collective Security 1934-1938*
(Ithaca, 1984), 144-175쪽.), 라아크(R. C. Raack, *Stalin's Drive to the West
1938-1945. The Origins of the Cold War*(Stanford, 1995), 11-36쪽.) 등이 이 견
해를 따르고 있다. 한편 러시아 학계에서는 다쉬체프(В. И. Дашичев, "Из Ист
ории Сталинистской Дипломатии," А. Н.　　　Мерцалов(Сост), *История
и Сталинизм* (Москва, 1991), 227-247쪽.; "Пакт Гитлера-Сталина. Миф
ы и Реальность," *Историки отвещают на　　　Вопросу*(Москва, 1990),
262-273쪽.) 미셸 헬러/알렌산드르 네크리치, *L'utopie au pouvoir. Histoire de
l'U.R.S.S. de 1917 à nos jours* (『권력의 유토피아 I. 소비에트 러시아사
1917-1940』), 김영식/남현욱 옮김(청계연구소, 1988), 382-414쪽.; 세미랴가(М.
И. Семиряга, "Ещё раз о кризисном годе, 1939," *Мировая экономика и
международная отношения*, 1989, но. 12, 118-23쪽.; *Тай ны сталинской
дипломатии 1939-1941*(Москва, 1992), 7-80쪽.; "Советский　Союз и пред
военный политический кризис," *Вопросы　истории*, 1990, сентябрь, н
о. 9, 49-64쪽.; "Советско-германские　　　договоренности в 1939-ию
не 1940 г: Взгляд историка," *советское　　　государство и право*, 1989,
но. 9, 92-105쪽.), 아루먀에(H. Armäe, "Noch einmal zum sowjetisch-deutschen
Nichtangriffspakt," E. Oberländer (Hrsg.), *Hitler-Stalin-Pakt 1939. Das Ende
Ostmitteleuropas?* (Frankfurt am Mein, 1989), 114-124쪽.) 등이 이러한 견해를
견지하고 있다.

9) Raack, *Stalin's Drive*, 14쪽.

묘사하였다. 라아크에 따르면, 1939년에 히틀러와 조약을 체결하여 중·동부 유럽을 확보한 것은 스탈린이 지니고 있었던 "웅장한 러시아"에 관한 전통적 개념의 완성이었다.[10] 터커 역시 소련의 공산주의 혁명의 대외확산을 소련 외교의 주요한 화두로 삼고 있다. 그는 1925년 1월 19일 스탈린이 러시아 공산당(볼셰비키) 중앙위원회 총회에서 했던 연설 내용의 일부를 근거로 하여[11] 스탈린을 "혁명의 확산을 염두에 두고 있었던" 인물로 보는 한편,[12] 소련의 외교 전략에 관해서는 다음과 같이 정리하였다. "제국주의 국가들 간의 전쟁이 임박해 있으며, 그러한 전쟁은 혁명을 확산시킬 수 있는 절호의 기회를 제공할 것이다. 하지만 소련은 혁명의 확산을 위해 유리한 순간이 도래할 때까지 그러한 전쟁에서 중립을 유지해야 한다. 마지막 순간에 소련은 공산주의의 대의를 발전시키기 위해 그러한 전쟁에 간섭할 것이다."[13] 따라서 독·소 불가침 조약 체결 시기와 연관하여 말하자면, "스탈린은 1939년에도 소련의 안보 이익뿐만 아니라, 혁명을 확산시킬 수 있는 교두보를 장악하기 위해 제국주의 국가들 간의 전쟁을 부추긴다는 전략을 염두에 두고 있었다"는 견해가 성립되는 것이다.[14]

---

10) 같은 책, 22쪽을 참고할 것.

11) 스탈린은 이 연설에서 아래와 같이 말한 바 있다. "우리의 기치는 여전히 평화의 기치이다. 그러나 전쟁이 시작된다면, 우리는 가만히 바라볼 수 없을 것이다. 우리는 어쩔 수 없이 전쟁에 참여해야 한다. 그렇다 하더라도, 우리는 맨 나중에 개입할 것이다."(И. В. Сталин, *Сочинение*, том. 7(Москва, 1952), 11쪽.)

12) Tucker, *Stalin in Power*, 592쪽.

13) 같은 책, 같은 곳.

14) Ahmann, "Der Hitler-Stalin-Pakt," 106쪽. 페레스트로이카 이후 등장한 소련의 '급진주의자'들도 이러한 주장에 공감을 표시하였다. "뮌헨 협정 이후 독일과의 조약을 결심한 스탈린은 영토 팽창적 야심을 노골적으로 표출하였다. 특히 스탈린은 베르사유 조약으로 상실한 구러시아 영토에 대한 탈환을 줄곧 염

소련, 특히 스탈린의 이와 같은 외교 전략에 대한 인식은 독·소 불가침 조약 체결의 역사적 배경과 이유에 관한 설명에 그대로 적용되었다. 터커는 독·소 불가침 조약에 대한 구상 자체가 스탈린에게서 비롯된 것이라고 주장한 바 있으며,[15] 이 입장의 논자들은 리트비노프가 추진했던 집단 안보 체제를 위한 외교적 노력이 사실은 히틀러가 소련과의 협력에 냉담한 태도를 보였기 때문에 "용인된" 것으로 설명하였다.[16] 소련은 1939년 4월부터 영국·프랑스 두 나라와 대독일 동맹 회담을 진행했지만, 다른 한편으로는 독일과의 조약 체결을 포기하지 않았다고 한다. 그러나 후자에 더 큰 비중을 두고 있었다.[17] 따라서 소련은 영국·프랑스와의 공식 회담을 비밀리에 추구한 정책, 즉 독일과의 동맹을 성공적으로 이끌어 내기 위한 전

두에 두었을 뿐만 아니라, 가능한 한 그러한 영토를 기반으로 하여 혁명을 확산시키려고 생각하였다. 스탈린이 독일과의 협조를 우선시했기 때문에, 1939년 여름 진행된 '3국 동맹 협상'에서 소련은 반파시트 동맹의 형성을 위한 기회를 '의식적으로 인식하지 않았던' 것이다."(Дашичев, "Пакт Гитлера-Сталина," 269쪽.) 세미랴가와 레베제바, 아루먀에는 그 당시 국제 정세를 비교적 상세히 연구하고 있다는 점에서 균형적인 시각을 견지하고는 있지만, 서구의 '전통주의자'들의 견해와 유사한 결론을 내리고 있다. "1920년대에 대중적이었던 적색 군국주의, 붉은 군대를 수단으로 하여 혁명을 확산시킨다는 생각은 1930년 중반에 다시 등장하였다. 이러한 이념을 성공리에 실현할 수 있는 방법은 독일과의 타협이었다."(Семиряга, "Советский Союз и предвоенный политический кризис," 53쪽.; Семиряга, Тайны, 7-8, 28쪽.; Л. В. Лебезева, 1939 год. Уроки и Истории (Москва, 1990), 231쪽.; Armäe, 앞의 글, 120쪽.)

15) 터커는 독·소 불가침 조약의 구상이 스탈린에게서 먼저 시작되었다고 보는 견해의 증거를 훨씬 이전인 1930년대 스탈린의 대숙청에서 찾고 있다.(Roberts C. Tucker, "Stalin, Bukharin and History as Conspiracy," R. C. Tucker and Stephen F. Cohen, The Great Purge Trial (New York, 1956), ⅹⅹⅹⅵ쪽. 金學俊 저, 『蘇聯外交論序說』(서울대 출판부, 1980), 234쪽에서 재인용.)

16) 金學俊 저, 같은 책, 235쪽을 참고할 것. 그마저 실패할 경우 스탈린은 독일과 불가피하게 흥정을 벌이지 않으면 안 된다고 생각하고 있었다.

17) Семиряга, Тайны, 17쪽 참고할 것.

술로 이용하였던 것이다.[18] 왜냐하면 독일에 공개적 접근을 시도하였다가 거절당할 경우, 영국·프랑스의 배척을 받아 사면초가에 빠질 위험이 있기 때문이다. 그것은 교활한 '이중의 게임'이었던 것이다.[19]

다시체프에 따르면 소련은 이후에도 다양한 방식을 통해 독일에 대한 접근을 시도하였다.[20] 그는 그러한 접근의 증거로 1939년 3월 10일에 있었던 스탈린의 제18차 당대회 연설,[21] 4월 17일에 열린 독일 주재 소련 대사 메레칼로프(А. Ф. Мерекалов)와 독일 외무부 차관 바이쯔체커(E. v. Weizsäcker) 간의 회담,[22] 그리고 5월 3일 소련 외무인민위원장 리트비노프(М. М. Литвинов)의 해임 등을[23]

---

18) G. L. Weinberg, *Germany, Hitler, and World War II*, 177쪽.

19) 히틀러 정권 초기에 소련 정부는 독·소 간의 라팔로 조약의 정신을 유지시켜 나갈 것을 공언하였다. 다만 히틀러가 정상적 관계의 지속을 희망하는 소련의 외교적 제스처에 대해 냉담한 반응을 보였기에 스탈린은 리트비노프의 집단 안보 체제를 향한 외교적 노력을 용인하였다. 그러면서도 스탈린은 리트비노프의 집단 안보 체제 구축 노력이 실패하는 경우 불가피하게 흥정을 벌이지 않으면 안 된다는 것을 속마음으로는 계산하고 있었던 것이다.(金學俊 저, 앞의 책, 235쪽.)

20) В. И. Дашичев, 'Из Истории Сталинистской Дипломатии', 227-8쪽을 참고할 것.

21) 18차 당대회 연설은 이른바 '밤(栗) 연설'로 불린다. '밤 연설'은 스탈린이 1927년 7월 28일자 프라브다의 사설 '현 정세에 관한 고찰'에서 사용했던 것을 근거로 한 것이다. 스탈린은 1927년 그 당시에 '밤 연설'을 영국 부르주아계급을 상징적으로 비유하기 위해 사용하였다. 그 내용은 다음과 같다. "영국 부르주아지는 과거·현재·미래에도 세계 혁명에 대한 가장 사악한 탄압자이다. …… 그러나 영국 부르주아지는 전쟁에서 자신의 손을 더럽히려고 하지 않는다. 그들은 항상 다른 사람을 전쟁하도록 하는 것을 선호하였다. 그들은 자신들을 위해 불 속에서 밤을 꺼낼 준비가 되어 있는 어리석은 사람을 발견하는 데 때때로 성공했었다."(И. В. Сталин, 앞의 책, том. 9, 280쪽.) 이 내용에서 '밤 연설'이 유래하였다. 18차 당대회 스탈린 연설에 관해서는 이 책 제1장 3절을 참고할 것.

22) 이 회담에 대해서는 이 책 제3장 1절을 참조할 것.

23) 이에 관해서는 이 책 제3장 2절을 참고할 것.

제시하였다. 터커의 주장에 따르면, 소련은 히틀러에 대한 그와 같은 일관된 구애 덕택으로 영국·프랑스·독일 세 나라 간의 반(反) 소비에트 동맹 체결을 차단하고 동시에 독일에 폴란드 분할이라는 자신의 이익을 관철시킬 수 있었다.[24] 따라서 이 계열의 논자들은 독일과의 불가침 조약 체결이 '집단 안보'를 주장할 때 이미 그 안에 담겨 있었던 목표의 "실질적인" 그리고 "궁극적인" 성과였다고 주장한다.[25] 그 결과 소련은, 힐그루버(A. Hillgruber)의 설명에 따르면, "독일이 폴란드를 침략할 경우 중립을 유지하기로 하고 그 대가로 소련의 서부 국경 지역에서 자신의 이익을 보장 받았다."[26] 그러한 점에서 독·소 불가침 조약은 "근본적으로 다른 두 정치 전략가의 일시적이고 부분적인 합의"이자 "단지 역사적인 한 순간에 한 가지 점, 즉 독일이 서유럽 강대국과 전쟁을 할 경우에 생길 수 있는 이익을 근거로 한두 개의 발전 노선 간의 교차"로 간주될 수 있는 것이다.[27] 따라서 조약은 역사상 유례없는 가장 냉정하고 치밀하게 계산된 거래였다고 평가된다.[28]

반면에 상반된 결론을 갖는 또 다른 견해가 있다. 이를 지지하는 학자들에 따르면, 소련은 자신이 제안한 '집단 안보'가 성사되지 않음으로써 '불가피하게' 독일과 불가침 조약을 체결할 수밖에 없었다고 한다. 1989년에 개혁과 개방의 분위기 아래 공개된 소련 측 외교 문서를 바탕으로 연구한 대다수 러시아 학자들과[29] 서구의 몇몇

---

24) Tucker, *Stalin in Power*, 595쪽.

25) Uldricks, "Soviet Security Policy in the 1930's," 65-66쪽.

26) Hillgruber, "Der Hitler-Stalin-Pakt," 237쪽.

27) 같은 글, 230쪽.

28) Дашичев, "Из Истории Сталинистской Дипломатии," 228쪽.

29) 이들은 베즈이멘스키(Л. Безыменский, "Альтернативы 1939 года.

'수정주의자'들이[30) 그러한 주장을 전개하였다. 이들의 주장에 따르

Вокруг советско-германского пакта 1939 года и связанных с ним документов," *Новое Время*, 1989, но. 23, 36-42쪽.: "Августовское Предложение Гитлера Лондону," *Международная Жизнь*, 1989, но. 8, 41쪽.)와 시폴스(В. Я. Сиполс, *Дипломатическая борьба накануне второй мировой вой ны*(Москва, 1989), 209-212쪽.: "За несколько месяцев до 23 августа 1939 года." *Международная Жизнь*, 1989, но. 5, 128-141쪽.), 볼코고노프(드미트리 볼코고노프, 『스탈린』, 한국전략문제연구소 옮김(세경사, 1992), 17-107쪽.), 팔린(В. М. Фалин, "Вой на, которой недолжно было быть," *Альтернативы 1939 года. Документы и Материалы* (Москва, 1989), 155-161쪽.), 베레쥐코프(В. Бережков, "Просчёт Сталина," *Международная Жизнь*, 1989, но. 8, 14-27쪽.), 프리브일로프(В. И. Прибылов, "Был ли выбор?," *Военно-исторический журнал*, 1990, но. 2, 29-34쪽.), 야쿠셰프스키(А. С. Якушевский, "Советско-Германский Договор о ненападении. Взгляд через году," *Страницы истории советского общества* (Москва, 1989). 254-273쪽.), 세뱌코프(А. А. Шевяков, "Советско-Англо-Французские Переговоры 1939 г. и Страны Восточной Европы," Академия Наук СССР, *СССР в борьбе против Фашистской Агрессии 1933-1945* (Москва, 1976), 73-134 쪽.), 르줴셰프스키(О. А. Ржешевский, "Упущённая Возможность," Академия Наук СССР, *1939 год. Уроки Истории* (Москва, 1990), 298-318 쪽.: "Москва, Спиридоновка, 17. Август 1939-го. Заседание круглого стола, организованного редакцией журнала Коммунист?," *Альтернативы 1939 года. Документы и Материалы* (Москва, 1989), 134-154쪽.), 오를로프와 츄슈케비치(А. Орлов и С. Тюшкевичи, "Пакт 1939 года. альтернативы не было," *Литературная газета*, но. 43, 26 октября 1988, 14쪽.), 판크라쇼바(М. Панкрашова, "Англо-Франко-Советские Переговоры 1939 года," *Международодая Жизнь*, 1989, но. 8, 29-39쪽.: "Политические Переговоры СССР, Великобритании и Франции 1939 г. в Свете французских дипломатических документов," *Новая и новей шая история*, но. 6, 1989. 89-116쪽.) 등이다.

30) 독일 역사학자 베버(R. W. Weber, *Die Entstehungsgeschichte des Hitler-Stalin -Paktes 1939* (Frankfurt am Mein, 1980), 11-291쪽.), 바르텔(H. Bartel, *Frankreich und die Sowjetunion 1938-1940. Ein Beitrag zur französischen Ostpolitik zwischen dem Münchner Abkommen und dem Ende der Dritten Republik* (Stuttgart, 1986), 164-264쪽.), 그람(H. Graml, *Europas Weg in den Krieg. Hitler und die Mächte 1939* (München, 1990), 245-277쪽.); 영미에서는 해슬럼(J. Haslam, "Soviet Foreign Policy 1939-1941: Isolation and Expansion,"

면, 소련이 처음부터 독일과 불가침 조약을 체결할 의도를 가지고 있었던 것은 아니었다. 오히려 소련은 영국과 프랑스에 대독 집단안전 보장을 제안하였다. 그러나 동유럽을 둘러싼 3국간의 이해관계 충돌, 보다 구체적으로는 소련 군대의 동유럽 영토 통과 문제는 회담의 원활한 진행을 가로막는 최대의 난제로 등장했으며,[31] 결국에는 협상의 결렬을 부른 중요한 계기가 되었다. 한편 독일은 폴란드 침략을 앞두고 우호적인 국제적 여건을 만들기 위해 소련과의 관계 개선을 모색하고 있었다. 독일은 소련에 대해 점점 더 유리한 조건을 제시했고, 마침내 모든 요구 조건을 수용할 뜻이 있음을 선언하였다. 이는 독·소 불가침 조약이 소련이 아니라 독일의 주도로 이루어졌다는 것을 의미한다. 로버츠(G. Roberts)는 이 같은 상황을 다음과 같이 기술하였다. "독일과 소련 간의 관계 개선을 위한 주도권이 독일에서 나왔고, 소련이 그러한 독일의 접근에 대해 7월말 경부터 관심을 보였지만, '3국 동맹 협상'이 결렬되고 난 뒤에 비로소 독일 쪽으로 선회하였다."[32] 이 계열의 논자들이 주장하는 바에 따

Soviet Union/Union Soviètique, 18, Nos. 1-3, 1991, 103-121쪽.; *The Soviet Union and the Struggle for Collective Security in Europe 1933-1939* (London 1984). 216-229쪽.), 테일러(A. J. P. Taylor, *The Origins of the Second World War* (London, 1964), 302-336쪽.), 듀크(J. R. Dukes, "The Soviet Union and Britain: The Alliance Negotiations of March-August 1939," *East European Quartely*, XIX, no, September 1985, 305-319쪽.), 피에트로프(B. Pietrow, *Stalinismus, Sicherheit und Offensive. Das Dritte Reich in der Konzeption der sowjetischen Außenpolitik 1933 bis 1941* (Melsungen, 1983), 62-74쪽.; "Stalin-Regime und Außenpolitik in den dreißiger Jahren. Eine Zwischenbilanz des Forschungsstandes," *Jahrbücher für Geschichte Osteuropas*, 33/1985, 495-512쪽.), 리드와 피셔(Read A. and Fisher D., *The Deadly Embrace: Hitler, Stalin and the Nazi-Soviet Pact 1939-1941*(London, 1988). 1-259쪽.), 히친스(M. Hitchens, *Germany, Russia and The Balkans. Prelude To The Nazi-Soviet Non-Aggression Pact*(New York, 1983), 153-166쪽.) 등이다.

31) 이에 관해서는 이 책 제4장에서 자세히 기술하였음.

24

르면, "스탈린은 1939년 8월에 비로소 히틀러와 불가침 조약을 체결하기로 최종 결정을 내렸다. 소련은 독일의 침공 위험 속에서 자신의 안보를 보장해야 하였다. 그러한 결정의 배경은 대체로 독일에 대한 공포와 소련에 대항하거나 또는 소련을 대가로 한 서유럽과 독일 간의 협력에 대한 공포, 일본에 대한 공포였다"는 것이다.[33] 따라서 소련은 "단순히 전쟁에서 일시적으로 벗어나"[34] 살아남기 위해 독일과 손을 잡을 수밖에 없었던 것이다.[35] 그러므로 양국 간의 불가침 조약은 사건의 진행 과정이 낳은 결과, 즉 소련과 영국·프랑스 3국간의 동맹 협상의 결렬을 계기로 이루어진 '불가피한' 결과였다.[36]

하지만 위의 두 가지 조류의 해석에는 몇 가지 문제가 내재되어 있다. 우선 소련이 처음부터 독일과의 협상에 주력하였다고 하는 견해에서는 그 근거로 활용하고 있는 자료의 신빙성에 문제가 있다.

---

32) Roberts, *The Soviet Union*, 64쪽.

33) Haslam, "Soviet Foreign Policy 1939-1941," 105쪽.

34) Fleischhauer, "Die sowjetische Außenpolitik," 36쪽.: Roberts, *The Soviet Union*, 63쪽. 페촐트와 로젠펠트 등 독일 학자들은 공개된 소련 문서와 독일에서 재편집 발행된 문서집을 토대로 하고 있다. "독일과 소련 간의 관계 개선을 위한 접근 주도는 4월에 소련 측에서 나왔지만"(K. Pätzold G. Rosenfeld(Hrsg), *Hakenkreuz und Sowjetstern*, 30쪽.), "소련이 독일과의 조약 체결을 결정한 시점은 8월 중순이었다. 그러한 결정의 계기 역시 전쟁에서 벗어나는 것이었다." (같은 책, 47쪽.)

35) Безыменский, "Альтернативы," 40쪽.

36) I. Kremer, "Zur politische Einschätzung des sowjetisch-deutschen Nichtangri ffsvertrages," Gerhard Bisovsky, Hans Schafranek, Robert Streibel (Hrsg), *Der Hitler-Stalin-Pakt. Voraussetzungen, Hitergründe, Auswirkungen. Dokumenta-tion eines Syposiums der Volkshochschule Brigittenau* (Wien: Picus Verlag, 1990), 17쪽. 독일과의 조약을 통해 소련은 전쟁이 코앞에 닥친 상황에서 단독으로 벗어나 미연의 사태를 준비할 수 있는 시간을 확보했던 것이다.(S. Slutsch, "Warum brauchte Hitler einen Nichtangriffsvertragspakt mit Stalin," 같은 책, 60쪽.)

이 견해를 따르는 논자들은 조약의 체결을 전후하여 막후에서 비밀리에 움직였던 라데크(K. Радек)와 칸델라키(Д. Канделаки)와 같은 몇몇 "비공식적" 그리고 "임시변통의" 밀사들이[37] 했던 활동에 대한 기록, 당시 소련 내부의 반체제 인사들과 국외 망명자들이 남긴 회고록, 그리고 독일의 외교 관련 자료들을 활용하고 있다. 그러나 그와 같은 자료들은 자료의 객관성이라고 하는 면에서 많은 문제점을 내포하고 있다.[38] 밀사나 망명객들이 남긴 자료는 당시의 객관적 정세에 대한 면밀한 분석을 토대로 평가되지 않았고, 독일 측의 문서는 소련 측의 문서와 비교·검토 과정을 거치지 않았다. 따라서 그것은 일방적인 자료에 불과하다.[39] 앞서 인용한 라아크와 같은 연구자들의 경우가 좋은 사례가 될 수 있다. 그들은 소련 측의 외교 문서를 참고하되, 그 당시 '3국 동맹' 협상에서 보여준 영국·

---

37) 이 해석의 지지자들에 따르면, 이 같은 인물들은 스탈린과 인민위원장인 몰로토프의 특별 밀사로 베를린에서 활동하였다. 특히 베를린 주재 소련 무역 대표인 칸델라키는 소련과 히틀러 정권 사이에 다리를 놓아 보려고 적극적으로 시도하였다는 것이다.(Uldricks, "A. J. P. Taylor and the Russians," G. Martel(ed), *The Origins of the Second World War Reconsidered* (London, 1986), 178-9쪽.: G. Roberts, "A Soviet Bid for Coexistence with Nazi Germany, 1935-1937 : The Kandelaki Affair," *The International History Review*, XVI, 3 August 1994, 467쪽.: 특히, "The Kandelaki Affair," 441-660쪽과 *The Unholy Alliance*, 53-69쪽, 94-101쪽을 참고할 것.)

38) Roberts, *The Soviet Union*, 62쪽을 참고할 것.(그들이 논의의 중심에 둔 것은 조약 그 자체라기보다는 2차 세계대전의 발발 책임의 소재 규명이었다. Fleischhauer, *Die sowjetische Aussenpolitik*, 19쪽.) 이들은 주로 독일 측 자료를 근거로 하여 자신들의 주장을 피력하고 있다.(Hillgruber, "Der Zweite Weltkrieg," D. Geyer (Hrsg), *Sowjetunion. Außenpolitik 1917-1955*, 278쪽.)

39) 소련이 독일과의 조약 체결로 나아간 계기를 분석하는 작업은 그 당시 복잡한 국제 정세와 그러한 정세를 이끈 영국과 프랑스를 배제한 상황에서 진행될 수 없다. 그런 점에서 사건의 전개 과정에 중대한 영향을 끼친 '3국 동맹 협상', 즉 영국·프랑스 및 소련 간의 관계를 치밀하게 분석하지 않았다는 사실은 연구의 균형적인 시각의 형성이라는 측면에서 중요한 오류라 생각될 수 있을 것이다.

프랑스의 태도에 아무런 비판을 제기하지 않으면서 협상에 참여한 영국과 프랑스 대표들의 발언을 근거로 하여 소련 측이 '3국 동맹' 협상을 결렬시켰다는 평가를 내렸다. 라아크에 따르면, '3국 동맹' 협상은 애초부터 소련의 관심사가 아니었다.[40] 둘째는 시기상의 문제로서, 1938년 말에서 1939년 초반기는 사실상 양국 간의 관계가 최악의 상황에 처해 있던 때였고,[41] 따라서 앞서의 주장처럼 소련이 독일과의 동맹을 모색하기에는 적절한 시기가 아니었다. 셋째는 제시된 자료에 대한 해석의 문제로, 소련이 앞장서서 독일과의 관계 개선을 모색하였다는 증거로 제시된 몇몇 사례들 역시 새로운 해석을 시도해야 할 정도로 많은 취약점을 내포하고 있다.[42]

두 번째 견해에 속하는 논자들은 앞서 '전통주의자'들과는 달리 불가침 조약 체결 과정을 규명하는 데 있어 소련 측의 자료를 비교적 충실하게 활용하였다는 점에서 보다 긍정적이라고 평가할 수 있다. 그 결과 그들은 소련이 3국 동맹 협상의 결렬을 계기로 독일과 불가침 조약을 맺게 되었으며, 소련 측의 입장에서 볼 때 그 조약 자체는 전쟁의 위기를 벗어나기 위한 '불가피한' 조치였다는 결론에 도달했다. 하지만 일부 연구자들의 경우 '전통주의자'들의 견해에 대한 문제 제기 혹은 비판적 대응에 치중한 나머지 소련 측에서 간행한

---

40) Raack, *Stalin's Drive*, 11-36쪽을 참고할 것.

41) G. L. Weinberg, *The Foreign Policy of the Hitler's Germany. Starting World War II, 1937-1939* (Chicago, 1980), 531쪽. 그 여파로 뮌헨 협정 이후 재개된 독일과 소련 간의 경제 협상마저 1939년 1월 초 독일에 의해 일방적으로 취소될 정도였다.

42) Bonwetsch, 앞의 글, 565-6쪽을 참고할 것. 그러한 사실들은 소련이 '언제, 어떻게' 독일에 대한 접근을 시도했는가를 설명하는 데 필요한 것으로, 러시아의 역사적 전통 속에서 독·소 불가침 조약의 근본 이유를 찾아온 '전통주의적' 해석에서는 사실상 불필요한 작업이기도 하다. 각각의 구체적인 사례는 이 책 제3장 1절과 2절을 참고할 것.

사료에 전적으로 의존함으로써 그 당시 소련이 내린 결정을 옹호하는 해석을 낳았다. 앞서 제시한 로버츠나, 베즈이멘스키(Л. Безыменский), 시폴스(В. Я. Сиполс) 등의 경우가 이에 해당된다. 그들의 견해에 따를 경우, 3국 동맹 협상이 교착 상태에 빠지면서 소련이 동맹의 대상자로 누구를 택할 것인가 하는 치밀한 계산을 했던 과정, 그리고 그 결과 독일과의 불가침 조약 체결에 도달했다는 사실이 간과될 수 있다. 따라서 로버츠의 경우에서 보이듯이, "3국 동맹 협상이 결렬되고 난 뒤에 비로소 독일 쪽으로 선회하였다"는 주장은 많은 문제점을 내포하고 있는 것이다. 나아가 일부 러시아 학자들의 표현에서 보이듯, 조약 체결의 목적이 소련의 영토적 야심 때문이 아니라 "단지 양국 간의 관계를 라팔로 동맹관계로 되돌리기 위한 것"이라고 주장한다면,[43] 그것은 적절한 평가가 될 수 없을 것이다.

　이러한 점들을 참고로 할 경우, 소련이 독일과 불가침 조약을 맺게 된 동기는 다음과 같은 점에 유의하여 재평가를 시도해야 한다. 첫째, 당시의 위기 상황에서 유럽의 강대국은 자신의 이해관계, 보다 구체적으로는 동유럽 지역을 둘러싼 이해관계의 관철을 위해 어떤 전략에 입각하여 어떠한 외교 활동을 전개했는가 하는 점이다. 둘째로, 3국 협상과 독일·소련 양국 간의 협상이 어떠한 목표를 위해 언제·어떻게 시작되고 진행되었나 하는 점이다. 동유럽 지역에 대한 영향권 확보가 당시의 핵심적 관심사였음을 고려한다면 이 모든 설명의 핵심은 그러한 일련의 협상 과정에서 누가 누구에게 어떠한 제안을 내놓았는가 하는 점의 규명에 맞추어져 있다.

　이와 관련하여 이 글은 동유럽을 둘러싼 이해관계의 충돌 과정에

---

43) Сиполс, "За несколько месяцев," 139쪽.

28

서 독일이 먼저 소련에 접근해왔다는 것, 독일은 그 과정에서 소련
측에 동유럽에 대한 이익을 보장하는 제안을 내놓았고, 이에 소련은
독일과의 동맹을 택하였다는 것, 따라서 소련이 독일을 택한 것은
임박한 전쟁 위협 속에서 3국 동맹 협상이 결렬되어서 '불가피한'
대안이었다기보다는 오히려 독일이 동유럽 분할까지 거론함으로써
자국의 이익을 최대한 보장하겠다고 나섰기 때문이었다는[44] 점을
입증하기 위해 서술되었다. 글의 작성을 위해서 1980년 말~90년 초
에 공개되어 나온 소련의 외교 문서집과 같은 시기에 독일에서 출
판된 외교 문서집을 활용하였다.[45]

---

44) 소련은 독일의 이러한 제의를 받아들인다면 일시적으로나마 전쟁에서 벗어날 수
   있을 것으로 생각하였다. 바로 그 점 때문에 소련은 독일과 그야말로 "순식간에"
   불가침 조약을 체결할 수 있었다.(В Комиссиях ЦК КПСС, "С Заседания
   комиссии ЦК КПСС по вопросам международной политики 28 марта
   1989 г: Вглядываясь в прошлое," *Известия ЦК КПСС*, 1989, но. 7, 28
   쪽.)

45) 영국과 프랑스, 소련 간의 3국 동맹 협상에 관해서는 *СССР в Борьбе за Мир
   Накануне Второй Мировой Войны. Документы и Материалы*
   (Москва, 1971); *Документы Внешней Политики СССР. 1939 год*, т. 22,
   Кн. 1(Москва, 1992), 그리고 *Год Кризиса 1938-1939: Документы и
   Материалы, В 2 томах* (Москва, 1991) 등을 이용하였다. 소련과 독일 간의
   회담에 관한 자료로는 *Документы Внешней Политики СССР. 1939 год*,
   т. 22, Кн. 1(Москва, 1992); *Год Кризиса 1938-1939: Документы и
   Материалы, В 2 томах* (Москва, 1991); Ю. Фельштинский (Сост),
   *Оглашению подлежит: СССР-Германия 1939-1941. Документы и
   Материалы* (Москва, 1991); Х. Арумяэ(ред), *ОТ ПАКТА МОЛОТОВА-
   РИББЕНТРОПА ДО ДОГОВОРА О БАЗАХ: Документы и Материалы*
   (Таллинн, 1990) 등이 있다. 미 국무성이 전후 독일 외교 문서를 압수해서 간
   행한 *Nazi-Soviet Relations 1939-1941. Documents from the Archives of the
   German Foreign Office*를 러시아어로 번역하여 출간한 А. Глезер(ред),
   Советско-Нацистские Отношения 1939-1941. Документы (Париж, Ныю-
   Йорк, 1983), 그리고 독일 외교 문서를 독일과 소련 간의 관계에 초점을 맞추어
   편집해 출판한 K. Pätzold &G. Rosenfeld(Hrsg), *Sowjetstern und Hakenkreuz
   1938 bis 1941. Dokumente zu den deutsch-sowjetischen Beziehungen* (Berlin,

이 글의 구성과 내용은 다음과 같다. 제1장은 1930년대 말 유럽의 국제 정세에 대한 개괄적인 설명으로 이루어져 있다. 이 부분에서는 유럽의 정세에 긴장을 초래한 독일의 팽창주의 정책이 간략하게 기술되며, 이것이 유럽 대륙에 심각한 위기를 불러왔다는 점, 특히 동유럽의 '현상' 유지에 심각한 위협을 초래했음이 지적될 것이다. 이어 이와 같은 위기에 대처하는 과정에서 영국과 프랑스의 외교적 대응이 오히려 독일의 침략 행위를 부추기는 역할을 하였다는 점이 고찰될 것이다. 그 결과 소련이 그 당시 유럽 문제의 해결에서 완전히 소외되었고, 그와 같은 외교적 고립이 곧 소련 서부 국경의 안전 보장에 심각한 문제를 초래하게 되었음이 지적될 것이다. 이후 서부 국경의 안보 문제는 소련이 해결해야 할 시급한 과제로 등장했음이 지적될 것이다.

제2장에서는 독일의 체코슬로바키아 점령 이후 형성된 새로운 유럽 국제 정세 속에서 소련과 영국, 프랑스가 독일의 침략을 저지하기 위해 각기 어떤 구상을 지니고 있었는지를 구체적으로 기술할 것이다. 영국과 프랑스가 동유럽 보장 선언을, 그에 반해 소련이 대독일 집단안전 보장을 제안하였다는 사실을 기술할 것이다. 이러한 양측의 제안을 면밀히 검토한 결과, 그들 간에는 침략을 저지하는 데 있어서 분명한 입장의 차이가 있고, 그러한 차이가 협상의 타결 가능성에도 적지 않은 영향을 끼쳤음을 밝힐 것이다.

제3장에서는 소련이 '이중 외교'를 단행한 배경과 그 과정을 구체적으로 서술할 것이다. 그 배경으로서 독일의 대소 외교 전략 수정과 '3국 동맹 협상'의 교착 상태, 그리고 소련의 군사적 취약함이 제시될 것이다. 먼저 그 당시 국제 정세에서 독일이 어떤 대내외적 요

1990), G. Hass, *23. August 1939 der Hitler-Stalin-Pakt: Documentation* (Berlin, 1990) 등이 있다.

인에 의해 외교정책의 선회를 이끌어 냈는지를 설명할 것이다. 그 다음, 영국과 프랑스, 소련 간의 협상이 어떤 요인으로 교착 상태에 직면했는지를 자세히 서술할 것이다. '3국 동맹 협상'이 교착 상황에 직면하면서, 영국과 프랑스에 대한 소련의 불만뿐만 아니라, 자국의 안보에 대한 불안감이 고조되었음을 지적할 것이다. 그러한 상황에서 소련이 독일의 적극적인 접근을 받아들여, '이중 외교'를 펼쳤음을 지적할 것이다. 그리고 과정에서 소련이 역점을 두었던 것이 반(反)파시즘이라는 공동의 대의가 아니라, 자신의 안전 보장이었다는 사실이 드러날 것이다.

제4장에서는 소련과 독일 간의 불가침 조약의 내용을 구체적으로 기술할 것이다. 그와 동시에 비밀 의정서의 체결 과정을 점검하고, 마지막으로 독·소 불가침 조약의 역사적 의미를 점검할 것이다.

끝으로 이 글에서 활용된 사료는 다음과 같다. *Nazi-Soviet Relations 1939-1941. Documents from the Archives of the German Foreign Office* (New York, 1948)의 러시아 번역서인 *Советско-Нацистские Отношения 1939-1941. Документы* (Париж-Нью-Йорк, 1983) 이다. 이는 1980년대 말 90년대 초 러시아 측 외교 문서가 간행되기 이전에 독·소 불가침 조약으로 귀결된 독일과 소련 간의 관계를 연구한 학자들이 활용한 주된 사료이다. 이 문서집은 전후 미 국무성이 독일 문서고에서 압수하여 편집 간행한 것이었다. 그와 동시에 1950년부터 간행되기 시작한 독일 외교 문서집인 *Akten zur Deutschen Auswärtigen Politik (ADAP), D, Bd. V* (Baden-Baden, 1950 ff.) 역시 중요한 사료였다. 이 두 문서집은 서구 세계에서 2차 세계대전 전야에 독일과 소련 간의 외교관계, 더 나아가 그 두 나라가 불가침 조약을 체결하게 된 동기를 밝히는 연구에 활력을 불어넣은 사료임에 틀림없었다.

하지만 대외관계라는 것이 상호적이라는 점을 염두에 둘 때, 주로 독일 한 측의 시각이 담겨 있는 외교 문서는 연구의 균형이라는 측면에서 중대 결점을 내포한 것으로 보인다. 다시 말하자면, 독일 외교 문서는 소련의 태도와 정책을 객관적으로 규명해주는 사료로서 완벽한 것일 수 없다는 것이다. 독일 측의 보고와 각서 등은 소련 정책에 대한 독일의 평가와 대소관계에서 독일의 의도를 반영할 수밖에 없기 때문이다. 이러한 방법론상의 결점은 독일과 소련 간의 관계, 조약 체결 과정 등에 관한 해석에 그대로 반영되었다. 그것에 따르면, 독·소 불가침 조약의 주도권은 1939년 4월에 소련 측에서 나왔고, 그 동기 역시 동유럽에 대한 분할이었다고 한다. 이러한 평가는 거의 50년간 가까이 역사학계를 지배해왔다. 행위의 또 다른 주체인 소련 측 외교 문서가 공개 간행되지 않았기 때문에, 이러한 견해는 활용 가능한 사료와 사건의 과정에서 추측한 증거를 토대로 한 추론일 수 있는 것이었다. 사료의 부족은 또 다른 결론으로 이끌 수 있는 추론의 여지를 폭 넓게 제공한 셈이었다. 그래서 독·소 불가침 조약에 관한 역사 해석은 전후 시기 내내 사변적 해석과 정치적 논쟁의 영역에 갇혀 있을 운명이었다.

하지만 마침내 1980년대 말 개혁과 개방의 분위기 속에서, 2차 세계대전의 발발 직전의 시기에 관련된 소련 외교 문서가 일부 공개되었다. 그것은 *Документы Внешней Политики СССР.* 1939 год, т. 22, Кн. 1 (Москва, 1992), 그리고 *Год Кризиса 1938-1939 : Документы и Материалы,* В 2 томах (Москва, 1991) 등이다.

이 두 문서집에는 1939년에 나치 정부와 소련의 관계, 그 가운데에서도 독일 측과의 회의보고문, 소련 외교관에 보낸 자국 정부의 훈령, 그리고 소련 정부와 베를린 주재 소련 대사간의 서신 교환 등이 포함되어 있었다. 이 두 문서집은 소련 측의 시각을 통해 소련의 대독 정책의 전개 과정을 어느 정도 상세히 추적할 수 있게 되었다. 이러한 문서집을 통해 새로이 밝혀진 사실은 아래와 같다. 첫째로, 구체적인 내용에서 독일 측 외교 문서와 소련 측 외교 문서가 동일한 사건을 두고 정반대의 결론을 도출하는 사례를 종종 발견할 수 있다. 그 가장 대표적인 사례는 앞서 이 책 3장 1절에 상세히 기술되어 있듯이, 4월 17일에 있은 베를린 주재 소련 대사와 독일 외무차관 간의 회의보고 내용이다. 둘째로, 소련이 나치 독일과의 조약 체결로 선회한 시기와 배경에 관한 장기간의 역사적 논쟁이 해결될 수 있었다. 소련 외교정책은 7월 말경에 이르러서 변화하기 시작하였고, 그 배경도 '3국 동맹 협상'이 교착 상태에 빠져 타결 가능성이 점차 희박해졌기 때문이었다는 것이다. 그리고 이러한 평가는 1986년에 간행된 프랑스 외교 문서를 통해 확인될 수 있었다. 그 문서란 *Documents diplomatique français*, 1939, 2-é, série, 15(Paris, 1986)이다. 이 문서집에 수록된 내용은 *Год Кризиса 1938-1939 : Документы и Материалы,* В 2 томах(Москва, 1991); Сиполс В. Я. и Челышев, "Политические Переговоры СССР, Великобритании и Франции 1939 г. в свете французских дипломатических документов," *Новая и Новейшая История*, но. 6, 1989 등에 실려 있다. 여기에는 1939년에 진행된 '3국 동맹 협상'의 과정에 참여한 프랑스 대표들이 본국에 타전한 보고문이나, 프랑스 정부의 훈령 등이 상세히 기록되어 있다. 한편 다른 성격의 문서집도 같은 시기에 간행되었다.

그것은 Ю. Фельштинский (Сост), *Оглашению подлежит : СССР-Германия 1939-1941. Документы и Материалы* (Москва, 1991) ; *СССР-Германия 1939-1941 : Документы и материалы о советско-германских отношениях*, В 2 томах (Вильнюс, 1989) ; Х. Арумяэ(ред), *ОТ ПАКТА МОЛОТОВА- РИББЕНТРОПА ДО ДОГОВОРА О БАЗАХ : Документы и Материалы* (Таллинн, 1990) 등이다. 상기의 두 문서는 독일 외교 문서인 *Akten zur Deutschen Auswärtigen Politik* (ADAP), D, Bd. V (Baden-Baden, 1950 ff), *Nazi-Soviet Relations 1939-1941. Documents from the Archives of the German Foreign Office* (New York, 1948 : 러시아 번역본 *Советско-Нацистские Отношения 1939-1941. Документы* (Париж-Нью-Йорк, 1983)를 편집해 실어 놓은 자료이다. 그런 점에서 이들 사료는 독일 측의 문서집과 크게 다르지 않았다. 예를 들자면, *СССР-Германия 1939-1941 : Документы и материалы о советско-германских отношениях*, В 2 томах (Вильнюс, 1989)는 전후 미 국무성이 독일 문서고에서 압수하여 편집 출간한 *Nazi-Soviet Relations 1939-1941. Documents from the Archives of the German Foreign Office*(New York, 1948)와 편집 체계나 내용이 동일하다. 따라서 이러한 사료들에 의거하여 독·소 불가침 조약의 성립 과정을 분석하면, 앞서 기술한 서구 학계의 견해와 동일한 결론이 도출된다.[46]

---

46) 그와 동시에 1989년 이전까지 조약 체결 전후시기에 관련된 사료와 외교 문서집의 시대별 출판 내역과 연구 수준 및 한계점에 관한 자세한 내용은 Roberts, *The Unholy Alliance*, 9-22쪽을 참고할 것.

Ⅰ. 1930년대 말 유럽 국제 정세의 위기

1. 독일의 팽창 정책과 유럽 국제 정세의 위기

1930년대 말 유럽의 국제 정세는 위기에 직면하였다.[1] 그것은 파시스트 국가들, 특히 독일의 팽창 정책 때문이었다.

독일은 제1차 세계대전의 패전국이었다. 그리고 그 대가로 혹독한 시련을 맞이하였다. 독일은 패전국으로서 전쟁 도발의 모든 책임을 감수해야 했을 뿐만 아니라 연합국 측에 거액의 배상금을 물어내야만 하였다. 이러한 상황은 독일 국민의 자존심을 여지없이 파괴하였다. 그래서 그들은 '배후의 일격론(Dolchstoß)'[2]에서 심리적 보상을 기대하는가 하면, 1차대전이 끝난 직후부터 베르사유 체제의 타파와 동부 및 중부 유럽에서의 독일 민족의 생존권(Lebensraum) 확보를 외치는 주장에 공감을 표시하였다. 대공황은 이러한 분위기에 기름을 퍼부었다. 대공황의 여파로 독일의 경제는 완전히 파산하였다. 독일 전체가 극심한 사회·경제적 혼란에 휩싸였고, 경제적 민족주

---

1) 그러한 위기는 전쟁으로 비화될 소지가 있었을 뿐만 아니라, 세계 곳곳에서 무력 충돌을 불러 일으켰다. 실제로 1930년대 말에 이르면, "5억 명 이상의 사람들이 전쟁의 영향을 받았으며, 천진과 상하이, 광동에서 아비시니아를 거쳐 지브롤터에 이르는 광대한 지역에서 전쟁이 발발하였던" 것이다. 이것은 결국 전후 평화 체제의 붕괴를 의미하였다.(док. 177., *Год Кризиса 1938-1939. Документы и Материалы*, т. 1 (Москва, 1990), 258쪽.), (이하 *Год Кризиса*로 약함.)

2) 배후의 일격론이란 제1차 세계대전에서의 독일의 패배가 군사적 혹은 경제적 이유 때문이 아니라 후방에서의 사보타지 등 불순 세력의 운동 때문이라고 하는 주장을 말한다.

의와 정치적 극단주의가 성행하였다. 그 와중에서 독일 국민들의 불만은 극점에 도달하였다.

히틀러(A. Hitler)는 그러한 독일 국민들의 마음을 정확히 읽었다. 그는 권력을 장악하기 이전부터 독일 민족의 생존권 확보와 그러한 목적을 달성하기 위한 강력한 대외팽창 정책을 주장하였다. 그가 내건 대의명분은 "독일 민족에 걸맞은 영토를 이 지상에서 확보"하는 것이었다.[3] 그러면서 그는 동쪽을 지목하였다. "우리가 유럽에서 새로운 영토에 대해 이야기한다면, 우리는 우선 러시아와 그에 종속되는 주변 국가들만을 생각할 수 있다."[4] 그곳은 독일 민족이 팽창할 수 있는 영역이며, 우월한 인종이 세계에 대한 지배를 유지해 가는 데 필요한 원료나 인적 자원을 획득할 수 있는 공간이었다.[5] 히틀러의 주장에 따르면, 그러한 공간을 '확보'한다는 것은 독일 국가사회주의자들이 해야 할 "매일의 빵을 위한 영원한 투쟁"이며, "이 지상의 지배자로서" 감당해야 할 "운명"이었다.[6]

하지만 히틀러가 말하는 독일 민족의 '생존'은 필연적으로 다른 국가와 민족의 '희생'을 전제로 할 수밖에 없었다. 독일 민족이 자신에 걸맞은 영토를 확보하기 위해서는 대외적 무력 팽창이라는 방법을 동원해야 하며, 그것은 결국 히틀러가 지목한 주변 동부 및 중부 유럽 국가의 영토와 주권에 대한 침해로 귀결될 것이다. 그러한 팽창은 특히 슬라브 민족의 희생을 가져올 수밖에 없었다.[7] 따라서

---

3) A. 히틀러, 『나의 투쟁』, 서석연 옮김(범우사, 1988), 647쪽.

4) 같은 책, 650쪽.

5) J. Joll, 『현대 유럽 정치사회사 Ⅱ』, 편집부 옮김(학문과 사상사, 1984), 553쪽.

6) 히틀러, 앞의 책, 647쪽을 참고할 것.

7) 같은 책, 650쪽을 참고할 것.

히틀러의 등장에서 이미 슬라브 민족, 특히 소련과의 이해관계 대립, 더 나아가 소련의 희생이 예견되어 있었던 셈이다.

정권을 장악한 이후, 히틀러는 '주장'을 정책으로 구체화하였다. 1937년 11월 5일, 그는 측근들만을 불러들여 비밀 회의를 열었다. 그 회의는 제3제국 역사상의 "결정적 전환점"이었다.[8] 그 자리에서 히틀러는 "이제 …… 게르만 민족의 생존권을 확대시켜야 할 시점에 도달하였다. 생존을 위한 공간은 아프리카나 아시아가 아니라 유럽 중심부에서 확보해야 한다. 무력의 사용은 불가피하다"고 주장하였다.[9] 이어 그는 "늦어도 1943~1945년까지 그러한 생존을 위한 공간의 문제를 해결해야 한다"고 덧붙였다.[10] 그 이후에는 독일의 군사적 효율성이 떨어질 것이고 경제적으로 더 많은 어려움이 야기될 수 있었다.[11] 이것은 히틀러가 목적을 달성하기 위해 전쟁, 혹은 구체적인 전쟁 위협까지도 불사하는 적극적인 외교정책을 수립했음을 의미한다.[12]

이후 독일은 대외팽창 일변도의 정책을 추구하였다. 오스트리아가 그 첫째 대상이었다. 전후 연합국이 압수한 호스바흐 회의록(Hoßbach Protokol)에 따르면[13] 독일의 오스트리아 침략은 이미 확

---

8) 윌리엄. L. 샤이러, 『제3제국의 흥망』, 유승준 옮김, 제2권 (에디터, 1993), 54쪽.

9) "Документ ПС-386. Протокол Совешания, состоявшегося в рейхсканцелярии 5 ноября 1937," *Нюрнбергский Процесс Сборник Материалов*, т. 2(Москва, 1988), 217쪽.(이하 *Нюрнбергский Процесс*로 약함.)

10) 같은 책, 같은 곳.

11) 에른스트 놀테, 『유럽의 시민전쟁 1917~1945. 민족사회주의와 볼셰비즘』, 유은상 옮김(대학촌, 1996), 280-1쪽을 참조할 것.

12) 같은 책, 283쪽과 K. Hildebrand, *Der Deutsche Aussenpolitik 1933-1945. Kalkül oder Dogma?* 5 Auflage(Stuttgart, 1990), 84쪽을 참조할 것.

13) 의정서 전문은 *Нюрнбергский Процесс*, т. 2, 212-220쪽을 참조하시오.

정되어 있었다. 오스트리아와 체코슬로바키아를 합병할 수만 있다면 독일은 "5, 6백만 명을 먹여 살릴 수 있는 식량의 거점을 확보하게 된다"고 예상되었다.[14] 군사적인 측면에서 거둘 수 있는 이익도 엄청났다. 두 나라를 통합함으로써 독일은 "훨씬 짧고 유리한 국경을 확보할 수 있고, 그와 동시에 또 다른 목적을 위해 군대를 자유로이 이동시킬 수 있게 된다. 게다가 12개 사단에 이르는 새로운 부대를 편성할 수" 있을 것이다.[15]

1938년 2월 12일, 오스트리아 합병을 위한 최초의 작전이 시작되었다. 바로 그날, 히틀러는 베르히테스가르텐(Berchtesgarten)의 산장에서 오스트리아 수상 슈슈닉(K. von Schuschunigg)에게 오스트리아 나치스 지도자인 자이스 인크바르트(Seyss-Inquart)를 오스트리아 정부 내무장관에 임명할 것, 오스트리아 나치스를 합법화하고 수감되어 있는 나치스 당원을 전원 석방할 것 등을 요구하였다.[16] 그 말은 사실상 독일이 오스트리아를 합병하겠다는 것이나 마찬가지였다. 히틀러의 요구에 반발한 슈슈닉은 국민 투표라는 방식을 동원하여 자국의 국민들에게 직접 호소하기로 마음먹었다. 투표일은 3월 13일로 결정되었다.[17]

히틀러는 이와 같은 행위를 자신에 대한 명백한 도전으로 받아들였다. 3월 10일, 히틀러는 독일 군에 오스트리아 침공 준비를 명령하는 한편, 오스트리아 정부에 대해 국민 투표의 연기, 슈슈닉의 해

---

14) 같은 책, 218쪽.

15) 같은 책, 같은 곳.

16) J. Noakes and G. Pridham(eds), *Nazism 1919-1945. A Documenter Reader*, vol. 3(Foreign Policy, War and Racial Extermination), (Exeter, 1995), 700쪽.

17) G. L. Weinberg, *The Foreign Policy of Hitler's Germany. Starting World War II, 1937-1939* (Chicago, 1980), 292쪽을 참고할 것.

임, 자이스 인크바르트의 수상 임명 등을 요구하는 최후통첩을 보냈다.[18] 오스트리아 대통령 미클라스(W. Miklas)는 이에 굴복하여 자이스 인크바르트를 수상으로 임명하였다. 그러나 그것은 전혀 쓸모없는 일이 되어 버렸다. 3월 12일, 독일 군은 작전을 개시하여 오스트리아를 합병(Anschluß)하였다.[19]

독일의 오스트리아 합병은 '순조롭게' 진행되었다. 그 무렵 유럽의 국제 질서를 주도하고 있던 영국과 프랑스마저 침묵을 지키고 있었다.[20] 자신감을 얻은 히틀러는 다음 단계를 준비하였다. 그것은 체코슬로바키아의 합병이었다. 오스트리아를 합병하고 난 직후, 그는 한 측근에게 "체코슬로바키아는 궁지에 몰렸을 것"이라고 말한 바 있다.[21] 그것은 결코 빈말이 아니었다.

당시 체코슬로바키아에는 주데텐 지역을 중심으로 하여 약 320만 명가량의 독일인이 거주하고 있었다.[22] 히틀러는 이들을 체코슬로바키아에 대한 침략의 발판으로 삼을 예정이었다. 그 해 3월 28일, 히틀러는 체코슬로바키아 주데텐 지방 독일당의 지도자인 헨라인(K. Henlein)과 프랑크(K. Frank)를 베를린으로 소환하였다. 히틀러는 이들에게 체코슬로바키아에 거주하고 있는 독일인을 볼모로 삼

---

18) 같은 책, 297쪽.

19) 같은 책, 299쪽.

20) 하랄트 슈테판, 『아돌프 히틀러』, 최경은 옮김(한길사, 1997), 171-2쪽을 참고할 것.

21) 히틀러가 오스트리아를 접수하면서 할더(K. Halder) 장군에게 건넨 말. J. Noakes and G. Pridham(eds), *Nazism 1919-1945*, 701쪽을 참조할 것.

22) 1919년 베르사유 체제에 따라, 체코슬로바키아는 체코인과 슬로바크인, 그리고 5백만의 다른 민족을 포함한 다민족 국가로 탄생하였다. 이 가운데 독일인은 320만 가량의 소수민족으로 주데텐 지역에 거주하고 있었다. 이들 독일인은 체코슬로바키아에서 비교적 자율성을 갖고 별다른 불만 없이 생활해가고 있었다.(Weinberg, *The Foreign Policy of Hitler's Germany*, 321쪽.)

아 "체코슬로바키아 정부가 받아들일 수 없는"[23] 강도 높은 요구를 하라고 지시하였다. 이듬해인 1938년 4월 24일, 헨라인과 프랑크는 칼스바트(Carlsbad)에서 개최된 주데텐 독일당 전당대회에서 주데텐 지역의 완전한 자치를 요구하였다.[24] 독일 안에서도 무력 개입의 구실을 쌓아 나갔다. 독일 언론은 주데텐의 동포들이 억압 받고 있다며 그 '실상'을 폭로하고 나섰다. 5월 30일에는 체코슬로바키아 침공 작전(녹색 작전) 계획이 수립되었다.[25]

9월 12일, 독일은 마침내 공개적으로 주데텐 문제에 간섭하기 시작하였다.[26] 바로 그날 히틀러는 뉘른베르크 당대회에서 "나는 어떤 상황에서도 체코슬로바키아에 있는 독일 민족 동지들의 억압을 조용히 지켜보지만은 않을 것이다. …… 체코슬로바키아에 있는 독일 사람들은 방어책이 없지도 않고 버림받은 존재도 아니다. 그 사실을 이제 알게 될 것"이라고 선언하였다.[27] 독일과 체코슬로바키아 사이에 일촉즉발의 긴장감이 나돌았다. 사흘 뒤인 9월 15일, 헨라인은 체코슬로바키아 정부와의 관계를 단절하는 조치를 취했으며, 한발 더 나아가 주데텐 지역을 독일에 병합하라고 요구하였다.[28]

이러한 상황에서 영국이 나섰다. 영국 수상 체임벌린(N. Chamberlain)은 독일을 방문하여 베르히테스가르텐에서 히틀러와 협상을 벌였다. 며칠 후(9월 19일), 영국과 프랑스는 체코슬로바키아에 주데텐 지방의 양도를 종용하였다.[29] 체코슬로바키아는 그 요구에 굴복하고 말

---

23) 요하힘 C. 페스트, 『히틀러 평전』, 안인희 옮김, 제2권(푸른숲, 1997), 976쪽.

24) Noakes and Pridham(eds), *Nazism 1919-1945*, 701쪽.

25) Weinberg, *Germany, Hitler, and World War II*, 113쪽.

26) Weinberg, *The Foreign Policy of Hitler's Germany*, 424쪽.

27) 페스트, 앞의 책, 제2권, 980쪽.

28) Weinberg, *Germany, Hitler, and World War II*, 112쪽.

았다. 이어 9월 29일, 뮌헨에서 히틀러와 체임벌린, 프랑스 국무총리 달라디에(E. Daladier), 이탈리아 국가 원수 무솔리니(B. Mussolini)가 만났다. 회의가 끝난 후, '뮌헨 협정(Munich Agreements)'이 발표되었다.[30] 체코슬로바키아는 그 협정에 따라 주데텐 지역을 독일에 양도하고 폴란드와 헝가리에도 영토의 일부를 넘겨주어야 하였다.[31] 그렇지 않아도 "꿰매 붙인 넝마 조각"[32] 신세나 다름없었던 체코슬로바키아는 그 형체마저 보존하기 힘들게 되었다. 따라서 뮌헨 협정은 체코슬로바키아의 분할 협정이자 사실상의 "사형 선고"였다.[33]

그러나 히틀러는 만족하지 않았다. 자신이 원하던 대로 주데텐 지방을 차지했지만 그의 야심은 애초부터 뮌헨 협정에서 그려진 한계를 초월해 있었다. 그런 그에게 뮌헨 협정은 동유럽을 바라보고 질주하는 자신을 가로막는 국제적인 장애물이었을 뿐이다. 실제로 그는 영국과 프랑스가 자신의 계획과 활동의 자유에 제약을 가하고

---

29) 물론 이런 과정에서 체코슬로바키아의 입장은 전혀 반영되지 않았을 뿐만 아니라, 오히려 체코슬로바키아는 자신의 문제를 강대국들의 의사에 맡겨 버릴 수밖에 없었다. 영국과 프랑스의 요구를 받은 체코슬로바키아 정부는 그 조치의 과격성을 지적하고 1925년에 체결된 독일과 체코 간의 중재 협정에 호소하였다. 그러나 영국과 프랑스는 체코슬로바키아의 이러한 대응을 묵살했고, 오히려 체코슬로바키아가 자신들의 요구를 수용하지 않으면, 체코슬로바키아 단독으로 독일에 대처해야 할 것이라고 협박하였다.(Weinberg, *The Foreign Policy of Hitler's Germany*, 444쪽.)

30) 1939년 9월 30일, 히틀러와 체임벌린, 무솔리니와 달라디에는 10월 1일에 독일 군이 체코슬로바키아에 진주하여 10월 10일까지 주데텐 지역에 대한 점령을 완료할 것을 규정한 협정에 서명하였다. 이것이 이른바 '뮌헨 협정'이다.(샤이러, 앞의 책, 제2권, 240-241쪽.)

31) 뮌헨 협정에 따라 체코슬로바키아는 영토의 1/5과 국민의 1/4을 독일에 넘겨주어야만 하였다. 이후 체코슬로바키아는 독일 제국의 위성국으로 전락하게 된다.(Pätzold & Rosenfeld (Hrsg), *Sowjetstern und Hakenkreuz*, 11쪽.)

32) 페스트, 앞의 책, 제2권, 976쪽.

33) Pätzold & Rosenfeld (Hrsg), *Sowjetstern und Hakenkreuz*, 11쪽.

독일을 국제 질서 속에 가두어 놓으려고 뮌헨 협정을 체결하였다고 생각하였다.[34] 그가 내뱉듯이 하였다는 한 마디 말은 이 모든 상황을 압축한다. "체임벌린, 그 놈은 내가 프라하로 진군하는 것을 망쳤어."[35] 그러나 그 말 속에는 유럽의 미래가 함축되어 있었다. 그는 서유럽 국가의 간섭에서 벗어나 동유럽에서 자신의 요구를 자유로이 관철시키고자 하였다.[36] 그의 야심이 현실의 사건으로 전개되는 데에는 실제로 많은 시간이 필요하지 않았다.

독일은 곧바로 체코슬로바키아를 합병하기 위한 준비에 돌입하였다. 10월 21일, 히틀러는 육군에 적절한 시기에 체코슬로바키아의 남은 지역을 점령하고 슬로바키아를 분리할 수 있는 방법을 강구하라고 지시하였다.[37] 그 작전 계획에 따라 독일은 프라하를 침공하였다(1939년 3월 15일). 마침내 동유럽을 향한 독일의 본격적인 "침략 원정"이 시작된 것이다.[38] 히틀러는 프라하를 접수하고 흐라드신 궁전에 하켄크로이츠 깃발을 꽂았다. 이어 그는 보헤미아(Böhmen)와 모라비아(Mehren)를 보호령으로 선언하여 체코슬로바키아 서부 지역을 병합하였다. 또한 체코슬로바키아의 동부 지역에는 '슬로바키아'라는 이름의 독립 국가를 세운 뒤 독일 제국의 위성국으로 만들었다.[39] 이 과정에서 뮌헨 협정은 자연스럽게 파기되었다.

---

34) Noakes and Pridham (eds), *Nazism 1919-1945*, 724쪽.

35) 샤흐트(H. Shacht)의 전언, 페스트, 앞의 책, 제2권, 999쪽을 참고할 것.

36) Bartel, *Frankreich und die Sowjetunion*, 117쪽.

37) док. 31, *СССР в Борьбе за Мир накануне Второй Мировой Войны. Документы и Материалы* (Москва, 1979), 57쪽.(이하 *СССР в Борьбе за Мир*로 약함)

38) 놀테, 앞의 책, 301쪽.

39) Pätzold & Rosenfeld (Hrsg), *Sowjetstern und Hakenkreuz*, 8-9쪽.

체코슬로바키아의 병합에 고무된 히틀러는 동유럽을 향한 자신의 행보에 더욱 박차를 가하였다. 그는 1939년 3월에 스위스 외교관이자 단치히 주재 국제연맹 고등판무관인 부르크하르트(C. J. Burckhardt)를 만난 자리에서 독일이 폴란드와 공동으로 동방 정책을 추구할 것이며, 그것이 여의치 않을 경우 동유럽에 있는 작은 국가들을 완전히 굴복시킨 후 자신의 계획을 계속 밀어 부칠 것이라고 공언하였다.[40] 사실 뮌헨 협정을 체결한 이후, 히틀러는 자신의 계획을 실현시키기 위한 여러 대안을 가지고 있었다. 그것은 폴란드와 함께 한 동방 정책이냐 아니면, 체코슬로바키아의 예를 따라 폴란드를 완전히 굴복시킨 이후의 동방 정책이냐 하는 것이었다. 이 모든 것이 여의치 않은 경우, 히틀러는 폴란드를 점령하고 분쇄하여 동방 정책을[41] 추진할 생각이었다.[42]

이러한 일련의 동유럽 정복 계획은 소련과의 전쟁을 염두에 두고 작성되었다. 소련과 전쟁을 벌일 경우 독일 군은 양국 사이에 있는 동유럽 국가들을 지날 수밖에 없을 것이고, 그러한 상황에 대비하여 이들 지역에서의 자유로운 군사 활동을 보장 받을 사전 조치가 필요하였다.[43] 그래서 독일은 자국의 동부 국경과 소련의 서부 국경 사이에 존재한 동유럽 국가들을 소련으로부터 분리시키고자 하였다. 폴란드는 그 계획의 성사를 위해 공략해야 할 최초의 목표였다.

---

40) Hildebrand, *Das deutsche Aussenpolitik*, 87쪽.

41) 히틀러의 말에 따르면, "서방 노선도 동방 노선도 우리나라 외교정책의 장래 목표가 될 수 없으며, 우리 독일 민족에게 필요한 토지의 획득이라는 의미에서의 동방 정책이 목표인 것이다."(히틀러, 앞의 책, 662쪽.)

42) H. Graml, *Europas Weg in den Krieg. Hitler und die Mächte 1939* (München, 1990), 197쪽.

43) R. W. Weber, *Die Entstehungsgeschichte des deutschen-sowjetischen Nichtsan griffspaktes vom 23. August 1939* (Frankfurt a. M., 1980), 19쪽을 참고할 것.

이와 같은 구상을 염두에 둔 히틀러는 먼저 폴란드의 협력을 통한 팽창 정책을 모색하였다. 그는 폴란드를 소련에 대항하는 진군 기지로 활용할 생각이었다. 그에 따라 히틀러는 폴란드에 총체적 해결을 제안하였다.[44] 그와 더불어 독일은 폴란드가 자신의 제안을 수락하도록 외적인 압력을 가하기도 하였다. 3월 22일에 독일은 프라하를 점령한 이후 발트해 연안국을 지배하는 데 있어서 전초 기지의 역할을 할 리투아니아의 항구 도시 메멜(Memel)을 점령하였다.[45] 그런 뒤 독일은 루마니아와 경제 협정을 체결하였다.[46] 이와 같은 일련의 조치를 통해 독일은 폴란드를 해안선에서 단절시킴으로써 위협의 분위기를 조성시키려 하였다.[47]

독일이 리투아니아의 메멜을 점령하자, 유럽의 세력 판도는 크게 달라졌다. 독일의 군사적·전략적 입지는 한층 강화되었다. 메멜 지역이 독일로 넘어갔다는 것은 곧 독일이 발트해 연안 지역의 지배에 필수적인 교두보를 확보했음을 의미하였다.[48] 동유럽 국가들의 위기의식은 더욱 커졌다. 하지만 동유럽 국가들은 독자적으로 독일의 침략 위협에 맞설 형편이 되지 못하였다. 그렇다고 그들은 소련

---

44) 그 제안은 단치히의 반환과 폴란드 회랑에 치외법권적인 교통망의 건설, 폴란드의 반코민테른 조약 가입 등으로 요약될 수 있다. 폴란드가 이 제안을 수용할 경우, 리벤트로프는 단치히를 자유항으로 만들어 폴란드가 단치히에서 자유로이 교역 활동을 할 수 있게 보장할 것이며, 폴란드의 국경을 최종적으로 승인한다는 것이다.(док. 36, *СССР в Борьбе за Мир*, 63쪽.)

45) I. Fleischhauer, *Der Pakt. Hitler, Stalin und die Initiative der deutschen Diplomatie 1938-1939* (Frankfurt am Main, 1990), 128쪽.

46) Graml, *Europas Weg*, 150쪽.

47) 처칠, 앞의 책, 제2권, 409쪽.

48) D. Kirby, "Incorporation : The Molotov-Ribbentrop Pact," Graham Smith (ed.), *The Baltic States. The National Self-Determination of Estonia, Latvia and Lithuania* (London, 1994), 71쪽을 참고할 것.

의 지원을 받아들일 의사가 있는 것도 아니었다.[49] 그들은 서유럽
국가와 독일 사이에서 방황하였다. 이러한 상황에서 발트해 연안국
들이 선택한 것은 중립이었다. 그러나 그것은 표면상의 선언이었을
뿐, 실질적으로는 독일이 제안한 불가침 조약에 동의함으로써 독일
로 기울어 있었다.[50]

　하지만 폴란드는 독일의 제안을 거부하였다. 이어 3월 31일에는
영국이 폴란드의 독립을 보장하겠다고 선언하였다. 더 나아가 폴란
드 외무장관 베크는 영국의 보장 선언을 영국과의 동맹으로 전환시
키는 문제를 논의하기 위해 런던을 방문하였다.[51] 이것은 독일의
총체적인 해결 제의에 대한 폴란드의 최종적인 거부를 의미하였다.
그 결과 폴란드의 협력을 통해 소련에 대항하려고 했던 히틀러의
희망은 좌절되었다. 그래서 히틀러는 독일 군 최고 사령부 참모총장
인 카이텔(W. Keitel)에게 즉시 폴란드 침공을 위한 사전 준비를 하
라는 지시를 내렸다.[52] 며칠 뒤 4월 3일에 카이텔은 "백색 작전"이
라 불리는 훈령을 작성하였다. 그 훈령에 따르면, 독일 육군은 전격
작전을 통해 폴란드 군을 전멸시켜야 한다. 1939년 9월 1일까지 독
일 육군은 이러한 공격의 준비를 마쳐야 한다는 것이다. 4월 11일에
히틀러는 이 훈령에 서명하였다.[53]

　하지만 그와 같은 결정은 1938년 10월 21일과 11월 24일자 히틀

---

49) *История Великой Отечественной Войны Советского Союза 1941- 1945*,
т. 1 (Москва, 1960), 161쪽을 참고할 것.

50) Gert von Pistohlkors, "Der Hitler-Stalin-Pakt und die baltischen Staaten," E.
Oberländer (Hrsg), *Hitler-Stalin-Pakt*, 90쪽을 참고할 것.

51) Fleischhauer, *Der Pakt*, 129쪽.

52) Pätzold & Rosenfeld (Hrsg), *Sowjetstern und Hakenkreuz*, 24쪽.

53) Graml, *Europas Weg*, 195쪽.

러의 지시를 통해 이미 구체화되어 있었다. 11월 24일에 히틀러는 독일 군 수뇌부에게 아래와 같은 지시를 내렸다. "극비. 총통은 아래와 같이 명령한다. 10/21/38의 지령에 언급된 3항목의 경위와는 별도로 독일 군은 단치히 자유시의 기습 점령을 가능케 할 수 있도록 준비해야 한다. 그 준비는 정치적으로 유리한 상황을 이용하여 대폴란드 전쟁에 의존하지 않고 단치히의 준혁명적 점령을 조건으로 한다는 토대에 의거해야 한다. 이를 위해 동원되는 군대는 동시에 메멜을 점령할 것이다. 왜냐하면 이러한 두 작전은 필요하다면 동시에 시행되어야 하기 때문이다. 해군은 해상에서의 공격으로 육군의 작전을 엄호한다. …… 각 군의 작전 계획은 각각 1939년 1월 10일까지 제출해야 한다."[54]

새로운 것은 히틀러가 이제 협상이나 대화를 통한 평화적 방식이 아니라 전쟁을 통해 자신의 목표를 추구할 것임을 명백히 선언하였다는 점이다. 5월 23일에 히틀러는 독일 군 장성들을[55] 모아 놓고 이번에는 뮌헨에서의 외교적 방식이 사용되지 않을 것이라고 말하였다.[56] 그와 동시에 개전의 시점도 1943-45년에서 1939년으로 앞당겨 놓았다. 이와 같이 시기를 조정한 이유는 히틀러가 재무장과 군 병력의 조직을 통해 확보된 독일의 군사적 우위를 자신했기 때문이다.[57]

남은 문제는 얼마나 유리한 조건 속에서 폴란드에 대한 전쟁을

---

54) Д. Мельников и Л. Черная, *Преступник Номер 1. Нацистский Режим и его Фюрер* (Москва, 1982), 304쪽.

55) 그들은 괴링(H. Göring)과 레더(E. Raeder), 카이텔(W. Keitel), 밀히(E. Milch), 할더(F. Halder), 브라우치취(W. v. Brauchitsch)이다.

56) Dok. 51, Pätzold & Rosenfeld(Hrsg), *Sowjetstern und Hakenkreuz*, 138-139쪽.

57) Г. Л. Розанов, *Сталин-Гитлер : Документальный Очерк Советско-Германских Дипломатических Отношений 1939-1941 гг.* (Москва, 1991), 55쪽.

시작하느냐 하는 것이었다.[58] 독일은 우선 전쟁이 일어날 경우에 대비해, 원료와 식량의 문제를 해결해야 하였다. 이것은 장기전을, 특히 영국이 독일에 경제적 봉쇄를 단행할 경우를 대비한 것이었다. 둘째, 독일은 동부 및 서부에서 동시에 전쟁에 휘말려 들지 않도록 조심해야 하였다. 이러한 문제에 대한 해결은 폴란드를 고립시키는 것, 다시 말해 전쟁을 폴란드로 제한시키는 것에 있었다.

이제 독일의 폴란드 침공은 기정사실로 굳어졌다. 그 소식은 당사자인 폴란드뿐만 아니라 중·동부 유럽 지역의 여러 국가들, 나아가 소련을 포함한 유럽 전체를 긴장 속으로 몰아넣었다.

2. 영국·프랑스의 외교적 대응

독일의 적극적인 대외팽창 정책은 유럽의 국제 정세에 실로 막대한 영향을 초래하였다. 인접국의 영토와 주권이 상실되었을 뿐만 아니라 이제는 유럽 대륙 전체의 안녕과 평화가 커다란 위기에 직면하였다.

이런 상황에서 영국과 프랑스의 대응이 초미의 관심사로 등장하였다. 두 나라는 1차대전 이후 유럽의 국제 질서를 주도하고 있었고, 따라서 그들의 대독일 정책은 당시 유럽의 국제 정세에 커다란 영향을 끼칠 수밖에 없었다. 만약 영국과 프랑스 두 나라가 독일의 침략 행위에 대해 강력하고 확고한 응징의 의지를 천명하였다면 유럽의 평화를 보장하는 일은 그다지 어려운 일이 아니었을 것이다.[59]

---

58) Graml, *Europas Weg*, 197쪽.

59) 영국과 프랑스는 1차대전의 승전국이었으며, 전후 결성된 국제연맹 안에서도 실질적인 주도권을 행사하고 있었다. 그렇기 때문에 대독일 정책에 대한 국제

실제로 그 당시 서유럽에서는 영국과 프랑스, 소련 간의 이른바 "대동맹(The Grand Alliance)"을 근거로 한 강력한 집단 안보 체제를 구축하자는 제안도 있었다.[60] 그러나 당시 유럽의 대세는 타협론 쪽으로 기울어 있었다. 집단 안보 체제 구축안도 소수의 의견에 머물렀다.[61] 그 대신 세를 얻은 것은 개별적인 평화, 즉 독일과의 이해관계 조정이었다.

뮌헨 협정의 체결 과정에서 드러난 것처럼, 영국은 독일에 관한 한 처음부터 유화적인 태도로 일관하였다. 영국은 독일의 침략 위협에 적극적으로 대처하지 않았을 뿐만 아니라 오히려 독일의 요구를 "이유 있는" 것이라고 받아들였다.[62] 프랑스 주재 소련 대사 수리츠(Я. З. Суриц)의 1939년 3월 26일자 전보는 이러한 사실을 입증하는 좋은 사례이다. 그 전보에는 다음과 같은 내용이 실려 있다. "3월 15일, 독일의 프라하 점령 이전에 일어난 모든 침략 행위는 상당한 정당성을 갖는다. 왜냐하면 그러한 침략은 베르사유 조약을 통해 독일에서 분리된 지역(자르 지역)이거나 이전부터 독일 민족이 거주한 지역(오스트리아, 주데텐)에서 이루어졌기 때문이다. …… 이러한 입장이 주데텐 문제의 해결에 있어서 결정적인 역할을 하였다."[63] 실

적인 지지를 확보하는 데에도 별다른 어려움이 없었을 것이다. 이에 관해서는 R. H. Haigh, D. S. Moris and A. R. Peters, *Soviet Foreign Policy: The League of Nations and Europe 1919-1939*(Aldershot: Gower, 1986)의 서문과 1장을 참조할 것.

60) "대동맹"은 1938년 3월 처칠이 주장한 것이었다.(S. Aster, *1939. The Making of the Second World War*(London, 1973), 74쪽.)

61) 'К истории заключения Советско-Германского Договора о Ненападени и 23 Августа 1939 г: Документальный Обзор', *Новая и Новейшая История*, no. 6, 1989, 5쪽.

62) S. Aster, *1939*, 75쪽.

63) док. 228, *Год Кризиса*, Т. 1, 331쪽.

제로 그 당시 영국의 대외 정책을 담당한 사람들은 대체로 이와 같은 정서를 가지고 있었다. 체임벌린과 달라디에가 뮌헨 협정에 서명하면서 "심적 부담을 덜" 수 있었던 것도,[64] 나아가 영국이 침략 행위를 자행하는 독일을 저지하는 것이 아니라 달래는 작업을 추진할 수 있었던 것도 이러한 정서를 바탕으로 하였다.[65]

당시 영국으로서는 이와 같은 정책을 취해야 할 나름대로의 이유가 있었다. 1차 세계대전 이후 영국은 '해가 지지 않는' 대영제국의 영화, 특히 강대국의 지위를 유지하려 하였다. 이러한 목표를 이루기 위해서는 평화가 필수 조건이었다. 그러나 종전 이후의 상황은 영국의 기대와 어긋나는 것이었다. 도처에서 영국의 지위를 위협하는 사건이 불거져 나왔다. 국내 정치는 혼란을 거듭했고, 대외적으로는 경제적·군사적 우위를 잃어가고 있었으며, 식민지마저 이탈의 수순을 밟고 있었다.[66] 게다가 그간 평화 유지의 기본 틀을 제공해왔던 국제 체제마저 1931년 '만주 위기'의 발생 이래 혼란에 휩싸여 있었다.[67] 이와 같은 대·내외적 위기는 평화를 위협하는 걸림돌이었다.

영국은 이와 같은 상황에 대처하기 위해 '유화 정책(Appeasement Policy)'을[68] 고안하였다. 유화 정책의 목적은 현존 질서에서 마찰의

---

64) 같은 책, 같은 곳.

65) 1936년 영국 외무부 차관 밴시터트(R. Vansittart) 경은 영국이 협박을 통해 독일에 정면 도전하거나 소련과의 화해를 추구하는 대신에, 협상과 양보를 통해 평화를 유지하려고 대독일 유화 정책을 고려하고 있음을 확증하였다.(Ahmann, "Der Hitler-Stalin-Pakt : Nichtangriffs-und Angriffsvertrag?," E. Oberländer(Hrsg), *Hitler-Stalin-Pakt*, 31쪽.)

66) G. Niedhart, "Appeasement : Die britische Antwort auf die Krise des Weltreichs und des internationalen Systems vor dem Zweiten Weltkrieg," *Historische Zeitschrift*, Nr. 226, 1978, 74쪽을 참고할 것.

67) J. Haslam, *The Soviet Union and the Treat from the East, 1933-1941* (London, 1992), 5쪽.

50

원인을 제거함으로써 위기를 잠재우고 평화를 확보하는 데 있었다.[69] 그러한 목적을 달성하기 위해 영국은 프랑스, 독일, 이탈리아와 협력 관계를 구축하려 하였다. 그런데 이러한 협력을 이끌어 내는 데 가장 중요한 것은 독일과의 타협이었다. 따라서 영국은 독일의 요구를 수용하는 한편, 독일을 유럽의 국제 질서 속으로 이끌어 들이기 위해 "독일에 마땅한 지위를 부여하는"[70] 일에 앞장섰던 것이다.

프랑스 역시 유럽의 현상 유지, 그리고 그를 위한 무조건적인 평화에 동의하였다. 프랑스도 영국과 마찬가지로 전후 유럽의 안녕과 질서를 유지하는 강대국으로서의 역할을 부여 받았다. 따라서 프랑스는 영국과 유사한 기조의 대외 정책을 구사하였다. 하지만 그것은 겉으로 드러난 모습뿐이었다. 프랑스는 유화 정책을 표방할 수밖에 없는 보다 구차스러운 내부의 사정을 가지고 있었다.

프랑스의 입장에서 볼 때, 독일의 대외팽창은 곧바로 자국의 안보에 대한 직접적인 위협을 의미하였다. 그렇기 때문에 프랑스는 제1차 세계대전이 종결된 직후부터 독일로부터 자국의 안전을 확보하는 문제로 고심하였다. 프랑스는 독일의 침략 재발에 대비하여 '마지노선(Maginot Line)'으로 불리는 철벽의 방어선을 구축하는가 하면 대외적으로는 독일에 대한 집단적인 방어 체제를 구축하고자 노력하였다. 그 결과로 나온 것이 동유럽 신생국들과의 대독일 동맹

---

68) 유화 정책의 기원은 19세기로까지 소급된다. 19세기에 국제적 금융 중심지이자 지도적인 무역국으로서 영국의 입지는 제1차 세계대전을 통해 흔들리기 시작하였다. 전쟁을 통해 영국의 국가적 이익이 손상당하였다는 것이다. 그래서 영국은 평화를 유지시키는 것이 국가의 이익에 상응하는 것이라는 결론을 얻었고 그러한 기조 위에 정책을 추진하였다.(Niedhart, "Appeasement," 71쪽.)

69) Weber, *Die Entstehungsgeschichte.*, 36쪽을 참고할 것.

70) 金學俊 저, 『蘇聯外交論序說』, 225쪽.

결성이었다. 프랑스는 이 동맹을 통해 독일을 포위하는 한편,[71] 군대를 동원한 실력 행사까지도 마다하지 않았는데, 1921년에 일어난 프랑스와 벨기에 군의 루르 지방 점령이 그 좋은 사례이다.[72]

그러나 여러 가지 사정으로 인해 프랑스의 강경 노선은 곧 그 추진력을 상실하였다. 대외적으로는 영국이 프랑스의 노선에 반발하고 나섰다. 위기의 재발을 원하지 않았던 영국은 프랑스의 대독 강경책에 비판적 태도를 견지했을 뿐만 아니라, 압력을 행사하기까지 하였다.[73] 프랑스 국내 사정도 그다지 좋지 않았다. 프랑스 역시 전 세계를 휩쓴 대공황의 엄청난 파고를 피할 수 없었다. 경제는 파산 일보 직전으로 내몰렸고, 그 여파로 국내 정치는 혼란을 거듭하였다. 게다가 프랑스 일반 국민들이 가지고 있는 전쟁에 대한 공포와 혐오감은 대단히 심각하였다. 이 모든 요인으로 인해 프랑스는 한 걸음 물러설 수밖에 없었다. 시간이 흐를수록 베르사유 조약을 통해 부여된 강대국의 역할과 프랑스가 지닌 현실적 힘 간의 괴리는 더욱더 분명해졌다. 여건이 이와 같았기 때문에 프랑스는 적극적인 대외 정책을 추진할 수 없었고 대독 강경 노선을 수정해야 하였다.[74] 프랑스는 히틀러가 권력을 장악하기 이전인 1930년대 초에 이미 방어 정책으로 돌아섰으며 군사·정치·정신적으로 마지노선을 방패로 삼았다.[75] 더 나아가 프랑스는 독일과의 충돌을 피하기 위해서

---

71) Robert J. Young, *France and the Origins of the Second World War* (London, 1996), 17쪽을 참고할 것.

72) 같은 책, 13쪽을 참고할 것.

73) 이에 관한 좀 더 자세한 내용은 도널드 케이건, 『전쟁과 인간』, 김지원 옮김 (세종, 1997), 335-6쪽을 참조할 것.

74) 자세한 내용은 Gordon A. Cragig, Felix Gilbert (ed.), *The Diplomats 1919-1939* (Princeton, N. J., 1953), 383쪽을 참고할 것.

75) Weber, *Die Entstehungsgeschichte*, 33쪽.

동유럽 지역에 대한 자신의 영향력을 축소하였다.[76] 그렇지만 프랑스는 이와 같은 소극적 방어 정책으로 독일의 위협에서 벗어날 수 없다는 것을 잘 알고 있었다. 그래서 프랑스는 영국과의 협력을 더욱 강화하려고 하였다.[77] 프랑스는 영국으로부터 전쟁이 일어날 경우 확실히 지원하겠다는 약속을 받아냈다. 그러한 지원의 약속이야말로 소극적인 방어 정책을 뒷받침하는 확실한 안전판이었다. 그 이후 프랑스는 국제관계에서 발생하는 여러 가지 사건을 처리하는 과정에서 영국과 유사한 입장을 취하거나 영국의 정책을 무조건 수용하였다.[78]

따라서 그 당시 국제관계, 특히 대독일 정책에서 영국이 취한 입장은 사실상 발생한 모든 문제에 대처하는 하나의 기준처럼 받아들여졌다. 그것은 앞서 정리한 바와 같이 한 마디로 대독 유화 정책이었다. 그에 따라 영국과 프랑스는 독일이 에스파냐 내전에 개입했을 때에도, 오스트리아를 무력으로 합병했을 때에도 별다른 조치를 취하지 않았다. '주데텐의 위기'와 그 결과물인 뮌헨 협정의 체결은 그러한 유화 정책의 결정판이었다. 유럽 각국이 다양한 조약을 통해 긴밀한 관계를 유지하고 있었던 당시의 국제관계를 감안한다면 독일의 주데텐 합병 선언은 자칫 유럽 전체를 전쟁으로 이끌어 들일 수도 있는 위험한 도박이나 다름없었다.[79] 그러나 이와 같은 긴박

---

76) Cragig & Gilbert (ed.), *The Diplomats*, 394쪽.

77) Elisabeth Du Réau, "Frankreich vor dem Krieg," K. Hildebrand, J. Schmädeke & K. Zernack (Hrsg), *1939. An der Schwelle*, 189쪽.

78) Weber, *Die Entstehungsgeschichte*, 34쪽.

79) 그 이유는 그 당시 체코슬로바키아는 프랑스·소련과 상호 원조 조약을 체결했고, 소련은 독일의 위협에 맞서 군사적 지원까지 공언한 상태였기 때문이다.(Д. А. Волкогонов, "Драма Решений 1939 года," *Новая и Новейшая История*, но. 4, 1989, 6쪽.)

한 정세 속에서도 영국과 프랑스는 기존의 입장을 고수하였다. 그들은 독일을 가로막는 것이 아니라 달래려 하였다. 독일로 날아간 체임벌린이 한 일은 독일과의 타협이었다. 그는 독일을 방문하면서, "우리가 직면하고 있는 현재의 어려움을 반드시 평화적인 수단으로 해결해야 한다"고 선언하였다.[80] 그로부터 며칠 후, 뮌헨 협정이 체결되었던 것이다.

영국과 프랑스는 뮌헨 협정이 그 당시 주데텐을 둘러싸고 발생한 위기를 평화적으로 해결한 것이고, 그러한 평화적인 상황은 오래 지속될 것으로 생각했다. 하지만 뮌헨 협정으로 구체화되었던 유화 정책은 유럽의 현상 유지를 목표로 했지만, 결과적으로 독일의 세력 팽창을 견제할 수 있는 장치를 마련하지 않음으로써 허점을 내포하고 있었다. 따라서 뮌헨 협정은 오히려 유럽의 현 질서를 파괴할 수도 있었다. 바로 그 점 때문에 협정은 많은 비판을 받았다. 비판자의 입장에서 볼 때, "1938년은 최악의 해"였으며, "체임벌린은 유럽의 세력 균형을 파괴한 장본인"이었다.[81] 비판자들은 협정이 비관적 결과를 낳을 것이라고 보았다. 당시 영국의 외무차관이었던 케이도건(A. Cadogan)은 영국 주재 소련 대사 마이스키(И. М. Майский)에게 "뮌헨 협정의 결과로써, 십중팔구 유럽은 머지않아 새롭고 훨씬 더 심각한 혼란에 빠질 것"이라고[82] 말하였다.

케이도건의 이와 같은 예측은 맞아 떨어졌다. 독일은 영국과 프랑스의 유화적인 태도에 용기를 얻어 고무되었고 자신의 팽창 정책을 지속적으로 추구하려 하였다. 그럼에도 불구하고, 체임벌린의 유화

---

80) "К истории," 6쪽.

81) Graml, *Europas Weg*, 7쪽.

82) док. 4, *Год Кризиса*, T. 1, 31쪽.

정책은 변함없이 지속되었다. 독일의 체코슬로바키아 침공이 임박했던 1939년 3월 14일, 하원에서 야당인 노동당 당수 애틀리(C. Attlee)가 "체코슬로바키아와 관련된 충격적인 보고에 직면하여 정부가 무엇을 할 것인가? 정부가 기정사실로 받아들일 것인가?"라고 물었을 때에도,[83] 이어 노동당이 체코슬로바키아의 안전을 보장하라는 각서를 제출했을 때에도 체임벌린은 요지부동이었다. 그의 답변은 간단하였다. "그렇지만 그러한 침략은 아직 일어나지 않았다."[84] 바로 다음날 독일이 체코슬로바키아를 침략함으로써 국내 여론이 들끓기 시작했을 때에도[85] 체임벌린은 상황을 정당화하였다. 그는 "상황이 언제 바뀔지 예측할 수 없는 가운데 새로이 보장을 약속함으로써 이 국가들을 책임질 준비를 하지 않을 것"이라고 선언하였다.[86] 오히려 그는 독일의 입장을 거스르지 않으려고 애를 썼다.[87] 말하자면 독일의 체코슬로바키아 침공에 맞서 체임벌린이 세운 대책이란 '절제'였다.[88]

체임벌린의 그와 같은 태도는 독일이 본격적으로 루마니아와 폴란드를 위협하면서 변화되는 듯하였다. 1939년 3월 31일, 의회에서 연설하면서 체임벌린은 "폴란드의 독립을 위협하는 일이 발생하고 폴란드가 이에 저항한다면, 영국 정부가 할 수 있는 한 모든 것을

---

83) "К истории," 23쪽.

84) 같은 글, 같은 곳.

85) 노동당 의원 그렌펠(Grenfell)의 표현에 따르자면 3월 14일은 "굴욕과 치욕의 날"이었다. 야당뿐만 아니라 여당인 보수당 안에서마저 체임벌린에 대한 비판이 제기되었다.(N. Thompson, *The Anti-Appeasers. Conservative opposition to appeasement in the 1930's* (Oxford, 1971), 202쪽을 참고할 것.)

86) Weber, *Die Entstehungsgeschichte*, 46쪽.

87) 같은 책, 같은 곳.

88) Bartel, *Frankreich und die Sowjetunion*. 148쪽을 참고할 것.

즉시 폴란드 정부에 지원할 것"이라고[89] 선언했기 때문이다. 체임벌린의 이와 같은 폴란드 독립에 대한 보장 선언은 언뜻 보아 그간 그가 추구해왔던 대독일 유화 정책과는 상반된 것처럼 인식되었다. 그렇다면 그는 그간의 정책을 포기하고 마침내 독일의 침략 행위에 맞서기로 작정한 것일까?

결론은 그렇지 않다는 것이다. 체임벌린은 먼저 폴란드에 대한 지원 의사를 통해 폴란드에 힘을 실어주고 난 뒤, 소련의 도움을 받아내려고 하였다. 소련이 폴란드에 대한 지원을 선언한다면, 히틀러는 자신의 계획을 수정하고 협상에 임할 것이다. 다시 말해, 영국과 프랑스, 소련 등이 폴란드의 안전을 보장함으로써, 독일이 폴란드에 대한 침공을 구체화하기 전에 독일의 의지를 좌절시키고 히틀러를 협상 테이블로 끌어내려고 했던 것이다.[90] 그것은 한 마디로 체임벌린의 '무력시위'였다.[91] 따라서 폴란드에 대한 보장 선언은 체임벌린 자신의 말처럼, 독일에 대한 위협이 아니라 자위 정책이며 침략국을 포위하는 전략은 더더구나 아니었다. 말하자면 체임벌린은 히틀러에게 이성을 찾아 협상을 통해 정치적 문제를 해결하자고 "호소"한[92] 셈이었다. 그런 한편으로 영국은 독일에 대해 여전히 단치히와 폴란드 회랑 문제의 해결을 위한 양국 간 합의의 가능성을 열어 놓고 있었다.[93] 영국은 1934-1935년 이래 추구해온 독일과의 타협 정책을 포기하지 않았다.[94]

---

89) док. 201, *СССР в Борьбе за Мир*, 290쪽.

90) Jack R. Dukes, 앞의 글, 307쪽.

91) 에릭 홉스봄, 『극단의 시대』, 이용우 옮김, 상권 (까치, 1997), 221쪽을 참고할 것.

92) Aster, *1939*, 113쪽.

93) Weber, *Die Entstehungsgeschichte*, 58쪽을 참고할 것.

94) Pätzold & Rosenfeld, *Sowjetstern und Hakenkreuz*, 20쪽.

하지만 체임벌린의 대독일 유화 정책은 실패로 귀결되고 말았다. 앞서 지적했듯이, 유화 정책의 결정판이라 할 수 있는 뮌헨 협정은 평화를 가져온 것이 아니라, 주권을 지닌 한 나라의 소멸을 초래했다. 더 나아가 그 이후 독일은 새로운 요구를 들고 나왔다. 이런 상황 속에서 체임벌린이 폴란드의 독립을 보장하겠다는 선언도 독일의 침략 행위를 중단시키기에는 역부족이었다. 그 선언은 전쟁의 방지라는 면에서 볼 때 너무나 늦은 시기에 나왔다. 체임벌린이 갑자기 독일의 공격을 막아준다는 보증서들을 남발했을 때,[95] 처칠(W. S. Churchil)은 그 정책의 무모함을 다음과 같이 비판하였다. "독일 육군이 겨우 훈련된 6개 사단을 서부 전선에 배치했을 때, 프랑스가 거의 60 내지 70개 사단을 거느리고 라인 강을 건너서 혹은 루르 지방으로 진군할 수 있었던 1938년에 체코슬로바키아를 위해 싸우는 것은 의미가 있었다. …… 그러나 서방의 두 민주주의국가는 이제야 폴란드의 주권을 보장하는 데 그들의 목숨을 걸 각오가 되어 있다고 선언하였다. …… 하룻밤 사이에 명백하게 눈앞에 닥친 전쟁을 훨씬 더 악조건에서 그리고 가장 큰 규모로 받아들일 자세로 돌변한 것이다."[96] 결국 체임벌린은 폴란드에 대한 보장 선언을 통해 자신이 그토록 원하지 않았던 전쟁 속으로 영국을 이끌어 들였을 뿐만 아니라 국제 관계마저 긴장 속으로 몰아넣었던 것이다.

또한 그 선언은 유럽 국제관계의 상충되는 이해관계를 치밀하게 계산하지 못하였다는 허점을 드러냈다. 동유럽 지역의 평화를 확보하기 위해 영국이 힘을 실어준 폴란드는 주변 국가와 원만한 관계를 맺고 있지 않았다.[97] 이미 1934년에 폴란드는 프랑스의 우려에도

---

95) 홉스봄, 앞의 책, 상권, 220쪽.
96) 처칠, 앞의 책, 제1권, 415쪽.

불구하고 독일과 불가침 조약을 체결하였다. 이 조약으로 인해 동유럽의 세력 균형이 바뀌었고, 더 나아가 폴란드와 프랑스 간의 관계도 악화되었다.[98] 이어 폴란드는 체코슬로바키아의 분할에도 참여하였다. 이러한 과정에서 폴란드의 팽창 욕구도 증대되었다. 그 결과 영국이 모색한 동부 및 중부 유럽 국가들 간의 통합은 사실상 물 건너간 일이었다.[99] 한편 폴란드는 독일과의 관계를 고려하여 소련과의 동맹을 거부하였다. 독일이 '총체적 해결'을 제의함으로써 이미 독일과 갈등을 빚기 시작한 상황에서 소련의 지원을 모색한다면 독일과의 관계가 더욱 악화될 수 있기 때문이다.[100] 이러한 점에 비추어 볼 때 영국의 구상은 독일의 침략을 막는 것이 아니라, 해당 국가들 간의 갈등을 조장했을 뿐이다.

영국과 프랑스 두 나라와 동유럽 국가들 사이에 형성된 뿌리 깊은 불신의 벽도 상황을 어렵게 만드는 요인이었다. 뮌헨 협정은 그러한 불신의 골을 더욱 깊게 만들었다. 뮌헨 협정이 거론될 무렵, 프랑스는 이미 체코슬로바키아와 폴란드, 유고슬라비아, 루마니아와 동맹관계를 구축한 상태였다. 그런데 프랑스는 뮌헨 협정을 체결하는 과정에서 비록 영국에 설득당하였다고는 하지만 체코슬로바키아를 방치해 버렸다. 그 이후 동유럽의 프랑스 동맹국들은 동맹관계 자체에 심한 회의를 표명하였다. 프랑스는 이미 자신의 동맹 가치를 스스로 떨어뜨린 나라였다. 동유럽 국가들의 입장에서 보아 그런 프랑스와의 동맹은 "휴지 조각에 불과한"[101] 것이었다. 나아가 영국과

---

97) M. Hitchens, *Germany, Russia and the Balkans. Prelude to the Nazi-Soviet Non- Agression Pact* (New York, 1983), 42쪽을 참고할 것.

98) Fleischhauer, "Die sowjetische Außenpolitik," 21쪽.

99) 처칠, 앞의 책, 430-1쪽.

100) Graml, *Europas Weg.* 176쪽을 참고할 것.

프랑스가 어떤 말을 하건 그들에게 그것은 "허공 속에 씌어진 말"102)에 불과하였다. 따라서 "원하지 않음에도 불구하고"103) 남발된 효과 없는 보증서였다. 이제 동유럽 국가들은 그야말로 "자기 주먹만을 믿고서"104) 히틀러와 맞대면하기 시작하였다. 그들 앞에는 자국의 안보를 확보하기 위해 누구를 동맹국으로 삼느냐 하는 심각한 선택의 갈림길이 놓여 있었다. 그들은 독자적으로 생존을 추구했으며, 이 때문에 이후 전개될 영국과 프랑스, 소련 간의 '3국 동맹 협상'은 많은 애로를 겪게 된다.

그러나 더욱 중요한 사실이 남아 있다. 체임벌린은 뮌헨 협정에 서명한 이후 히틀러에게 "나는 간밤에 서명한 합의서와 영국과 독일 간 해군 협정을 양국이 다시는 전쟁을 하지 않겠다는 소망의 상징으로 생각한다"는 성명서를 제시했고, 히틀러는 이에 서명하였다.105) 체임벌린은 곧바로 "우리는 뮌헨에서의 해결 방식을 향후 두 나라가 관심을 갖고 있는 다른 문제들을 처리하는 데에도 채택할 것임을 결의한다"고 덧붙였다.106) 결국 뮌헨 협정에서의 영국의 양보는 새로운 유럽의 질서를 자리매김하기 위해 아직 해결되지 않은 문제를 독일과 총체적으로 조정하기 위한 사전 조치의 성격을 가진다는 것이다.107) 뮌헨 협정 자체가 독일과 머리를 마주하고 해결한

---

101) 윌리엄 L. 샤이러, 앞의 책, 제2권, 255쪽.

102) 같은 책, 같은 곳.

103) док. 279, *Год Кризиса*, т. 1, 389쪽.

104) 윌리엄 L. 샤이러, 앞의 책, 제2권, 255쪽.

105) А. А. Шевяков, 'Советско-Англо-Французские Переговоры 1939 г. и Страны Восточной Европы', *СССР в Борьбе против Фашистской Агрессии 1933-1945* (Москва, 1976), 74쪽.

106) 같은 글, 같은 곳을 참고할 것.

107) Weber, *Die Entstehungsgeschichte*, 37쪽.

유럽의 질서의 첫 걸음이었다. 그리고 그들은 그 질서를 '항구적인 평화'라고 불렀다.

하지만 유럽의 국제관계로 보다 범위를 확대하면 그 '평화'의 의미는 다소 변질된다. 체임벌린의 말에 따르면, 뮌헨 협정이라는 국제적 엄호 사격 속에서 "히틀러가 체코 문제를 평화적으로 해결할"[108] 경우, 영국과 독일은 "상호 이익을 달성할 수 있는 절호의 기회를 잡을 수"[109] 있었다. 왜냐하면 영국은 독일과 더불어 "유럽 평화의 두 파수꾼이고 공산주의에 대한 강력한 지주"[110]이기 때문이었다. 말하자면 영국의 대독일 유화 정책의 본질은 성장한 독일을 소련에 대항한 유럽의 파수꾼으로 내세우는 데 있었던 것이다.[111] 영국의 입장에서 볼 때 이러한 목적을 달성하는 데 있어 체코슬로바키아의 운명 따위는 아무런 문제도 아니었다. 그렇기 때문에 영국과 프랑스는 자신들이 "주데텐을 위해 싸우지 않을 것이며",[112] 당연히 "체코슬로바키아 정부에게 주데텐을 둘러싸고 발생한 문제를 독일과 평화적으로 조정하도록 강요"할 수밖에 없었다.[113] 영국의 입장에서 보면 체코슬로바키아란 "우리가 알지 못하는 사람들"이었다.[114] 따라서 영국은 체코슬로바키아가 어떤 상황에 처하건 자신을

---

108) "К истории," 6쪽.

109) 같은 글, 같은 곳.

110) 같은 글, 같은 곳.

111) 그렇기 때문에 체임벌린은 히틀러를 "설득하려고" 그토록 애를 썼던 것이다. 같은 글, 같은 곳을 참고할 것.

112) док. 27, *Документы и Материалы Кануна Второй Мировой Войны 1937-1939*, т. 1 (Москва, 1981). 98-99쪽을 참고할 것.(이하 *Документы и Материалы*로 약함.) 한 마디로 말해 영국은 베르사유 조약의 "이 숙명적인 잔해를 위해 싸울 마음이 없었던" 것이다.(페스트, 앞의 책, 제2권, 967쪽.)

113) 도널드 케이건, 앞의 책, 421쪽.

114) A. Read & D. Fisher, *The Deadly Embrace : Hitler, Stalin and the*

"전쟁으로 끌어들일 수" 없었다.[115] 나아가 영국과 프랑스는 체코슬로바키아에 독일의 요구를 받아들이라고 압력을 가하기까지 하였다. 말하자면 영국과 프랑스가 독일을 상대로 하여 추진했던 '항구적인 평화'란 그들만을 위한 이해관계의 재조정이며, 그 과정 전체는 동유럽 등 여타 국가의 희생을 전제로 할 수도 있는 것이었다.

그러나 그 대가는 값비싼 것이었다. 영국과 프랑스가 독일에만 매달리는 동안 이후의 역사 전개 과정에서 자기들 편을 들어줄 수도 있는 잠재적 우군을 상실하게 되었기 때문이다. 그 점은 체코슬로바키아를 둘러싼 사건 전개를 거론하는 것만으로도 충분히 입증된다. 독일에 양보하기에는 체코슬로바키아의 전략적 중요성이 너무나 컸다. 체코슬로바키아의 주데텐 지역에 구축된 요새는 프랑스의 마지노선을 제외하면 유럽에서 가장 강력한 방어선이었다. 그 점은 다른 사람도 아닌 히틀러 자신의 발언으로 입증된 바 있다. 뮌헨 협정이 체결된 이후, 히틀러는 주데텐의 요새를 둘러보았다. 후일 히틀러는 부르크하르트에게 아래와 같이 말하였다. "뮌헨 이후 체코슬로바키아 군사력을 내부에서 검토할 기회를 가졌을 때, 우리는 아주 당황하였다. 우리가 엄청난 모험을 했던 것이다. 체코슬로바키아 장군들이 준비한 계획은 무서울 정도였다. 나는 지금에 와서 우리 장군들이 만류한 이유를 잘 알게 되었다."[116] 또한 주데텐은 체코슬로바키아 군수 산업의 기지이기도 하였다. 달라디에가 뮌헨으로 떠나기 직전 프랑스 군 총사령관인 가믈렝(Gamlein) 장군은 평화적인 타협이 불가피할지라도 체코의 주요 요새 선과 더불어 철도간선 및 일정한

Nazi-Soviet Pact 1939-1941 (London, 1988), 62쪽.

115) 같은 책, 같은 곳.

116) Мельников и Черная, *Преступник Номер 1*, 305-6쪽.

전략적 지선, 주요 국방 산업 시설을 독일에 넘겨주어서는 안 되며, 무엇보다도 모라비아 협곡의 절단을 허용하면 안 된다고 말하였다.117) 이것은 체코슬로바키아의 전략적 중요성을 염두에 두고 한 말이었다. 하지만 이러한 충고는 받아들여지지 않았다. 그 당시 체코슬로바키아를 둘러싸고 형성되어 있던 국제관계 역시 독일에 매우 불리한 상황이었다. 체코슬로바키아는 프랑스 및 소련과 상호 원조 조약을 체결한 상태였다. 프랑스가 체코슬로바키아에 대한 지원을 천명하고 소련이 이에 동의하였다면, 독일이 1938년 10월 1일에 체코슬로바키아를 침공했더라도 승리할 수 없었을 것이다.118) 그러한 사실은 1946년 8월 9일 뉘른베르크 전범 재판 과정에서 독일 군 장성 만슈타인(v. Manstein)의 증언을 통해서 확인된다. 그는, "전쟁이 발발하였다면 우리 편으로서는 서부 국경도, 폴란드 국경도 효과적으로 방위하기란 실제로 불가능했을 것이다. 체코슬로바키아가 대항했으면, 아군은 그 요새 앞에서 진군을 중단할 수밖에 없었을 것이다. 이 점은 한 치의 의혹도 없는 사실이다. 아군은 돌파할 만한 수단을 갖고 있지 못했기 때문"이라고 증언한 바 있다.119) 그러나 영국과 프랑스의 유화 정책 앞에서 이러한 동맹 의무는 한낱 휴지 조각에 불과하였다. 그 결과 만약 독일의 군사적 침략을 막기 위해 강경책을 구사했더라면 독일의 발목을 잡을 수도 있었던 강력한 잠재적 동맹국 하나가 허무하게 사라졌다.

---

117) 샤이러, 앞의 책, 제2권, 252쪽.
118) 처칠, 앞의 책, 제1권, 415쪽.
119) 샤이러, 앞의 책, 제2권, 252쪽.

3. 소련의 외교적 고립과 서부 국경에서의
안보 문제

독일의 동유럽 침략과 이에 대한 각국의 대응으로 유럽의 국제 정세는 하루가 다르게 변하였다. 소련 역시 그러한 상황 변화에 무관할 수 없었다. 소련의 입장에서 볼 때, 독일이 동유럽을 자신의 세력권으로 이끌어 들이는 것이나 영국과 프랑스가 유화 정책을 내세워 독일의 동유럽 침략을 사실상 방치하는 것 모두는 사실상 자신의 이해관계에 치명적인 손상을 가할 수 있는 것이었다. 더구나 잘 알려진 것처럼 히틀러의 최종 목표는 소련과의 일전이었고, 따라서 독일과의 군사적 충돌은 이미 예정된 것이나 마찬가지였다. 1939년 3월에 이르러 '예정'은 마침내 현실화되었다. 독일이 리투아니아의 항구 도시 메멜을 점령하는 한편, 폴란드 침략 의지를 노골화했던 것이다. 그것은 소련과의 일전을 위한 사전 정지 작업의 일환이었다.

그러나 소련은 아무런 대책을 세울 수 없었다. 독일이 체코슬로바키아를 점령하는 일련의 과정에서 드러났듯이, 유럽 대륙에서 전개되는 국제관계상의 변화는 이해관계로 얽힌 모든 관련 국가들의 개입과 간섭을 부른다. 그러나 소련만은 예외였다. 소련은 독일이 동유럽 지역을 점령하며 다가오는 데에도 속수무책으로 앉아 있을 수밖에 없었다. 그것은 그 당시 소련이 유럽에 관련된 모든 문제에서 소외당한 '국외자'였을 뿐만 아니라, 외교적으로도 완전히 고립된 상태에 처해 있었기 때문이었다. 이러한 외교적 고립은 소련 지도부에게 재차 1920년대 초에 경험한 바 있는 '제국주의 국가의 포위 및 간섭 위협'에 대한 공포를 불러일으킨 것이었다. 따라서 소련이 독일의 침략에 대처하는 과정에서 풀어야 할 최우선의 과제는 외교적 고립 상황을 극복하는 것이었다.

사실, 외교적 고립 상태의 극복이란 20세기 초반 소련 외교의 화두나 다름없었다. 소련은 1차대전이 한창 진행 중이던 1917년에 사회주의를 이념으로 하는 '10월 혁명'을 계기로 탄생하였다. 신생 혁명정부 앞에는 1차 세계대전으로 인해 파탄 직전에 이른 국내 경제의 복구와 권력의 유지를 위한 확고한 기반의 마련이라는 과제가 놓여 있었다. 이를 해결하기 위해서는 대외적인 평화, 즉 서유럽 국가들과의 평화로운 외교관계의 수립이 필수적이었다.

그러나 서유럽 국가들의 태도는 냉담하였다. 그들은 사회주의를 자신의 체제 전복을 노리는 위험한 이념으로 받아들였고, 따라서 소련의 신생 정권에 대해 적대적 의식을 가질 수밖에 없었다. 영국이 보기에 소련은 혁명을 통해 '사회주의' 체제를 수립했으며, 그러한 경험과 이론을 서유럽으로 수출할 염려가 있는 아주 위험한 국가였다. 1919년 3월에 영국 수상 로이드 조지(Lloyd George)는 베르사유 강화 회의 각서에서 소련이 지니는 위험에 대하여 다음과 같이 경고한 바 있다. "전 유럽이 혁명의 정신으로 가득 차 있다. …… 볼셰비즘은 단지 러시아의 국경을 위협하는 것만은 아니다. …… 우리들이 러시아를 현상 그대로 두고 강화 회의를 끝마칠 수 있다고 생각하는 것은 어리석은 것이다."[120]

1920년대로 접어들면서 영국은 마침내 소련과의 외교관계 단절을 위한 수순을 밟기 시작하였다. 1923년 5월에 영국 정부는 '커즌의 최후통첩'으로 불리는 각서를 소련 측에 전달했는데, 그것은 이란과 아

---

120) 金學俊, 앞의 책, 151쪽.

프가니스탄에서 전개되고 있는 반영 선전선동을 중지하라는 내용을 담고 있었다.[121] 이어 1924년 10월에는 이른바 '지노비예프 편지' 사건이 일어났다. 영국의 발표에 따르면, 영국 공산당은 코민테른 의장 지노비예프의 지시를 받아 영국에서 봉기를 일으킬 예정이었다. 그 편지의 진위 여부를 놓고 격렬한 논쟁이 벌어졌음에도 불구하고 편지의 공개 자체가 불러온 영향은 매우 컸다. 영국에서는 보수당 정부가 들어섰고, 노동당 정부가 합의한 소련과의 무역 조약의 인준이 거부되었다.[122] 결국 영국 경찰이 런던에 있는 소련 무역 대표부를 급습하는 사태가 벌어졌고, 1927년 5월에 이르러 마침내 양국의 외교관계가 단절되었다.[123] 양국 간의 관계는 이후 1930년대 중반까지 그대로 유지되었다. 영국은 히틀러의 등장 이후 독일이 대외팽창을 노골화했을 때에도 소련과 협력은커녕 협의조차 하지 않았다.[124]

소련과 프랑스의 관계도 이와 비슷한 양상을 띠고 전개되었다. 베르사유 조약이 낳은 유럽 전후 체제에 대한 수용 여부와 동유럽, 구체적으로 폴란드를 놓고 빚어진 주도권 다툼 등 사안마다 불거져 나온 갈등의 와중에서 소련과 프랑스의 외교관계 역시 단절되고 말았다.[125]

---

121) 당시 영국은 코민테른을 대리한 자들이 이와 같은 적대적 선전선동에 나서고 있다고 보았다. *История Внешней Политики СССР 1917-1945*, т. 1 (Москва, 1986), 178쪽을 참고할 것.

122) 이에 관한 자세한 내용은 E. H. Carr, *Socialism in One Country 1924-1926*, Vol. 6 (London, 1959), 29-35쪽을 참고하시오.

123) *История Внешней Политики СССР*, т. 1, 236쪽.

124) Dukes, 앞의 글, 306쪽.

125) 프랑스와 소련의 협력에 중요한 정치적 장애 요인은 베르사유 조약에 대한 소련의 반대와 독일과의 라팔로 조약이었다. 동유럽의 소국가들에 대한 지도력을 둘러싼 소련과 폴란드 간의 경쟁은 이러한 양상을 더욱 악화시켰다. 폴란드는 동유럽에서 프랑스의 중요한 동맹국이었다. 프랑스의 동맹 체제의 요점 가운데 하나는 독일을 포함시키는 것이었다. 물론 소련과 폴란드의 관계는

그러나 소련과 독일 간의 관계는 사뭇 다른 양상으로 전개되었다. 그것은 그 무렵 유럽의 국제관계에서 양국이 서로 비슷한 처지에 처해 있었기 때문이었다. 독일은 비록 이유는 달랐지만 소련과 마찬가지로 전후 유럽의 국제 질서를 규정했던 베르사유 체제에서 국외자로 취급당하고 있었다.[126] 또한 독일은 소련처럼 양국의 희생 덕분에 이익을 챙길 수 있었던 폴란드에[127] 대해서도 공통의 적대감을 느끼고 있었다.[128] 이러한 상황은 결과적으로 두 나라를 자연스러운 동맹 상대로 만들어 놓는 기반을 제공하였다. 그리하여 1922년 4월 16일, 소련과 독일은 '라팔로(Rapallo) 조약'을 체결하여 외교관계를 정상화하였다.[129] 그 조약을 체결함으로써 소련과 독일 양국은

1920-21년의 전쟁과 리가 조약에서 합의된 국경 문제로부터 발생한 영토 분쟁을 통해 악화되었다.(Roberts, *The Unholy Alliance*. 38쪽을 참고할 것.)

126) B. Bonwetsch, "Vom Hitler-Stalin-Pakt zum Unternehmen Barbarossa. Die deutsch-russischen Beziehungen 1939-1941 in der Kontroverse," *Osteuropa*, 6/1991, 563쪽.

127) 1569년 루블린 연합으로 사실상 리투아니아를 합병하면서 동유럽의 강자로 떠오른 폴란드는 3차의 분할 끝에 유럽의 지도에서 사라진다. 그 이후 1919년에 폴란드는 베르사유 조약에 의해 다시 태어나게 되었다. 조약에 의해, 독일의 국경은 실레지아와 프로이센 서부, 포젠 지방을 제외한 서쪽으로 멀리 이동해 갔다. 또한 동프로이센의 나머지 부분은 회랑으로 분할되어 바다에 인접한 신생 폴란드에 주어졌다. 러시아는 자국 영토의 상당 부분을 폴란드에 넘겨주어야 하였다.(케이건, 앞의 책, 315-316쪽.)

128) E. H. Carr, "From Munich to Moscow Ⅰ," *Soviet Studies*, June, 1949, 4쪽.

129) 이 조약은 1918년 11월 이래 단절된 두 나라 간 외교관계의 재개와 손해배상 청구권의 포기, 최혜국의 기초 위에서의 무역관계의 개선을 규정한 것이었다. 막상 이 조약이 체결되자, 당시 국제 사회는 충격에 휩싸였다. 왜냐하면 국제 사회에서 고립된 소련과 독일 두 나라가 외교적 고립을 타개했기 때문이다. 영국과 프랑스 등 연합국(the Entente Powers)은 두 나라 간의 비도덕적 행위에 격분했으며, 이러한 대응은 당시 런던 타임즈의 사설에도 그대로 반영되었다. 그에 따르면, 조약의 체결이 부당한 동맹(Unholy Alliance)의 형성이고 연합국에 대한 공개적인 도전이자 모욕이었다는 것이다.(Adam B. Ulam, *Expansion & Coexistence : The History of Soviet Foreign Policy*,

많은 이익을 확보할 수 있었다. 소련은 서유럽과 통하는 소중한 창구를 확보하는 한편 전후 영국과 프랑스가 주도하던 유럽의 국제관계에서 어느 정도 입지를 마련하는 데 성공하였다. 독일 역시 고립에서 벗어날 수 있었다.

하지만 소련의 입장에서 볼 때, 독일과의 동맹은 또 다른 한계를 가지고 있었다. 만약 독일이 영국·프랑스와 보다 밀접한 관계를 맺게 된다면 소련과 독일의 외교관계 수립으로 형성된 국제관계의 틀은 파괴되고, 그로 인해 소련은 또다시 국제적 고립에 직면할 것이기 때문이다. 이러한 우려는 현실로 나타났다. 1924년부터 독일과 영국·프랑스 간에 독일의 국제연맹 가입, 독일의 서부 국경 확정을 위한 안보 조약의 체결을 위한 협상이 시작되었다. 다급해진 소련이 외무인민위원장 치체린(Г. В. Чичерин)을 앞세워 독일에 정치 협정을 제안했지만(1924년 12월),[130] 흐지부지되고 말았다. 그 이듬해인 1925년 10월 16일, 독일, 영국, 프랑스 세 나라 사이에 '로카르노

1917-1967 (New York, 1968), 153쪽.) 그리고 라팔로 동맹관계는 두 나라에게 커다란 의미를 부여하였다. 두 나라는 1차대전의 승전국이 부과한 정치적 고립을 타개했고 경제적·군사적 협력을 추구하였다. 즉 소련은 '새로운 혁명적 국가'와의 긴밀한 관계 수립을 원하지 않았던 자본주의국가의 적대 의식으로 인한 반볼셰비키적인 자본주의 동맹의 공포를 완화시키면서 외교적 고립을 타개했고, 피폐해진 경제를 복원하기 위한 독일의 기술을 지원받을 수 있었다. 독일도 패전으로 인한 자국의 경제적·군사적 허약성을 극복하고 서유럽 국가에 대한 대항을 창출할 수 있는 기회를 제공받은 것이었다. 그리고 무엇보다도 두 나라는 각각 영국과 프랑스와의 관계에서 독일과 소련 간의 협력을 외교적으로 이용할 수 있었다.(보다 자세한 내용은 R. H. Haigh et al, *German-Soviet Relations in Weimar Era* (Aldershot : Gower, 1985) chaps. 1-3을 참고할 것.)

130) 그 협정에 따르면, 독일과 소련 그 어떤 나라도 협상국에 대항한 제3국과의 정치적 또는 경제적 블럭, 조약, 협정 또는 연합에 참여해서는 안 된다는 것이다.("Примечание. 69," *Документы Внешней Политики СССР*. 1924 год, т. 8 (Москва, 1963), 785쪽.) (이하 *ДВПС*로 약함)

(Locarno) 협정'이 체결되었다.[131] 이 조약을 통해 프랑스와 독일이 베르사유 조약을 준수하고 조약 체결국 모두가 모든 문제를 평화적인 방법으로 해결한다는 약속이 이루어졌다. 독일은 로카르노 조약의 최대 수혜자였다. 독일은 이 조약을 통해 자국의 국제적 위상을 한층 높이는 한편, 프랑스·벨기에 등과 상호간의 불가침을 명시한 '라인란트 협정'을 체결함으로써 서부 국경의 안전을 보장받았다. 그 반면에 독일의 동부 국경에 관해서는 아무런 말도 없었다.[132] 따라서 독일은 언제이든지 마음만 먹으면 동부 국경의 변경, 다시 말해 동유럽으로의 팽창을 보장받은 셈이었다. 그러나 이에 비해, 프랑스는 많은 것을 잃었다. 프랑스는 라인란트 협정에 따라 더 이상 독일에 대해 군사적 제재를 할 수 없게 되었다. 따라서 프랑스와 동맹을 맺고 있는 동유럽 국가들이 독일과 무력 충돌을 빚는 사태가 벌어지더라도 프랑스는 이들 국가를 지원할 수 없게 되었다. 그 때문에 프랑스와 폴란드, 체코슬로바키아 사이에 맺어진 동맹은 사실상 그 가치를 상실한 것이나 마찬가지였다. 소련은 더 많은 것을 잃었다.

---

131) 1925년 1월에 슈트레제만은 다른 어느 국가들보다 프랑스와 독일, 영국이 중요한 역할을 하는 국제적인 협약을 통한 유럽 평화의 유지 계획을 영국에게 제안했으며, 이는 로카르노 조약의 기초가 되었다. 로카르노 조약은 영국과 프랑스, 독일, 이탈리아, 벨기에, 폴란드, 체코슬로바키아 7개국 간에 조인된 유럽의 안전 보장에 관한 8개의 협정을 총칭하는 것으로 두 가지 요소로 구성되었다. 그 하나는 상호 보장 조약, 다시 말해서 라인란트 협정, 즉 라인과 인접한 국가들인 독일과 프랑스, 벨기에의 불가침 조약이고, 다른 하나는 상호 보장과 원조 조약이었는데, 거기에서 영국과 독일, 프랑스, 벨기에와 이탈리아는 라인란트를 비무장 지대로 만드는 데 동의하였다. 이는 독일과 프랑스, 독일과 벨기에 사이에 현존하는 국경을 수호하고 이 두 약속이 위반될 경우 희생될 모든 서명국에게 군사를 원조하기 위한 것이었다. 두 번째 요소는 중재 협약으로 독일과 그 인접국들, 즉 프랑스와 벨기에, 폴란드, 체코슬로바키아 사이에 있었다.(케이건, 앞의 책, 338쪽.)

132) 같은 책, 339쪽을 참고할 것.

독일의 동부 국경이 언제이든 변할 수 있다는 이야기는 곧바로 소련의 서부 국경이 불안정한 상황에 놓이게 되었음을 뜻하였다. 로카르노 협정이 체결됨으로써 결과적으로 소련 서부 국경의 안전이 방치된 셈이다.

1926년, 독일이 국제연맹에 가입하면서 소련의 외교 여건은 한층 악화되었다. 국제연맹이 반소 정책을 펼칠 경우 독일은 연합국의 반소 앞잡이가 될 것이고, 그렇게 되면 소련은 또다시 국제적 간섭과 포위 위협에 시달릴 수밖에 없었다.[133] 소련의 우려는 1926년 4월 독·소 베를린 중립 조약에 의해 다소간 해소되었다.[134] 이 조약은 1924년 12월에 치체린의 제의로 시작된 소련과 독일 간의 정치 협정 체결을 위한 협상의 최종적인 결과물이었다. 그러므로 독일이 서유럽 국가들과 협력을 모색하는 과정에서도 소련과 독일 양국은 서로 간의 동맹관계를 유지하고 지속적으로 협력할 의사가 있었다고 해야 할 것이다. 그러나 그 양상은 예전 라팔로 조약이 체결될 때와는 사뭇 달랐다. 양국의 정치적 동맹관계는 흔들리기 시작했고,[135] 또 그만큼 외교적인 협력을 기대하기도 힘들었다.[136] 이제 소련은 더 이상 독일에만 의존하여 자국의 안보와 평화를 보장할 수 없게 되었다.[137]

히틀러의 등장은 이미 소원해진 양국관계를 완전한 파국으로 이

---

133) Bonwetsch, 앞의 글, 563쪽.

134) *История Внешней Политики СССР*, т. 1, 219쪽.

135) Ahmann, "Der Hitler-Stalin-Pakt : Nichtangriffs-und Angriffsvertrag?," 28쪽을 참고할 것.

136) Carr, *Socialism in One Country*, 29쪽을 참고할 것. 따라서 소련의 입장에서 보면 비록 독·소 베를린 중립 조약은 체결되었지만 그 성과는 미미한 것이었다. 이에 관해서는 Roberts, *The Unholy Alliance*, 37쪽을 참고할 것.

137) Bonwetsch, 앞의 글, 563쪽.

끄는 결정적인 계기가 되었다. 줄곧 소련에 대한 적대적 태도를 유지해 왔던 히틀러는 1933년 정권을 장악하면서 곧바로 라팔로 조약 체결을 계기로 형성된 소련과의 동맹관계를 일방적으로 취소하고, 소련과의 이데올로기적 대립을 선언하였다.[138] 소련에 대한 히틀러의 비난은 1938년 9월에 열린 나치의 뉘른베르크 전당대회에서 정점에 달하였다. 그는 이 대회에서 행한 연설을 통해 볼셰비즘과 소련을 강도 높게 비난하였다.[139] 그에 따라 독일과 소련의 교류도 나날이 축소되었다. 이후 독·소 양국의 관계는 경제적 교역에 국한되어 미미한 수준에 머물러 있었고, 1938년 초에 이르러 이러한 경제적 관계마저 완전히 중단되었다.[140]

물론 독일 정부 내의 일부 관료들 중에는 소련과의 관계 개선을 원하는 사람들도 있었다. 그들은 주로 모스크바 주재 독일 외교관과 독일 정부의 경제 분야에서 일하던 사람들이었다.[141] 모스크바 주재 독일 대사관 참사관이었던 티펠스키르히(B. von Tippelskirch)도 그러한 사람들 중의 하나였다. 그는 1938년 10월 3일 아래의 내용을 담은 보고문을 보냈다. "스탈린이 자신을 제외하고 진행시킨 주데텐 문제 해결에서 모종의 결론을 끄집어내어 독일에 대해 한층 적극적으로 될 가능성이 충분히 있다. 현재의 정황이 독일과 소련 간의 새롭고 더욱 포괄적인 경제 협정을 위해 유리한 시기라고 생각한다."[142] 그는 소련의 대독 외교정책이 가까운 시기에 변화될

---

138) Weber, *Die Entstehungsgeschichte*, 27쪽.

139) 1938~1939년 초에도 그 이전에 비해 비록 강도는 떨어졌지만 히틀러의 소련에 대한 적대적인 태도는 그대로 유지되었다.

140) Weber, *Die Entstehungsgeschichte*, 21-22쪽.

141) Rosenfeld, 앞의 글, 40쪽을 참조할 것.

142) Семиряга, *Тайны*, 10쪽.

수 있다고 판단하였던 것이다.[143]

이러한 티펠스키르히의 보고는 이 당시 소련과의 교역 재개를 원하고 있던 독일 군수 공업계의 요구와 맞아 떨어졌다. 이 당시 독일은 소련과의 교역 단절로 인해 여러 가지 곤란을 겪고 있었다. 그 가운데에서도 특히 독일은 자신의 침략 계획을 차질 없이 진행시키는 일정과 관련된 것으로서 군수물자와 식량을 원활히 조달하는 문제로 어려움에 직면해 있었다.[144] 그래서 그들은 소련과 경제적 관계를 맺음으로써 이러한 문제가 해결될 것으로 생각하였다. 그 당시 독일 외무부 경제 정책 국장 에밀 비일(E. Wiel)은 이미 1939년 초 "독일의 군수 공업과 정부 내의 원료 조달 담당국, 특히 4개년 계획 담당관과 제국 경제 장관, 제국 식량담당 장관이 우리에게 필요한 원료의 확보 및 조달이라는 이익을 위해 독일과 소련 간의 상품 교환을 모든 수단을 다해 확대시키라는" 압력을 넣었다고 확인하였다.[145]

독일 군부도 소련과의 교역 재개를 원하였다. 1938년 11월 4일자 독일 외무부 각서에 따르면 괴링(H. Göring) 원수도 소련과의 교역, 특히 소련의 원료를 수입하기 위한 대소 무역의 재개를 강력히 요구하였다고 한다.[146] 이러한 경제적·군사적 요구에 따라, 1938년 12월 19일 양국 간에 무역 및 차관에 관한 협정이 체결되었고, 1939년 초에 이르러 경제 교역이 정례화 되었다. 독일은 2억(제국) 마르크에 상당하는 상업 차관을 소련에 제공하고 대신 그 액수에 상당하는 원료로 상환받는다는 안을 제시하였다. 1939년 1월 10일에 양

---

143) Read & Fisher, *The Deadly Embrace*, 49쪽.
144) 같은 책, 47-8쪽을 참고할 것.
145) Pätzold & Rosenfeld, *Sowjetstern und Hakenkreuz*, 15-16쪽.
146) 샤이러, 앞의 책, 제2권, 335쪽.

국가는 이러한 제안에 관해 협상하기로 결정하였다. 독일 측에서는 외무성 경제 정책국의 동유럽 담당관 슈누레(J. Schnurre)가 협상 대표로 임명되었다.[147]

그러나 어렵게 시작된 독·소 경제 협력은 곧바로 중단되고 말았다. 1939년 2월 독일 외무장관 리벤트로프는 모스크바로 향하던 독일 경제 사절단을 갑자기 송환하였다.[148] 독일 경제 사절단의 파견을 가로막은 것은 프랑스 언론의 보도였다. 그 당시 프랑스 신문들은 독일과 소련 사이에 경제 협력이 진행되고 있다는 사실을 보도했는데, 이러한 보도는 독일의 입장에서 이득이 되지 않는 것이었다. 왜냐하면 뮌헨 협정 이후 독일은 폴란드와 단치히 회랑 문제 등을 총체적으로 해결하기 위한 협상을 진행시키고 있었기 때문이다. 독일과 소련 간의 협상이 폴란드 정부에 알려질 경우, 폴란드 문제에 관한 총체적인 해결은 기대할 수 없었다. 따라서 독일은 경제 협상 대표의 모스크바 파견을 취소할 수밖에 없었다.[149] 1939년 초에 이르러 소련과 독일의 외교관계는 사실상 단절될 것이나 마찬가지였다.

한편 소련 정부는 외교적 고립을 타파하기 위하여 많은 노력을 기울였다. 히틀러의 등장과 더불어 소련 외교정책의 기조는 집단 안보 전략에 집중되었다. 1933년 12월 19일, 소련 외무인민위원회는 집단 안보에 대한 일련의 제안을 소련 공산당 정치국에 제출했고,[150] 이어 소련 공산당 중앙위원회(the Central Committee of the Soviet

---

147) Pätzold & Rosenfeld, *Sowjetstern und Hakenkreuz*, 16쪽.

148) Weinberg, *The Foreign Policy of the Hitler's Germany*, 531쪽.

149) Read & Fisher, *The Deadly Embrace*, 55-6쪽을 참고할 것.

150) В. Я. Сиполс, *Внешняя Политика Советского Союза 1933-1935* (Москва, 1980), 150쪽.

Communist Party)에서 집단 안보 결의안이 정식으로 가결되었다.[151] 집단 안보는 소련의 국제연맹 가입과 지역 간 상호 안보 조약에 대한 참여를[152] 통해 구현될 예정이었다. 소련은 이 정책에 기반을 두고 국제연맹에 가입했으며, 이어 '동방 로카르노(Eastern Locarno) 체제' 로 불리는 동유럽 지역의 안보 동맹체를 만들기 위한 작업에 착수하였다. 앞서 지적했듯이, 1925년의 로카르노 조약은 독일 서부 국경의 안전만을 보장하고 있었다. 이 당시 프랑스가 독일의 동부 국경을 확정해야 한다고 주장했지만 받아들여지지 않았다. 소련은 이 점에 착안하여 독일, 독일의 동부 국경에 접해 있던 국가들(체코슬로바키아, 핀란드, 발트해 연안국, 폴란드), 그리고 소련을 하나로 묶는 동방 로카르노 체제를 제의하였다. 소련은 이 체제에 국제연맹의 규정을 적용하자고 제안하였다. 그에 따르면 회원국의 일방이 침략을 당할 경우 다른 회원국들은 즉각 원조를 제공하게 되어 있었다.[153] 이 체제가 수립된다면 소련은 외교적 고립을 벗어날 수 있을 뿐만 아니라 덤으로 서부 국경의 안전까지도 완전히 보장받을 수 있었다.

그러나 동방 로카르노 체제의 구축은 처음부터 무리였다. 독일이 그 조약에 찬성할 리 없었다. 앞서 지적했듯이, 이 무렵 독일 외교정책을 주도했던 것은 히틀러였다. 그가 주장했던 독일 민족의 생존권 확보, 그리고 소련 서부 지역의 식민지화는 소련의 이해관계를 침범하지 않을 수 없었다. 그리고 그 이듬해인 1934년 초, 독일이

---

151) *История Второй Мировой Войны 1939-1945*, т. 1 (Москва, 1973), 283쪽을 참고할 것.

152) "Примечание. 321," *ДВПС*, т. 16 (Москва, 1970), 876-7쪽.

153) В. Я. Сиполс, "СССР и Проблема Мира и Безопасности в Восточной Европе(1933-1935 гг.)," *СССР в Борьбе против Фашистской Агрессии 1933-1945* (Москва, 1976), 15쪽을 참고할 것.

국제연맹에서 탈퇴하고 폴란드와 불가침 조약을[154] 체결함으로써 라팔로 조약에 근거한 독일과 소련 간의 동맹관계는 결정적으로 붕괴되었다. 폴란드 역시 반대하였다. 폴란드는 소련이 제의한 동맹 체제에 자신을 얽매 둘 생각이 없었다.[155]

동방 로카르노 체제안이 좌절됨으로써 독일을 자극하지 않으면서도 외교적 고립을 극복하고자 했던 소련의 노력은 물거품으로 돌아갔다. 그럼으로써 소련이 제기한 집단 안보 정책은 동유럽이라는 한 축을 상실하고 말았다. 이제 집단 안보는 독일을 제외한 서유럽 국가만을 대상으로 한 정책으로 축소되었다.[156] 그에 따라 소련은 서유럽 국가와의 협력을 더욱 강화하였다. 소련이 역점을 둔 국가는 프랑스였다. 소련은 프랑스와의 상호 협력 체제의 구축에 보다 더 많은 열의를 보였고, 그 점에서는 프랑스 역시 마찬가지였다. 당시 프랑스 외무장관 바르투(J. L. Barthou)는 독일의 군사적 위협에 대비하여 국제적 유대를 강화하려고 하였다. 이에 따라 프랑스는 그동안 소원했던 동유럽 지역 국가들과의 관계를 개선하기 위해 노력했고, 소련에 대해서도 소련의 국제연맹 가입을 적극적으로 지원하는 등, 이전과는 다른 보다 적극적인 태도를 보였다. 1935년 5월 2일에 이르러 소련과 프랑스는 마침내 상호 원조 조약을 체결하였다.[157]

---

154) 같은 글, 19쪽.

155) 金學俊, 앞의 책, 211쪽을 참고할 것.

156) Bonwetsch, 앞의 글, 564쪽.

157) Carley, 앞의 글, 313쪽. 이 당시 체결된 소련·프랑스 간의 상호 원조 조약의 내용은 다음과 같다. ① 양국의 일방이 유럽의 한 나라로부터 침략의 위협 또는 위험을 받을 경우에는 국제연맹 규약 제10조의 규정을 준수하기 위해 취할 조치에 대해 즉시 상의한다. ② 연맹규약 제15조 제7항에 규정된 조건으로 양 체약국의 일방이 유럽의 한 나라로부터 도발에 의하지 않는 침략을 받을 때는 양국은 상호 원조한다. ③ 이 약속은 국제연맹회원국으로서의 체약국의

그 이후에도 서유럽 국가에 대한 소련의 접근은 계속되었다.

하지만 소련의 이와 같은 노력은 사실상 아무런 성과를 거두지 못하였다. 서유럽 국가들이 유럽 국제 질서의 유지를 위해 택한 것은 소련과의 집단 안보 체제 구축이 아니라 독일과의 타협이었다. 서유럽 국가들, 특히 영국은 사실상 처음부터 독일에 대해 유화 정책으로 일관하였다. 따라서 서유럽 국가들은 독일이 에스파냐 내전에 개입했을 때에도, 오스트리아를 무력으로 합병했을 때에도 이른바 '불간섭 정책'을 천명하며 전혀 문제를 제기하지 않았다. 당시 소련은 집단 안보 정책에 따라 에스파냐에 군사 고문단을 보내는가 하면 오스트리아를 합병하려는 독일 측의 의도에 맞서 그 문제를 국제연맹에 제소하자고 했으나,[158] 영국과 프랑스는 소련의 주장에 대해 전혀 귀를 기울이지 않았다.

서유럽 국가의 소련에 대한 무시는 주데텐 위기에서 절정에 달하였다. 독일이 체코슬로바키아를 침공함으로써 유럽이 전쟁에 직면하자 소련은 이미 체결된 상호 원조 조약에 따라 체코슬로바키아에 대한 동맹 의무의 이행을 천명하고 군사 원조를 위한 준비를 하였다. 1938년 9월 19일, 체코슬로바키아의 베네슈(Э. Бенеш) 대통령은 체코 주재 소련 대사 알렉산드로프스키(С. С. Александровский)에게, 소련이 협정에 따라 프랑스와 함께 또는 국제연맹에 체코슬로바키아의 문제를 제소하면서 즉각적이고 실질적인 지원을 할 준비가 되어 있는지를 물어 보았다. 알렉산드로프스키는 이에 대해 소련이 보병 30개 사단과 기병 10개 사단을 국경지대에 배치했고 548대의 전

의무와 일치하고 있으므로 이 조약은 국제연맹의 사명을 제한하는 것이라고는 해석되지 않는다.(金學俊, 앞의 책, 212쪽을 참고할 것.)

158) док. 82, *ДВПС*, т. 21, 128쪽.

투기를 준비하였다고 답변하였다.[159] 이러한 병력은 체코슬로바키아를 지원할 수 있는 실질적인 힘이었다. 프랑스 참모부는 소련 군의 지원이 충분하다고 확증하였다. 그러나 프랑스와 소련의 협력은 이루어지지 않았다.[160]

영국과 프랑스의 이와 같은 태도는 주데텐의 위기가 막바지에 이를 때까지 변하지 않았다. 1938년 9월 26일, 영국의 한 신문에는, "영국 수상의 모든 노력에도 불구하고 독일이 체코슬로바키아를 공격한다면, 그때 프랑스는 체코슬로바키아에 대한 지원 의무를 이행할 것이고 영국과 러시아는 프랑스를 지지할 것"이라는 사설이 발표되었다. 그 다음 날, 소련 언론은 이에 화답이라도 하듯이, "영국과 프랑스가 체코슬로바키아 편에 섰다. …… 영국 및 프랑스와 소련 간의 공통 협정의 실현과 긴밀한 군사적 협력을 위한 충분한 조건이 형성된 것으로 고려된다. 소련 정부는 기꺼이 그러한 목적을 위해 당장 토론을 시작하기를 원한다"고[161] 발표하였다. 그럼에도 불구하고 영국과 프랑스는 뮌헨 협정의 체결을 강행했을 뿐만 아니라, 곧이어 영국과 독일 간의 선언과 프랑스와 독일 간의 선언을 발표하였다.[162] 이 모든 과정에서 소련은 완전히 소외되어 있었다.

소련의 입장에서 볼 때, 뮌헨 협정의 체결도 문제였지만, 그보다 더욱 중요한 것이 있었다. 그동안 소련이 서유럽 자본주의국가들과

---

159) *Документы по истории Мюнхенского Сговора 1937-1939 гг.* (Москва, 1979), 240쪽.(이하 *Документы по истории*)

160) *1939 Год,* 436쪽.

161) Carr, 앞의 글, 8쪽.

162) 스탈린은 영국과 프랑스가 독일과 맺은 이러한 선언들에 대해 아주 우려하였다. 그가 보기에, 이러한 선언은 히틀러에게 동부에서 자유로이 활동할 수 있게 보장한 것이었다.(Волкогонов, "Драма Решений," 6-7쪽.)

동맹을 맺기 위해 혼신의 힘을 기울였음에도 불구하고 정작 서유럽 국가들은 뮌헨 협정을 통해 독일과의 총체적인 협력관계를 모색함으로써, 소련의 여러 해에 걸친 노력이 완전히 물거품이 되었다는 것이다.[163] 스탈린은 이와 같은 결과에 분노하였다. 사실 그는 처음부터 영국과 프랑스의 유화적인 태도에 반대했었다. 마침내 그는 영국과 프랑스가 추구하는 대독일 유화 정책의 목적을 다른 곳에서 찾기에 이르렀다.[164] 1938년 6월 스탈린은 소련 주재 미국 대사 데이비스(J. Davies)에게 "체임벌린의 영국 보수당이 러시아에 대항하기 위해 독일을 강력하게 만들어야 한다는 정책을 펼치기로 확고히 결심하였다"고 말하였다.[165] 스탈린의 이와 같은 인식은 어느 정도 타당성을 갖추고 있었다. 그 점은 볼드윈의 다음과 같은 말로 확인된다. 그는 "…… 만일 유럽의 상황이 전쟁으로 치닫게 된다면, 나는 그러한 전쟁이 볼셰비키와 나치스 간에 일어나길 원한다"고 말하였다.[166] 체임벌린도 역시 이러한 정책의 기조를 유지하였다. 그것은 "침략국에 저항하는 것이 아니라 제3의 국가를 희생하여, 가능하다면 소련을 희생하여 침략국과 타협하는 것이었다."[167]

소련을 대가로 한 체임벌린과 히틀러 간의 거래의 공포를 치유할 수 있는 유일한 방법은 소련에게 있어서 독일과의 협상 가능성을

---

163) Pätzold & Rosenfeld, *Sowjetstern und Hakenkreuz*, 11-2쪽을 참고할 것.

164) 영국과 프랑스가 추구했던 대독일 유화 정책은 스탈린으로 하여금 자본주의국가의 진의에 대해 의심하도록 만들었다. 이에 관해서는 Dukes, 앞의 글, 306쪽을 참고할 것.

165) Carr, 앞의 글, 6쪽.

166) G. Niedhart, *Großbritanien und die Sowjetunion 1934-1939. Studien zur britischen Politik der Friedenssicherung zwischen den beiden Weltkriegen* (München, 1972), 238쪽.

167) док. 132, *СССР в Борьбе за Мир*, 212쪽.

열어 놓는 것이었다. 그러나 소련에 대한 히틀러의 적대감 때문에, 독일과의 협상은 거의 이용될 수 없는 것으로 보였다.[168] 이것은 이 시기에 소련 외교정책의 고질적인 딜레마였고, 소련의 국제적 고립은 확연한 것이었다.[169]

이와 같은 상황에서 소련은 자신의 처한 모순적인 상황을 어떤 식으로든지 표명할 수밖에 없었다. 그것은 바로 18차 당대회에서 스탈린의 기조 연설(1939. 3. 10)이라는 간접적인 방식을 취하였다. 스탈린은 이 대회에서 연설[170]을 통해 세계가 곧 새로운 격동기를 맞이한다고 주장하였다. 그의 연설에 따르면, 제1차 세계대전 이후의 베르사유 체계는 붕괴되기 일보직전이며 나아가 새로운 세계대전의 조짐이 나타나고 있었다. 그것은 "새로운 제국주의 전쟁이 이제 현실로 되었다"[171]는 말로 요약된다. 그는 이러한 새로운 제국주의 전쟁이 아직 전면전으로 확산되지 않았지만 순조롭게 진행되고 있다고 확신하였다. "새로운 제국주의 전쟁의 특징적인 경향은 전쟁이 아직은 전면전, 즉 세계대전으로 되지 않았다는 사실에 있다. 침략국들이 일으킨 전쟁은 어떤 식으로든 '민주주의국가', 특히 영국과 프랑스, 미국의 이익에 손실을 가져왔다. '민주주의국가'는 그럼에도 불구하고 굴복하였고

---

168) Carr, 앞의 글, 6쪽.

169) 이러한 고립은 뮌헨 협정 직후 주소 영국 대사 및 프랑스 대사의 철수로 확인된 사실이었다.(V. Sipols, *Diplomatic Battles Before World War Ⅱ* (Moskau, 1982), 192쪽.)

170) 스탈린이 당대회의 개막을 위해 보고한 이 연설문은 당대회 결의안 모음집에 수록되지 않았었다. 이 자료는 비로소 1990년 이후 간행된 *Год Кризиса* 등과 같은 외교 문서집에 수록되었다. 그리고 이 연설에 관한 내용은 필자의 졸저 "1939년 독·소 불가침 조약 구상의 기원에 관한 연구," 昌原史學, 제3집, 1997, 301-340쪽을 참고할 것.

171) док. 177, *Год Кризиса*, т. 1, 258쪽.

퇴각을 개시했으며, 침략국에게 차례차례 양보하였다. 이리하여 '민주주의국가'의 이익을 희생으로 한 세계와 영향권에 대한 명백한 새로운 분할이 우리들 앞에서 자행되었다. '민주주의국가'는 이러한 상황에서도 방어를 위한 그 어떠한 종류의 시도를 하지 않았고 오히려 그러한 새로운 분할을 확실히 비호하였다."[172]

이처럼 '민주주의국가'가 양보한 원인은 그들이 군사·정치적인 허약함이 아니라, 바로 그들의 불간섭 정책에 있다. "사실상 불간섭 정책은 침략에 대한 묵인과 전쟁의 발발, 결과적으로 세계대전으로의 전환을 의미한다. 불간섭 정책의 이면에는 침략국이 사악한 일을 저지르는 것을 막지 않으려는 열망과 기대가 숨겨져 있다. 말하자면 일본이 중국을 전쟁으로 끌어들이려는 것을 방치하거나, 소련과 관련하여 보다 좋은 예를 들자면 유럽에서 난관에 봉착한 독일이 소련을 전쟁에 이끌어 들이려는 것을 막지 않으려 하는 것이다."[173] 이어 스탈린은 "…… 그럼에도 불구하고 불간섭 정책의 신봉자들이 시작한 대규모 위험한 정치게임이 그들에게 있어서 예사롭지 않은 실패로 끝날 수 있다는 사실은 반드시 지적되어야 한다"[174]고 경고하였다.

마지막으로 스탈린은 소련 외교의 목표를 아래와 같이 규정하였다. "1. 우리는 평화 및 모든 나라들과의 상업관계의 강화 정책을 추진한다. …… 2. 우리는 소련과 국경을 접하고 있는 모든 이웃 나

---

172) 같은 글, 259쪽.

173) "또한 참전국들 모두가 전쟁의 수렁 속으로 깊이 빠져들게 만들려는 것, 뒤에 숨어서 몰래 참전국들을 부추기는 것, 모든 참전국이 서로 상대방을 약화시키고 기진맥진하게 만들도록 부추기는 것, 그리고 최후로 참전국 전부가 만족스러우리만큼 약화되고 났을 때, 고스란히 간직해 두었던 힘을 가지고 드디어아, 물론 '세계의 이익을 위해' 무대에 등장하여 약화된 참전국에게 자신의 조건을 강요하기 위한 것이다."(같은 글, 260쪽.)

174) 같은 글, 262쪽.

라들과의 평화적이고 우호적이며, 선린적인 관계를 유지한다. ……
3. 우리는 침략의 제물로 되고 조국의 독립을 위해 싸우고 있는 인
민들을 지지하는 정책을 수행한다."[175]

이어 스탈린은 이러한 목표를 수행하기 위한 당의 과제를 다음과
같이 제시하였다.

    1. 장차 평화와 모든 나라들과의 상업적 관계의 강화 정책을 추진한다.
    2. 신중을 기하며 다른 사람의 손으로(화덕의) 불씨를 긁어내는 데 이골이
난 전쟁선동가들에 휘말려 우리 조국을 전쟁으로 끌어들이지 않도록 한다.[176]
    3. 모든 수단을 강구하여 우리의 육군과 해군의 전투력을 강화한다.
    4. 국가 간 평화와 우정에 관심 있는 모든 나라의 노동인민과 국제적 우
호 연대를 강화한다. ……[177]

이상에서 살펴 본 바와 같이 스탈린은 이 연설을 통해 당시 독일
의 침략 행위로 교란된 국제관계의 발전을 논하면서, 소련의 외교정
책 목표를 분명히 밝혔다. 그것은 평화 정책과 침략 위협을 느낀 이
웃 국가들 간의 호의적인 상호 이해관계의 수립, 전쟁의 방지였
다.[178] 소련은 뮌헨 협정으로 '반소 제국주의적 음모 가능성'을 확신

---

175) док. 177, *Год Кризиса*, т. 1, 263쪽.
176) 플라이쉬하우어에 따르면, 이 문구 자체가 해석상으로 약간의 문제가 있다고
한다. 즉, 스탈린 연설문의 원문의 "загребать жар чужими руками(다른
사람의 손으로 불씨를 긁어내다)"라는 문장이 "have others pull the
chestnuts out of the fire(다른 사람의 손으로 불속에서 밤을 꺼내도록 한다)"
로 번역되었다.(Fleischhauer, *Der Pakt*, 470쪽.) 로버츠는 이 문장을 문자 그
대로 영어로 번역할 경우 "to rake the fire with somebody else's hands(다른
사람의 손으로(화덕의) 불을 긁어내다)"가 된다고 하였다.(Roberts, *The
Unholy Alliance*, 118쪽.)
177) док. 177, *Год Кризиса*, т. 1, 263-4쪽.
178) *1939 Год*, 438쪽.

했음에도 불구하고,[179] 독일의 지속적이고 명백한 위협 속에서 선택할 수 있는 대안을 찾을 수도 없었다. 이런 상황에서 소련은 국제 정세의 향후 전개 과정을 "신중을 기하여" 바라보면서,[180] 전쟁에 말려드는 것을 방지하며 "자국의 군사력"을 강화시키는 일에 주력할 수밖에 없었다.[181]

사실 스탈린은 애초부터 자본주의국가들 간의 전쟁에는 전혀 관심이 없었다. 그렇기 때문에 스탈린은 소련을 그러한 전쟁으로 끌어들이기 위한 음모에 말려들지 말라는 말을 전달하고자 하였다.[182] 이와 같은 평가는 그 당시 소련의 핵심적 위치를 차지하고 있었던 몇몇 사람들의 발언을 통해서도 확인된다. 몰로토프는 1938년 11월 6일, 뮌헨 협정이 체결된 이후에 어떤 연설 석상에서, "전쟁이 제국주의 전쟁이라면, 소련은 개입하지 않을 것이다"[183]라고 주장한 바 있었다. 스탈린의 연설 내용은 그 당시의 상황에서 어떠한 전쟁에도, 더구나 영국과 프랑스 편에 서서 독일과의 전쟁에 소련이 끌려들어 가는 것을 원하지 않는다는 점을 암시하고자 했던 것이다.[184]

심지어 스탈린에게 숙청당해 멕시코로 추방당한 트로츠키(Л. Д. Троцкий)까지도 스탈린이 전쟁을 원할 이유가 없다고 증언하였다. 그는 1939년에 스탈린의 외교정책을 평가하면서 아래와 같이 썼다.

---

179) Fleischhauer, "Die sowjetische Außenpolitik," 22쪽.

180) 로버츠는 그 당시 소련의 정책을 '관망' 정책으로 설명하고 있다.(Roberts, *The Soviet Union*, 68쪽.)

181) 그와 동시에 소련으로서는 고립으로 야기된 '제국주의의 포위 위협'이라는 심리적 공포감에서 벗어나 그러한 속박을 부수려 하였다.(Fleischhauer, "Die sowjetische Außenpolitik," 24쪽.)

182) Roberts, *The Soviet Union*, 68쪽.

183) J. Degras (ed.), *Soviet Documents on Foreign Policy*, vol. 3 (London, 1953), 308쪽.

184) D. C. Watt, 앞의 글, 158쪽.

"…… 스탈린에게는 그런 전쟁이 필요하지 않다. 왜냐하면 소련이 그러한 전쟁에 개입할 경우, 이미 이 세기에 세 번의 혁명을 완수한 바 있는 인민들이 정부가 한 거짓말에 대해 극도로 반발할 것이 확실하기 때문이다. 스탈린은 그 누구보다도 이러한 사실을 잘 알고 있었다. 스탈린 외교정책의 근본이념은 전쟁을 피하는 것이다."[185]

하지만 그 연설 이후 유럽의 국제 정세는 더욱 악화되었다. 독일은 프라하를 점령하고 '단치히와 회랑'의 문제를 본격적으로 거론하면서 공공연하게 위기를 조성하였다. 소련의 서부 국경이 위협당하고 있는 것이었다. 독일의 세력권은 점점 더 소련 국경 쪽으로 확대되었다.[186] 이와 같은 상황에서 소련은 서부 국경의 안보를 보장하는 데 전력을 기울일 수밖에 없었다. 이미 독일이 발트해 연안 지역을 장차 강대국 독일의 당연한 구성 부분으로 생각했기 때문이다.[187] 스탈린 역시 발트해 연안국을 소련의 안보라는 관점에서 취약한 변경 지역으로서 아주 중요하게 생각하였다.[188]

그래서 소련 정부는 무엇보다도 자신의 주변 국가들과 적절한 동맹을 체결하기 위해 전력을 다하였다. 독일이 메멜 지역을 합병한 뒤 1주일이 지난 3월 말에, 라트비아와 에스토니아 외무장관은 리트비노프의 교서를 받았다. 소련은 그 교서를 통해 라트비아와 에스토니아 양국 정부에 대해 그 두 나라가 제3국과 독립을 침해하는 협정을 맺을 경우 인정할 수 없다고 경고하였다.[189] 리트비노프의 교

---

185) Л. Д. Троцкий , *Портреты, Сьорник.*(Июю-Йорк, 1984), 69쪽.

186) I. Deutscher, *Stalin. A political biography* (New York, 1971), 427쪽.

187) Х. Арумяе, *От Пакта Молотова-Риббентропа до Договора о Базах. Документы и Материалы* (Таллин, 1990), 14쪽.

188) Kirby, 앞의 글, 69쪽.

189) Арумяе, *От Пакта Молотова-Риббентропа.* 16-7쪽.

서는 이들 국가들이 소련에 적대적인 제3국의 압력에 그들 독자적
으로는 저항할 수 없다는 소련의 판단을 반영한 것이었다. 리트비노
프의 교서에 대한 발트해 연안국들의 대응은 예상할 수 있었다. 그
들은 소련의 제의를 거부하였다. 그들은 소련의 동기를 의심한 반
면, 이러한 제안의 이면에 있는 소련의 불만을 전혀 이해하려 하지
않았다.[190] 이와 같이 소련이 자국의 서부 국경에 위치한 나라들과
우호적인 관계를 맺고자 한 시도도 역시 실패하였다. 그 결과 소련
의 국제적 고립과 서부 국경에서 평화와 안보의 문제는 더욱 심각
하게 대두하였다.

---

190) Kirby, 앞의 글, 70쪽.

Ⅱ. 동유럽을 둘러싼 외교 각축전

1939년 봄 독일이 폴란드에 대한 침공 계획을 확정하자, 유럽의 정세는 새로운 국면으로 접어들었다. 이제 유럽의 모든 문제는 동유럽의 미래에 달려 있었다.

독일에게 동유럽은 자국민의 생존을 보장하고, 나아가 세계에 대한 자신의 지배력을 강화시키는 데 있어서 확보해야 하는 일종의 교두보였다. 그 반면에 소련으로서는 독일의 침략을 저지하기 위해 필요한 완충 지대였다. 영국과 프랑스 역시 어느 누구에게도 동유럽을 양보할 수 없었다. 누가 차지하든 동유럽은 장차 자신을 겨누고 날아들 채찍의 두터운 손잡이가 될 수밖에 없었기 때문이다.

이러한 상황에서 영국과 프랑스는 그동안 유럽 문제에서 배제해 왔던 소련에 접근하였다. 이로써 소련은 국제적 고립에서 벗어날 수 있었다. 영국과 프랑스, 소련 3국은 독일의 침략을 저지하고 침략 위협을 받고 있는 동유럽의 '현상'을 보장하려고 협상을 하였다. 그 과정에서 유럽 전체가 동유럽을 자신의 영향권 안으로 끌어들이기 위한 이전투구의 장으로 휘말려 들어갔다.

1. 유럽 각국의 동유럽 정책

1) 영국·프랑스의 동유럽의 '독립'에 대한 보장 선언

독일이 폴란드를 침략할 것이라는 소식이 전해지자, 영국 수상 체임벌린은 폴란드의 안전을 보장하는 선언을 발표하였다. 그 내용은 다음과 같다.

> …… 영국 정부는 항상 이해 당사자들 간에 발생할 수 있는 모든 불화를 그들 간의 자유로운 회담을 통해 조정하는 것을 공공연히 지지했고 지지할 것이다. 영국 정부는 불화가 존재할 경우에 이러한 방식을 당연하고 올바른 노선으로 간주한다. 영국 정부는 평화적 수단을 통해 해결될 수 없는 문제가 결코 없다고 생각한다. 영국 정부는 회담이라는 수단을 무력 행사나 무력 행사의 위협이라는 방식으로 대체하는 일을 결코 정당화하지 않을 것이다.
>
> 여러분도 알고 있듯이, 현재 다른 정부와의 몇몇 협의가 진행되고 있다. 이러한 협의가 아직 구체적인 결실을 얻지 못했지만, 영국 정부의 입장을 분명히 하기 위해서, 본인은 지금 의회에 다음에 관해 알리고자 한다. '이 시기에 폴란드의 독립을 분명히 위협하고 그러한 위협에 폴란드 정부가 자신의 군대를 동원하여 저항하는 일을 불가결한 것으로 간주한 모든 행동의 경우에, 영국 정부는 그 즉시 폴란드 정부에 할 수 있는 한 모든 지원을 부여하는 일을 자신의 임무로 생각한다.' 영국 정부는 이에 관해 폴란드 정부에 보증하는 바이다.
>
> 아울러 본인은 프랑스 정부가 영국 정부와 마찬가지로 이 문제에 있어서 동일한 입장을 취하며, 본인에게 이러한 입장에 대한 설명을 위임했음을 덧붙여 말한다.[1]

이어 4월 13일, 영국은 루마니아와 그리스에 대해서도 동일한 보

---

1) док. 201, *СССР в Борьбе за Мир*, 290쪽.

장 선언을 하였다.2)

영국 정부의 이와 같은 동유럽 보장 선언은 다음과 같은 특징을 지닌다. 첫째, 영국 정부는 유럽의 평화를 깨트리는 침략 행위를 차단한다는 근본적인 입장을 견지하고 있다. 둘째, 유럽의 평화를 교란할 수 있는 위기가 발생할 경우에, 영국 정부는 이러한 위기를 평화적 수단으로 해결하겠다고 밝혔다. 셋째, 침략 위협을 받은 나라가 이에 저항할 것임을 선언한다면, 영국은 이 국가를 지원한다. 이를 통해 영국은 침략에 대한 원칙적인 저항을 천명하였다.

하지만 영국은 지원의 실제 내용을 구체적으로 언급하지 않았다. 영국은 "할 수 있는 한 모든 지원을 하는 것을 자신의 임무로 생각한다"3)고 말했을 뿐이다. 따라서 지원의 실제 내용에 관해서는 보장 선언의 전후 맥락에서 유추해볼 수 있을 뿐이다. 영국은 우선 침략 위협을 당한 국가에 그들의 독립을 보장한다는 선언을 발표한다. 영국은 이러한 선언을 침략국에 대한 경고이자, 침략의 위협을 받고 있는 국가에 힘을 실어줄 수 있을 것으로 생각하였다. 이런 방식으로 이해 당사자들 간의 힘의 균형이 유지되면, 그들은 서로 간에 발생한 문제를 평화적으로 해결할 수 있다는 것이다.4) 그런 점에서 볼 때, 영국의 지원이란 위기를 평화적으로 해결할 수 있도록 분위기를 조성하는 것이다. 그래서 체임벌린은 "영국 정부가 항상 이해 당사자들 간에 발생할 수 있는 모든 불화를 그들 간의 자유로운 회담을 통해 조정하는 것을 공공연히 지지했고 지지할 것"5)이라고 보

---

2) док. 228, 같은 책, 329-330쪽.

3) док. 201, 같은 책, 290쪽.

4) Hitchens, *Germany, Russia and Balkans*, 42쪽을 참고할 것.

5) 같은 책, 같은 곳.

장 선언의 목적을 분명히 밝혔다. 말하자면 영국을 비롯한 주변 강대국들은 이러한 여건을 마련하는 데 전력을 기울이기만 하면 된다는 것이다.

하지만 이와 같은 영국의 동유럽 정책은 많은 한계를 지니고 있었다. 영국은 모든 지원을 아끼지 않겠다고 선언했지만, 그 지원이란 말에 그치는 것이었다. 또한 폴란드의 국경 자체를 보호하겠다는 적극적인 의미의 폴란드 방어가 아니라 그저 폴란드가 '독립국가'로 남아 있기만 하면 되는 것으로 상정하고 있었다.6) 따라서 영국의 동유럽 보장 선언은 폴란드나 루마니아의 현상 유지 자체를 보장하는 데 많은 한계를 노출하고 있었다.

누구보다도 영국 자신이 그 점을 잘 이해하고 있었다. 영국은 소련 군의 군사적 열세에도 불구하고 소련과의 실질적인 협력 없이 폴란드를 방어할 수 없다는 점을 잘 알고 있었다.7) 그래서 소련의 도움을 필요로 했던 것이다. 영국은 자신이 원한 국면을 조성하는 데 있어서 소련이 해야 할 역할을 잘 알고 있었다. 그것은 다름 아닌 히틀러에 대한 정치적 압력 수단이었다. 그 당시 영국 지도부도 같은 생각을 하고 있었다. 예를 들어, 영국 외무부 차관 케이도건은 "영국이 러시아를 전혀 신뢰하고 있지 않지만, 러시아를 정치적으로 이용할 수 없다는 이야기가 아니다"라고 말한 바 있다.8) 이와 같이

---

6) G. Niedhart, "Sitzkrieg versus Blitzkrieg. Das attentistische Konfliktverhalten Großbritanniens in der Krise des internationalen Systems am Vorabend und bei Beginn des Zweiten Weltkrieges," W. Michalka (Hrsg), *Der Zwiete Weltkrieg*, 54쪽.

7) Bianka Pietrow-Ennker, "Deutschland im Juli 1941-ein Opfer sowjetischer Aggression? Zur Kontroverse über die Präventivkriegsthese," W. Michalka (Hrsg), 같은 책, 591쪽.

8) *Документы и Материалы*, 103쪽.

영국은 소련을 진지한 동맹 상대가 아니라 자신들이 원할 때 혹은 아주 위급한 상태에서 국면을 전환시킬 수 있는 '비치된' 카드로[9) 인식하였다. 그래서 소련에 동일한 보장 선언을 요구했던 것이다.[10)

　4월 14일에 영국 외무장관 핼리팩스(E. Halifax)는 주영 소련 대사 마이스키를 소환하였다. 핼리팩스는 마이스키에게 "그리스, 루마니아, 그리고 일부 다른 국가에 부여한 영국과 프랑스의 보장 선언과 마찬가지로, 소련 정부가 그러한 국가에 동일한 선언을 부여하는 것을 가능하다고 생각하고 있는지를 소련 외무인민위원장 리트비노프에게 물어보라"고 위임하였다.[11) 그리고 핼리팩스는 같은 날 주소 영국 대사 시즈(W. Seeds)에게 동일한 내용의 전보를 타전하였다. 4월 15일에 시즈는 리트비노프에게 자신이 받은 전보를 전달하였다. 그 내용은 다음과 같다.

　　소련의 이웃인 어떤 유럽 국가가 침략을 당하고, 이에 저항할 경우, 소련 정부의 원조를 받을 수 있다. 이 경우 원조는 가장 적절한 방식에 따라 이루어진다. 소련 정부는 이와 같은 내용의 선언을 발표하는 데 동의할 것인가?[12)

　프랑스 정부 역시 4월 13일에 폴란드와 루마니아, 그리스에 대한 보장 선언을 발표하였다.[13) 하루 뒤인 4월 14일, 프랑스 외무장관

---

9) 이와 관련해서는 A. Prazmowska, *Britain, Poland and the Eastern Front 1939* (Cambridge : Cambridge University Press, 1987), 140쪽을 참고하시오.

10) 로타르 케텐아커(L. Kettenacker)는 영국이 폴란드에 대한 보장 선언을 발표하면서 소련의 입장이나 안전을 전혀 고려하지 않았다고 평가하였다.(Bianka Pietrow-Ennker, 앞의 글, 591쪽.)

11) док. 231, *СССР в Борьбе за Мир*, 331쪽.

12) док. 233, 같은 책, 333쪽.

13) док. 229, 같은 책, 330쪽.

보네(J. Bonnet)는 주불 소련 대사 수리츠에게 아래와 같은 제안을
전달하였다.

> 영국과 프랑스가 루마니아와 폴란드에 대한 자신들의 보장 의무를 수행
> 하는 과정에서 독일과 전쟁을 할 경우에, 소련은 그 즉시 영국과 프랑스를
> 지원해야 한다. 그와 반대로 소련이 루마니아와 폴란드에 대한 자신의 보장
> 의무를 이행하는 과정에서 독일과 전쟁을 할 경우, 영국과 프랑스는 즉각
> 소련을 지원해야 한다.[14]

한편 보네는 "프랑스가 병력과 군수물자 등 모든 수단을 동원하
여 자신의 보장 의무를 이행할 것"이라고 구두 보장하면서, "소련의
지원이 군수물자 및 원료의 공급에 국한될 것"이라고 말하였다.[15]
이와 같은 프랑스의 제안은 영국의 제안과 달랐다. 프랑스는 동유
럽에 준 보장 선언의 실질적 효력을 담보하는 데 있어서 소련의 군
수물자의 지원을 불가피한 것으로 생각하였다. 그래서 프랑스는 영
국과 달리 소련의 지원이 어떤 식으로 이루어질 것인가를 분명히
하였다. 그와 더불어 프랑스는 소련에게 무조건적인 지원을 요청할
경우에, 소련 정부가 반대할 것이라고 생각하였다. 그래서 프랑스는
무조건적인 지원이 아닌 상호주의를 근거로 한 제안을 제시하였다.
하지만 영국 정부는 이 사실을 알고 무척 당황하였다. 프랑스의
제안은 영국이 소련에 요구했던 제안에서 훨씬 벗어났기 때문이다.
그래서 영국 정부는 주영 프랑스 대사 꼬르뱅(C. Corbin)을 통해 불
편한 심기를 드러내면서 이의를 제기하였다.[16]

---

14) док. 269, *Год Кризиса*, Т. 1, 380쪽.

15) Bartel, *Frankreich und die Sowjetunion*, 165쪽.

16) 같은 책, 167쪽을 참고할 것.

영국의 이의 제기로, 프랑스는 자신의 독자적인 입장을 견지하지 못하고 유보적인 입장을 취하였다. 4월 18일에 보내는 주영 프랑스 대사 꼬르뱅에게 아래의 전보를 타전하였다. "영국이 자신의 계획안을 이미 제시했기 때문에, 우리는 영국의 안을 지지하는 것 이외에 아무 것도 할 수 없다. 우리는 일단 우리의 제안에 대한 소련의 대응을 기다릴 수밖에 없다. 하지만 장차 발생할 수 있는 중대 상황에서 영국과 우리 간의 보다 긴밀한 유대 관계는 불가피할 것이다."[17] 결국 프랑스는 영국과의 관계를 고려하여 자신의 입장을 거두어들이고 말았다. 이후 국제관계에서 프랑스는 별다른 이의 제기 없이 영국의 입장을 따르게 된다.

2) 소련의 대독일 집단 안보('3국 동맹 협상') 제안

4월 17일과 18일, 소련은 주소 영국 대사 시즈와 주불 소련 대사 수리츠를 통해 영국과 프랑스에 '3국 동맹 협상'을 제의하였다.[18] 소련의 이와 같은 제안은 4월 14일에 영국과 프랑스로부터 받은 제안을 기초로 한 것이었다. 소련이 했던 제안의 구체적인 내용은 다음과 같다.

제1조. 영국과 프랑스, 소련은 유럽에서 협상 3국 가운데 어떤 한 나라에 대한 침략이 발생할 경우에 그 즉시 군사적 지원을 포함한 모든 원조를 할 것을 약속하는 상호 원조 조약을 체결한다. 이 조약의 기한은 5~10년으로 한다.

제2조. 영국과 프랑스, 소련은 발트해에서 흑해 사이에 있는 동유럽 국가들이 침략 당할 경우 즉각 이들 나라에 대한 모든 원조, 특히 군사적 원조를 약속한다.

---

17) 같은 책, 같은 곳.
18) док. 229, 같은 책, 284-5쪽.

제3조. 영국과 프랑스, 소련은 제1조와 2조를 이행하는 데 있어서 세 나라 모두가 각자 해야 할 군사적 원조의 규모와 형식을 즉시 심의하고 정해야 한다.

제4조. 영국은 폴란드에 대한 보장 선언이 특히 독일 측의 침략을 염두에 두고 한 것임을 분명히 밝혀야 한다.

제5조. 폴란드와 루마니아 간에 존재하는 동맹 조약은 이들 나라가 침략을 당했을 경우에만 효력을 갖든지, 그렇지 않으면 소련을 겨냥한 조약이기 때문에 완전히 폐기되어야 한다.

제6조. 영국과 프랑스, 소련은 군사적 활동이 시작된 이후에 어떠한 경우에도 세 나라의 동의 없이 단독으로 침략국과 회담을 갖거나 강화를 체결할 수 없다.

제7조. 상호 원조 조약은 제3조의 결과로 작성된 협정과 동시에 체결되어야 한다.

제8조. 영국과 프랑스, 소련은 원칙적으로 터키와의 상호 원조 조약을 위한 협상에 공동으로 참여해야 한다.[19]

이 제안의 핵심적인 내용은 대략 3가지이며, 다음과 같이 정리할 수 있다.

첫째, 소련은 협상 3국 간의 상호주의를 근본 원칙으로 삼았다. 앞서 살펴보았듯이, 영국은 일방적으로 폴란드의 독립에 대한 보장을 선언한 이후 소련에 동일한 조치를 요구하였다. 소련이 영국의 요구를 받아들일 경우, 다음과 같은 상황이 발생할 수 있었다. 폴란드와 루마니아가 협력을 요청하면, 소련은 아무런 조건 없이 이들 나라를 지원하겠다고 선언해야 한다.[20] 그 경우 영국과 프랑스는 비록 간접적이지만 가만히 앉아서 소련의 도움을 받는 것이 된다.

---

19) док. 229, 같은 책, 283-4쪽.

20) Ф. Далем, *Накануне Второй Мировой Войны 1938 г-август 1939 г : Воспоминания*, в 2-хт, т. 2 (Москва, 1982), 83쪽.

하지만 영국이 했던 제안의 핵심은 다른 곳에 있었다. 소련은 "영국과 프랑스가 자신의 약속을 이행하는 과정에서 전쟁에 연루될 경우, 그 즉시 영국과 프랑스를 지원"[21]해야 하지만 그 반대의 경우, 즉 자신이 전쟁에 연루될 경우에는 영국과 프랑스의 지원을 받을 수 없게끔 되어 있었다.[22] 소련의 입장에서 보면 영국의 제안은 국가 간 협정의 기본인 상호주의 원칙에서 벗어나 있었으며, 따라서 불공평하고 일방적인 것이었다.[23] 더욱이 그 무렵 소련은 외교적으로 완전히 고립되어 있었다. 이런 소련에 대해 동유럽 국가들을, 그것도 일방적으로 지원하자고 제안하였다는 사실 자체는 소련에 대한 히틀러의 적대적인 태도를 고려해볼 때 소련의 안전을 전혀 고려하지 않은 무모한 것이었다. 만약 소련이 그 제안을 받아들여 일방적인 지원을 선언한다면 그것은 "자살 행위와 다를 바 없었다."[24] 이러한 사정 때문에 소련은 상호주의 원칙에 입각한 동맹을 제의했던 것이다.

둘째, 소련은 동유럽 전체 국가를 동맹의 대상으로 상정하였다. 거기에는 중·동부 유럽의 모든 국가들이 포함될 예정이었다. 그중에서도 가장 중점을 둔 것은 발트해 연안국이었다.[25] 발트해 연안국은 지리적 여건으로 인해 독일 군의 소련 침공 전진 기지로 활용될 수 있었다. 이 지역이 독일 군의 "돌파구"가[26] 분명하다는 것은,

---

21) *История Великой Войны*, 165쪽.

22) R. Manne, "The British Decision for Alliance with Russia, May 1939," *Journal of Contemporary History*, no.3, (1974), 11쪽.

23) M. Light, "The Soviet View," R. I. Douglas (ed.), *1939 : A Retrospect Forty Years After* (London, 1983), 75쪽.

24) 같은 책, 같은 곳.

25) М. Панкрашова, "Англо-Франко-Советские Переговоры 1939 года," *Международная Жизнь*, 1989, но. 8, 28쪽.

역으로 이 지역이 뚫릴 경우 소련의 서부 국경이 독일 군의 위협에 직접적으로 노출될 수 있음을 의미한다. 따라서 만약 발트해 연안국이 포괄적인 평화 전선을 구축하는 데에서 제외된다면, 독일은 어떠한 간섭이나 제약도 받지 않고 이 지역을 통해 곧바로 소련을 침략할 수 있다.[27] 그래서 소련은 중·동부 유럽의 모든 국가, 특히 발트해 연안국을 유럽의 대독일 집단 안보 동맹에 포함시키자고 했던 것이다.

셋째, 소련은 정치 협정과 군사 협정의 동시 체결을 원하였다. 소련은 그 방법을 통해서만 동맹의 실질적인 효력이 확보될 수 있다고 보았다. 위기가 발생할 경우, 정치 협정은 그러한 위기에 대한 대응 방식을 협의하고 지원의 의무만을 명시한다. 그럴 경우 정치 협정이란 그야말로 단순한 말만의 잔치로 끝날 수 있다. 그래서 소련은 군사 협정을 통해 정치 협정의 효력을 극대화하고, 만일의 사태를 대비하여 신속히 침략을 저지할 수 있는 다양한 방법을 확정하자고 제의했던 것이다.

그렇다면 소련이 제의한 '3국 동맹 협상'안은 그 당시 상황에 비추어 볼 때 어떤 의미를 갖는 것인가? 과연 '3국 동맹'은 독일의 침략 위협으로부터 동유럽을 보호하고 나아가 유럽에 평화를 가져다줄 확실한 보루가 될 수 있는 것일까?

처칠은 이러한 소련의 '3국 동맹' 제안에 대해 매우 긍정적으로 평가하였다. 그는 리투아니아와 라트비아, 에스토니아가 약 20개 사단에 이르는 병력을 보유하고 있다는 점을 강조하였다. 그리고 "이 세 나라에 군수품을 비롯한 여타의 원조를 제공할 우호적인" 국가

---

26) док. 314, *СССР в Борьбе за Мир*, 427쪽.
27) 같은 책, 같은 곳.

가 필요하며, 그것이 곧 소련임을 지적하였다. 이어 그는, "소련의 적극적인 원조가 없으면 동부 전선에서 나치의 침략을 막을 수 없다. 소련의 관심은 동유럽에 대한 히틀러의 기도를 막는 것과 깊은 관계가 있다. 발트해에서 흑해에 이르는 제국과 그 국민을 새로운 폭력이나 침략에 대비해서 하나의 견고한 전선으로 통일하는 것은 아직은 가능할 것"이라고[28] 부언하였다. 일부 야당 의원들도 소련 측의 제안에 대해 매우 긍정적인 평가를 내렸다고 한다. 당시 주영 소련 대사 마이스키는 본국의 외교 인민위원회로 타전한 보고문에 영국의 일부 야당 의원들의 평가를 수록하였다. "소련 측 제의는 아주 논리적이고 치밀하게 구성되었다."[29]

그 당시 유럽 강대국의 군사력을 비교해 보는 것도 '3국 동맹'안의 현실성을 검증하는 하나의 방법이 될 수 있다. 1930년대 말 유럽에는 다른 나라를 압도할 만큼의 군사력을 보유한 절대 강국이 존재하지 않았다. 영국은 1차대전 이후 재무장을 선언하지 않은 상태였고, 이제 재무장을 선언한다고 해도 그 효과는 뒤늦게 나타났을 것이다. 프랑스는 마지노선을 축으로 한 방어적인 작전 개념을 갖고 있었다.[30] 소련의 상황은 더욱 열악하였다. 대숙청으로 인해 전쟁 시 작전을 지휘할 군 지도부의 상당수가 숙청당하였다. 그 때문에 소련군의 군사력뿐만 아니라 작전 능력은 현저히 감소되었다.[31] 독일의 형편 역시 그다지 나을 것이 없었다. 프라하 점령 이후 병력과 작전 능력은 확대되었지만 그렇다고 해도 독일은 영국·프랑스나

---

28) 처칠, 앞의 책, 제1권, 434-5쪽.

29) док. 303, *Год Кризиса*, т. 1, 410쪽.

30) "Предисловие," 같은 책, 10쪽.

31) Read & Fisher, *The Deadly Embrace*, 7쪽.

소련 중 어느 한 쪽의 중립을 확보하지 않은 상태에서 전쟁을 벌일 수 없었다. 따라서 영국과 프랑스, 독일, 소련 그 어느 나라도 단독으로 전쟁을 일으킬 수 없었다.[32]

그 당시 유럽인들 중에서도 '3국 동맹'을 환영하는 사람이 많았다. 유럽인들은 1차대전의 악몽에서 벗어나지 못했고, 그들 사이에는 전쟁에 대한 공포가 만연되어 있었다. 한편 소련의 제안에는 그 당시 독일 측에서 나온 실질적 위협을 고려해본다면 누구나 생각할 수 있는 내용이 포함되어 있었다.[33] 그래서 사람들은 영국과 프랑스, 소련 간의 동맹을 "현실적인 조치"로[34] 받아들였다. 그 제안이 성사되었다면, 독일의 침략 의욕을 처음부터 억제하거나 전쟁이 일어나더라도 효율적으로 대처할 수 있었을 것이다.[35]

2. 영국·프랑스와 소련 간의 이해관계의 충돌

소련이 취했던 외교정책을 그 당시의 외교 책임자의 입을 빌어 설명하면 다음과 같다. 리트비노프는 주소 프랑스 대사관 참사관 뻬이야르(G. Payart)에게 아래와 같이 말한 바 있다. "…… 우리는 뮌헨 협정을 국제적으로 불행한 일이라고 생각한다. 영국과 프랑스는 침략국인 독일과 이탈리아, 일본의 요구를 일방적으로 만족시켜 준 정책에서 벗어나지 못할 것이다. 이들 침략국은 자신들의 요구를 차

---

32) Ahmann, "Der Hitler-Stalin-Pakt : Nichtangriffs-und Angriffsvertrag?," 33쪽.
33) Pätzold & Rosenfeld (Hrsg.), *Sowjetstern und Hakenkreuz*, 29-30쪽.
34) Ahmann, "Der Hitler-Stalin-Pakt. Eine Bewertung," 93쪽.
35) Kremer, 앞의 글, 18쪽.

레차례 제시할 것이고 영국과 프랑스는 그들에게 연이어 양보할 것이다. 그러나 나는 영국과 프랑스 국민들이 그러한 정책을 철회하도록 요구할 순간이 도래할 것이라고 믿는다. 그때 영국과 프랑스는 아마 집단 안보로 되돌아 갈 것이다. 왜냐하면 평화를 조직할 수 있는 다른 방법이 없기 때문이다. ……"[36] 다시 말하자면, 소련이 염두에 둔 것은 독일의 침략 위협을 받고 있는 모든 나라를 포함한 집단 안보였다.

이제 결정적인 문제는 서유럽의 두 나라가 이와 같은 대대적인 동맹을 원하느냐 아니냐에 달려 있었다. 영국과 프랑스가 동의한다면, 폴란드와 루마니아, 그리고 발트해 연안국도 소련과의 협력에 동의할 것이다. 이러한 소련의 제의에 동의한다는 것은 모든 관련 자본주의국가들뿐만 아니라 소련의 입장에서도 새로운 정책의 장을 여는 것을 의미할 것이다.

그렇다면 영국과 프랑스는 소련이 제기한 '3국 동맹 협상'안에 어떻게 대응했을까?

프랑스는 소련의 제의에 호의적이었다. 4월 29일에 보네는 수리츠에게 "만일 프랑스와 영국이 중·동부 유럽 현 상태의 강제적인 변경을 예방하기 위해 착수한 행동의 결과로서 독일과 전쟁을 할 경우, 소련은 즉시 영국과 프랑스를 지지·지원한다. 만일 소련이 중·동부 유럽의 현 상태의 강제적인 변경을 미연에 방지하기 위해 착수한 활동의 결과로서 독일과 전쟁할 경우, 프랑스와 영국은 즉시 소련을 지지·지원한다. 3국은 즉시 위에서 언급한 나라들에 대한 원조 방식에 합의하고 그 방식의 효력을 제고하기 위한 모든 조치

---

36) док. 55, *Год Кризиса*, т. 1, 108쪽.

를 강구한다"는 협정안을 전달한 바 있었다.[37] 그러나 프랑스의 제안은 아무런 성과를 낳지 못하였다. 영국이 소련의 제안에 대해 완강히 반대했기 때문이다.[38]

사실 영국은 전쟁이 일어날 경우 동유럽 국가에 대한 소련의 지원이 매우 큰 효력을 발휘할 뿐만 아니라 소련이 동유럽을 지원할 것이라는 전망 자체가 애초부터 침략을 막을 수 있는 엄청난 힘을 가진다는 사실을 알고 있었다.[39] 그럼에도 불구하고 영국은 소련이 제안한 것과 같은 대규모의 동맹을 원하지 않았다. 그들이 원했던 것은 대독일 집단안전 보장 동맹이 아니라 독일을 협상의 장으로 이끌어낼 압력 수단의 마련이었다. 따라서 필요한 것은 소련군의 출동이 아니라 동유럽 보장 선언, 즉 영국과 프랑스 편에 서서 한 마디 거들어주는 것뿐이었다. 이러한 점에 비추어 볼 때, 영국은 "독일과 타협하기 위해 필요한 조건을 확보하려는 도덕적 시위 현상"을[40] 염두에 두고 있었던 셈이다.

그래서 영국은 소련의 제안을 "아주 불편한"[41] 것으로 생각하였다. 더구나 영국 정부는 소련이 그러한 제안을 주도하였다는 자체를 못마땅하게 생각하였다.[42] 영국이 5월 8일에 이르러서야 소련에 반

---

37) док. 305, 같은 책, 413-4쪽.

38) 영국은 프랑스의 제안을 거부한 것은 이와 같은 상황에서였다. 당시 영국에 대한 외교적 주도권을 장악할 수 없었던 프랑스는 자국이 위협에 처할 경우 영국의 지원 약속을 이끌어내는 조건으로 영국의 경로를 뒤따를 수밖에 없었다.(Семиряга, *Тайны*, 14쪽.)

39) док. 327, *Год Кризиса*, т. 1, 438쪽을 참고할 것.

40) Kremer, 앞의 글, 18쪽.

41) "Комментарии Министерства иностранных дел Великобритании к Советскм предложени-ям, изложенным в телеграмме из Москвы No 69," *Альтернативы 1939 года. Документы и Материалы* (Москва, 1989), 180쪽. (이하 *Альтернативы*로 약함.)

대 의사를 표명한 것도 이와 같은 분위기 때문이었다. 그것은 단순한 반대가 아니라 거의 혐오에 가까운 회피 감정이었다. 체임벌린은 5월 20일 하원에서 연설하면서 "소련과의 동맹을 체결하느니 차라리 사퇴하겠다"고 말하기까지 하였다.[43]

그 대신에 영국은 4월 14일에 발표한 자신의 제안을 재차 거론하면서, "소련이 동유럽 국가들과의 새로운 관계를 약속한 영국과 프랑스의 선언에 동의하기 바란다"고[44] 덧붙였다. 제안을 받아들일 경우 소련은 영국과 프랑스가 선언한 루마니아와 폴란드, 그리스의 안보 보장을 지지해야 하며, 나아가 소련도 동일한 조치를 취해야만 하였다.

그러나 소련의 제안을 받아들이자는 주장도 만만치 않았다. 체임벌린이 소속되어 있는 보수당 안에서도 소련의 제안을 수용하라는 주장이 나왔다. 처칠은 로이드 조지(L. George)의 지지를 얻어 "모스크바는 체임벌린보다 훨씬 간명하고 직접적이며 …… 효과적이고 …… 공정한 제안을 하였다. …… 그다지 유쾌한 일은 아니겠지만 이 점을 어느 정도 고려해야 한다. 강력한 동부 전선 없이 서부 전선의 방어란 있을 수 없다. 또한 소련 없는 강력한 동부 전선이란 있을 수 없다"고[45] 주장하였다.

5월 16일에는 영국군 참모부가 나서서 소련과 협정을 체결하라고

---

42) 나아가 영국은 이러한 선언을 계속 요구했을 뿐, 소련의 동맹 제의에 대한 외교적 주도권조차 행사하지 않았다.(B. Pietrow, *Stalinismus, Sicherheit, Offensive* (Melsungen, 1983), 64쪽.)

43) Иосиф Ошман, "Сталин или Гитлер? Быть может, Кто-то третий ?," *Новое Русское Слоб*, 17-18 сентября 1994, 16쪽.

44) док. 327, *Год Кризиса*, т. 1, 438-439쪽.

45) 처칠, 앞의 책, 제1권, 447쪽.

주장하였다. 그들은 이미 5월 초에 독일이 폴란드를 침공하더라도 프랑스가 마지노선의 방어에 주력할 뿐 폴란드를 지원할 의사가 없다는 정보를 입수한 바 있었다. 참모부는 이 정보에 입각하여 소련이 지원하지 않으면 폴란드 군은 금방 무너질 것이고, 행여 소련이 독일의 편을 들기라도 한다면 영국은 중대한 위험에 직면할 것이라고 경고하였다. 따라서 영국과 프랑스, 소련이 3국 동맹의 결성에 성공할 경우 그것은 "침략에 맞선 거대한 세력의 연합 전선이 될 것"이지만, 그렇지 않은 경우에는 "중대한 군사적 결과를 초래"하게 될 것이었다.46)

여론도 소련과의 협정 체결 쪽으로 기울었다. 1939년 4월에 조사된 바에 따르면, "응답자의 83퍼센트가 영국이 일부 국가의 안전을 보장하는 것에 찬성하였다. 5월에는 응답자의 57퍼센트가 지난해 가을부터 전쟁의 위협이 증가하였다고 말하였다. 6월에는 61퍼센트가 전쟁을 예방하기 위한 전 세계 회의의 소집이 유익할 것이라고 생각했고, 8월에는 76퍼센트가 독일이 단치히를 공격할 경우 영국이 참전하는 것을 지지하였다."47) 그것은 프랑스의 경우에도 마찬가지였다. 1938년 가을에 실시된 여론 조사 결과에 따르면, 프랑스인은 뮌헨 협정에 찬성하는 입장이었다(응답자의 53퍼센트가 찬성, 반대는 37퍼센트). 그러나 1939년 여름이 되자 "76퍼센트가 독일이 폴란드를 공격할 경우 프랑스가 참전하는 데 동의하였다."48)

영국 정부의 대소 협상 불가론은 유럽에서 전개된 일련의 사건들

---

46) "Предисловие," *Год Кризиса*, Т. 1, 10쪽.

47) A. Adamthwaite, "Großbritannien und das Herannahen des Krieges," K. Hildebrand, J. Schmädeke & K. Zernack (Hrsg), *1939. An der Schwelle*, 197쪽.

48) 같은 책, 같은 곳.

때문에 더욱 궁지에 몰리게 되었다. 4월 28일, 히틀러는 영국과 독일 간의 함대 협정 및 독일과 폴란드 간의 불가침 조약을 폐기하였다.[49] 처칠은 이 사건에 대해 "나치의 칼끝은 분명 폴란드를 겨누고 있다. 히틀러의 주요 목적은 폴란드의 고립, 그리고 어쩔 수 없는 조건을 만들어 폴란드를 압박하는 데 있다. 히틀러의 요구는 단치히와 그 회랑에 집중되어 있다. 그럼으로써 영국과 폴란드 간의 협정을 실행 불가능하게 만들려고 한 것 같다"고 평가한 바 있다.[50] 5월 22일에는 독일과 이탈리아 간에 '강철 조약(Stahlpakt)'으로 불리는 군사 협정이 체결되었다.[51] 그 조약이 체결됨으로써 히틀러와 무솔리니 사이를 떼어놓으려던 체임벌린의 오랜 희망이 사라졌다. 추축국 간의 단결은 깨지기는커녕 오히려 더욱 강화되었다.[52] 더구나 독일의 폴란드 침공 시기가 촉박하였다는 정보가 속속 답지하였다.[53] 이제 영국과 프랑스는 소련의 협상 제의를 받아들일 수밖에 없었다.

1) 양측이 제시한 기본 협정안

소련의 제안을 받아들인 영국과 프랑스는 5월 27일에 다음과 같은 협정안을 제시하였다.

---

49) Далем, *Воспоминания*, т. 2, 84쪽.

50) 처칠, 앞의 책, 제1권, 430-1쪽.

51) Шевяков, 앞의 글, 113쪽.

52) Bartel, *Frankreich und die Sowjetunion*, 193쪽.

53) Pietrow, *Stalinismus*, 64쪽.

영국과 프랑스, 소련 정부는 국제연맹의 회원국으로서 국제연맹 규약인 침략에 대한 상호 원조 원칙의 효율성을 제고하고자 아래의 협정에 이르게 되었다.

1. 1) 유럽의 어떤 강대국이 영국과 프랑스가 지원할 의무가 있는 다른 유럽 국가를 침략했을 때, 그러한 국가의 희망에 따라, 2) 혹은 그러한 국가가 자신의 중립 침해에 저항하기 위해 원조를 요청했을 때, 3) 영국과 프랑스를 직접 침략했을 때, 영국과 프랑스가 유럽의 어떤 강대국과 전쟁에 돌입한다면, 소련은 국제연맹 규약의 제1조과 2조, 그리고 제16항에 명시된 원칙에 의거하여 영국과 프랑스에게 모든 원조와 지지를 약속한다.

2. 1) 유럽의 어떤 강대국이 소련이 원조할 의무를 지고 있는 다른 유럽 국가를 침략했을 때, 그러한 국가의 희망에 따라, 2) 혹은 그러한 국가가 자신의 중립 침해에 저항하기 위해 원조를 요청했을 때, 3) 소련을 직접 침략했을 때, 소련이 유럽의 어떤 강대국과 전쟁에 돌입한다면, 영국과 프랑스는 국제연맹 규약 제1조와 2조, 그리고 제16항에 명시된 원칙에 의거하여 소련에게 모든 적합한 원조와 지지를 약속한다.

3. 영국과 프랑스, 소련 3국은 공동으로 지원의 방식에 합의하고 불가피할 경우에 자신들 간의 조정을 통해 가장 효율적인 방식으로 이러한 원조와 지지를 할 수 있다.

4. 영국과 프랑스, 소련 3국은 상호 원조 및 지지에 관한 자신들의 의무를 이행할 상황이 발생할 경우, 그 즉시 발생한 정세를 협의한다. 그러한 협의의 방법과 대상은 곧 3국 정부 사이에서 향후 논의의 대상으로 될 것이다.

5. 영국과 프랑스, 소련 3국은 앞서 기술된 경우에 원조와 지지를 하는 것이 다른 강대국의 권리와 입장에 손실을 주어서는 안 된다는 것을 약정한다.

6. 영국과 프랑스, 소련 3국은 상기의 제1조 1항과 2항에 열거된 자신들의 모든 의무의 조건을 서로에게 알린다. 만일 3국 가운데 어느 한 나라가 장차 유사한 의무의 승인 가능성을 예상한다면, 그 나라는 사전에 다른 두 나라와 협의하고 그 결과 승인된 모든 의무의 조건을 다른 두 나라에 알린다.

7. 이 협정은 체결된 순간부터 5년간 효력을 가진다. 기간 만료 6개월 이내에 3국 정부는 공동으로 수정하거나 수정 없이 협정을 연장할 것인지를 논의한다.[54]

---

54) док. 380, *Год Кризиса*, т. 1, 512-3쪽.(강조는 필자의 것임.)

  이와 같은 영국과 프랑스 측 제안의 핵심은 다음과 같이 정리될 수 있다. 첫째, 3국간에 체결될 상호 원조 조약은 국제연맹의 원칙과 지원 절차에 따라야 한다. 둘째, 침략 위협을 받고 있는 나라들이 원조를 요청했을 때에만, 협상 3국은 그들을 지원할 수 있고, 그러한 지원도 다른 국가의 권리와 입장에 해를 끼쳐서는 안 된다. 셋째, 구체적으로 어떤 나라들이 대독일 동맹에 포함될 것인지 하는 것이 분명히 명시되지 않았다. 넷째, 협상 3국간의 조약은 침략 위협을 둘러싼 협상 3국간의 협의를 주 내용으로 하는 정치 협정이다.

  하지만 소련 측은 이러한 제안에 대해 불만을 표출하였다. 소련이 문제로 삼은 내용은 아래와 같다. 첫째, 국제연맹에 관한 언급이다. 국제연맹의 지원 절차는 복잡할 뿐만 아니라, 장기간의 협의를 거쳐야 한다. 그럴 경우 침략 당한 국가에 대한 지원이 즉시 이루어지지 않고 국제연맹의 심의 이후에 제공될 것이며, 그러한 심의의 결과가 어떻게 될 것인지를 아무도 알 수 없는 것이다. 그러므로 이러한 조약은 "휴지조각이나 다름없는" 조약이 될 것이다.[55] 그와 동시에 소련은 국제연맹을 언급함으로써 영국과 프랑스가 자신들의 구속 의무에서 벗어나려 한다고 의심하였다.[56] 둘째로는 협정안의 제5조에 담긴 "다른 국가의 권리와 입장"에 대한 언급이다. 소련은 영국과 프랑스가 "다른 국가"를 구체적으로 명시하지 않았기 때문에 "다른 국가"에 침략국도 포함시켜 해석될 수 있는 오해의 소지가 있다고 주장하였다.[57] 셋째 소련은 군사적 지원의 형식과 규모를 협의한다는 데에 불만을 표시하였다. 구체적인 약속이 없기 때문에 그러한 조약은 전

---

55) Roberts, *The Unholy Alliance*, 135쪽.

56) Prazmowska, *Britain, Poland and the Eastern Front*, 140쪽을 참고할 것.

57) Bartel, *Frankreich und die Sowjetunion*, 195쪽.

혀 효율적이지 않다. 그래서 소련은 영국과 프랑스의 협정안이 너무 애매하고 끝없는 협상을 전제로 한다고 생각하였다.[58]

그래서 소련은 6월 2일에 새로운 협정안을 제시하였다. 그 내용은 아래와 같다.

영국과 프랑스, 소련 정부는 국제연맹이 채택한 침략에 대한 상호 원조 원칙을 효율적으로 적용하기 위해 다음의 협정에 도달할 것이다.

1. 1) 유럽의 어떤 강대국이 영국과 프랑스, 소련을 직접 침략하거나, 2) 유럽의 어느 한 강대국이 벨기에나 그리스, 터키, 루마니아, 폴란드, 라트비아, 에스토니아, 핀란드를 침략했을 때, 혹은 3) 이들 국가가 자국의 중립 침해에 저항하기 위해 영국, 프랑스, 소련 중 어느 한 국가에 원조를 요청하고 그 결과로 3국 중 어느 한 나라가 유럽의 어느 강대국과 전쟁에 돌입한다면, 영국, 프랑스, 소련 3국은 이들 국가를 침략으로부터 방어하기로 한 약속에 따라 서로에 대해 그 즉시 가능한 모든 방면의 지원을 해야 한다.

2. 영국과 프랑스, 소련 3국은 가장 짧은 시일 안에 협정의 제1조를 근거로 하여 자신들이 해야 할 군사적 원조의 방법과 형식, 규모에 관해 협상한다.

3. 영국과 프랑스, 소련 3국 가운데 어느 한 나라가 유럽의 어떤 강대국 측이 다른 나라에 대한 침략 위협을 조성하였다고 판단했을 경우, 3국은 즉시 정세를 파악하며 불가피할 경우 국제연맹의 논의 절차에 상관없이 즉시 상호 원조 체계의 운영과 적용 방식을 공동으로 제정하기 위해 협의한다.

4. 영국과 프랑스, 소련 3국은 유럽 국가에 대한 관계에서 협정의 제1조에 규정된 의무의 정신에 따라 자신의 모든 의무 계획안을 서로에게 알린다. 이들 가운데 한 나라가 장차 그러한 특성의 새로운 의무를 승인할 가능성이 있다면, 그 나라는 사전에 이것을 다른 두 국가와 협의하고 그들에 의해 승인된 협정의 내용을 알린다.

5. 영국과 프랑스, 소련 3국은 제1조를 근거로 하여 침략에 대항한 공동 활동을 시작할 경우에, 현재의 협정에 따라서만 휴전이나 강화를 체결할 것을 약속한다.

6. 현재의 조약은 제2조가 결정적으로 효력을 발휘해야 하는 협정과 동

---

58) Сиполс, *Дипломатическая Борьба*, 323쪽.

시에 효력을 갖게 된다.

　7. 현재의 조약은 체결로부터 5년간 효력을 가진다. 이 기간의 만료 이전 6 개월 내에 3국은 수정 또는 수정 없이 조약을 갱신할 것인지를 논의한다.[59]

　소련 측 제안은 다음과 같은 내용을 담고 있다. 첫째, 위협이 발 생했을 때, 국제연맹의 규약과 상관없이, 그 즉시 협상 3국은 침략 에 단호히 대처한다. 둘째, 독일의 위협을 받고 있는 동부 및 중부 유럽의 모든 나라들도 현 조약에 포함시킨다. 셋째, 3국간의 조약에 는 단순한 협의를 주로 하는 정치 협정뿐만 아니라, 이 협정의 효력 을 증대시킬 수 있는 군사 협정도 동시에 포함된다. 이와 같은 소련 측 협정안에 따르면, 3국간에 체결될 조약은 상세하고 구체적인 정 치·군사 협정이 될 것이며, 3국은 모든 조약상의 의무에 완전히 책 임지게 될 것이다. 영국과 프랑스가 마지노선과 도버해협을 방패로 삼고 있는 동안 폴란드와 루마니아, 발트해 연안국이 혹시라도 독일 편으로 될 경우, 소련 단독으로 독일 군에 대적해야 한다는 공포감 을 완전히 해소시키고자 한 것이었다.[60]

　양측이 제시한 협정안을 비교해보았을 때, 영국은 영국과 프랑스, 소련 3국간의 독일에 대한 외교적 시위를 염두에 두고 있던 반면, 소련은 동유럽 국가들을 포함한 영국과 프랑스, 소련 간의 포괄적이 고 구체적인 대독일 집단 안보를 주창하였다는 점이 드러난다. 이러 한 차이는 이후 협상에서 발트해 연안국에 대한 보장과 이중 협정 의 체결을 둘러싼 양측의 갈등을 예고한 것이었다. 그럼에도 불구하 고, 이와 같은 협정안을 토대로 영국과 프랑스, 소련은 6월 15일부

---

59) док. 387, *Год Кризиса*, т. 2, 5-6쪽.

60) H. Bartel, *Frankreich und die Sowjetunion*, 196쪽.

터 모스크바에서 협상을 시작하였다. 영국은 스트랭(W. Strang)을 파견하여 주소 자국 대사 시즈를 돕도록 하였다.[61] 프랑스 대표는 주소 프랑스 대사 나기에르(P. E. Naggier)였다. 소련 측에서는 몰로토프가 나섰다.

2) 발트해 연안국의 영토 보장 문제를 둘러싼 논쟁

마침내 협상이 시작되었다. 영국과 프랑스, 그리고 소련은 협상의 벽두부터 동유럽 보장 문제를 둘러싸고 치열한 공방을 계속하였다. 핵심은 독일이 동유럽을 침공할 경우 협상 3국이 어떠한 나라들의 영토를 보장해야 하는가에 있었다.

소련 측의 입장은 이미 제시되어 있었다. 위에 소개한 6월 2일자 협상안 제1조 "1항에서 3항에 이르는 내용"[62]에 따르면, 영국과 프

---

61) 몰로토프는 6월 초에 영국 외무장관 핼리팩스가 모스크바로 와서 교섭하도록 제안하였다. 핼리팩스 경은 거절하였다. 핼리팩스는 6월 8일 마이스키에게 말하기를, 자기가 모스크바로 가야 한다고 수상에게 말하려고 생각했지만, '실제로 런던을 떠나기란 불가능하였다'고 말하였다. 마이스키는 6월 12일 스트랭이 출발한 뒤 핼리팩스에게 '사태가 좀 평온할 때' 외무장관이 모스크바로 간다는 것은 좋은 생각으로 느낀다고 하였다. 그러나 핼리팩스는 다시 '현재의 상태로 보아' 런던을 떠날 수는 없다고 강조하였다. 어쨌든 전 외무장관인 안소니 이든은 핼리팩스 대신 가겠다고 했으나 체임벌린은 그것을 받아들이지 않았다. 그 대신 외무부의 유능한 직업 외교관이며 전에 모스크바에서 근무한 적이 있고 러시아어도 잘하지만 자국 내에서나 국외에서나 그 이름이 알려지지 않은 스트랭을 파견하기로 결정하였다. 이러한 관리를 이처럼 중요한 사절단의 단장으로 임명하여 몰로토프나 스탈린과 직접 교섭을 시키려 한 것은 소련 측이 후에 말한 것처럼 체임벌린이 히틀러를 막기 위한 동맹을 결성하는 일에 열의를 갖고 있지 않다는 하나의 증거였다. 핼리팩스의 모스크바에 출현은 확실히 커다란 대중적 영향을 미칠 수 있을 것이고 몇몇 중요한 문제를 해결할 수 있었을 것이다.(샤이러, 앞의 책, 제2권, 365-6쪽.)

62) док. 387. *Год Кризиса*, т. 2, 5쪽.

랑스, 소련 3국은 자국이 직접 침략을 당했을 경우는 물론이고 3국의 주변 국가가 침략을 당하고 그 결과 3국의 안보가 간접적으로 위협받을 경우에도 가능한 모든 지원을 하도록 되어 있었다. 따라서 소련의 인접국인 발트해 연안국은 자동적으로 3국의 지원 대상에 포함되어 있었다.

그런데 영국은 처음부터 소련 측의 발트해 연안국에 대한 보장 제의를 달갑지 않게 받아들였다.63) 사실 소련의 요구를 받아들인다면, 발트해 연안국이 소련의 영향권에 편입될 염려도 있었다. 영국은 이것을 원하지 않았다. 영국의 이와 같은 입장에서 볼 때, 발트해 연안국을 보장해야 할 이유가 없었던 것이다.

영국과 프랑스는 협상 첫날 그 같은 주장이 담긴 안을 제시하였다. 제1조 제1항은 소련의 안과 사실상 같은 내용을 담고 있었다. "영국과 프랑스, 소련은 유럽의 어떤 강대국이 3국 가운데 어느 한 나라를 침략했을 경우" 그 즉시 가능한 모든 지원을 이행한다. 그러나 동유럽 국가에 대한 보장 부분을 다루는 제2항과 제3항에서 영국과 프랑스의 안은 소련의 안과 많은 차이를 보이고 있다. 영국, 프랑스, 소련은 "유럽의 어떤 강대국이" 자신들이 지원하기로 약속한 유럽 국가를 침략했을 경우 "그 국가의 요청에 따라 그러한 침략에 맞서 즉시 가능하고 적절한 지지와 원조를 보내야 한다(제1조 제2항)." 또한 영국, 프랑스, 소련은, "제3조에 규정된 상호 협의의 결과에 따라 유럽의 어떤 강대국의 활동이 다른 유럽 국가의 독립이나 중립을 위협하고, 또 그 결과로 협상 3국의 안보가 위협받는다고 판단될 경우(제1조 제3항), 상호간에 즉시 모든 가능하고 적절한

---

63) Арумяе(ред), *От Пакта Молотова-Риббентропа*, 38쪽.

지지와 원조를 약속한다."[64]

이와 같은 영국과 프랑스 측의 안을 보면 상호 원조의 유형은 다음과 같은 세 가지로 나뉘어 있다. 첫째는 영국과 프랑스, 소련이 직접적인 침략을 당했을 경우이다. 둘째는 영국과 프랑스, 소련의 보장을 수용한 국가가 침략을 당했을 경우에 해당한다. 셋째는 영국과 프랑스, 소련의 안보가 간접적으로 위협받을 경우, 다시 말해 영국과 프랑스, 소련의 보장을 수용하지 않은 국가가 침략을 받았을 경우이다.

첫째는 소련 측 안과 일치한다. 하지만 나머지 두 개의 사례는 소련 측의 안과 다르다. 영국과 프랑스는 동유럽 국가에 대한 보장 문제를 두 가지로 나누어 놓았다. 영국과 프랑스, 소련은 자신들의 보장을 받아들인 나라에 즉각 지지와 지원을 한다. 즉 상호 지지와 원조는 이들 나라에 자동적으로 이루어진다. 하지만 영국과 프랑스, 소련의 보장을 거부한 나라에 대해서는 지지와 지원은 협의의 대상이다. 이 마지막의 경우가 바로 발트해 연안국에 해당한다. 영국과 프랑스가 보장받을 국가를 이와 같이 분류한 것은 해당 국가의 입장을 고려했기 때문이라고 한다. 그들은 핀란드와 에스토니아, 라트비아가 보장을 원하지 않는다고 주장하였다.[65] 그래서 영국과 프랑

---

64) док. 404, *Год Кризиса*, т. 2, 31쪽.

65) 사실 영국의 주장과 달리 발트해 연안국이 소련과의 동맹을 거부한 이유는 독일 측의 압력 때문이었다. 이것은 6월 26일에 핼리팩스와 브뤼셀 주재 라트비아 대사 간의 인터뷰를 통해 확인된 바 있다. 라트비아 대사는 "영국과 프랑스, 소련 3국간에 발트해 연안국에 대한 보장 문제가 합의된다면, 발트해 연안국은 3국의 보장에 대한 러시아의 제안에 더 이상 반대하지 않을 수도 있다. 라트비아는 3국간의 그러한 보장에 반대하라는 독일의 압력을 받았다. 라트비아는 침략적인 독일에 대한 두려움을 가지고 있다"는 사실을 토로하였다.(D. Kirby, 앞의 글, 71쪽.)

스는 이들 나라가 보장을 받아들일 경우라는 조건을 달아 소련의 제의를 받아 들였다. 이것은 사실상 발트해 연안국을 보장받을 국가에 포함시키자는 소련의 제안을 거부한 것이나 마찬가지였다.[66]

소련 정부의 입장에서 볼 때, 이와 같은 영국과 프랑스 측의 제안은 아주 불공정한 것이었다. 몰로토프는 마이스키와 수리츠에게 다음과 같이 타전하였다. "영국과 프랑스가 우리에게 자신들의 보장을 받아들인 폴란드와 루마니아, 벨기에, 그리스, 그리고 터키 등 5개국을 직접 지원하도록 요구하였다. 하지만 영국과 프랑스는 발트해 연안국이 그러한 원조를 받아들이지 않았기 때문에 이들 나라에 대한 자신들의 지원을 거부하였다. 이것은 영국과 프랑스가 소련에게 모욕을 안겨준 것이고 공정하지 않은 지위로 몰아넣은 것을 의미한다. …… 우리는 영국과 프랑스가 자국에 유리하고 우리에게 불리한 조약을 우리와 체결하려 한다고 느끼지 않을 수 없다. 결국 영국과 프랑스는 상호 동등한 의무 원리에 기초한 진지한 조약을 원하지 않는다. 우리는 그러한 조약을 수용할 수 없다고 분명히 밝힐 수밖에 없다."[67]

소련은 6월 15일자 영국과 프랑스의 협정안에 답변하면서 집단안보에 불가결한 유럽의 방어를 위해 공정하게 모든 유럽 국가를 보장하거나 그렇지 않으면 그 어떤 나라도 보장하지 말아야 한다고 요구하였다. 그러면서 소련 정부는 아래와 같은 수정안을 내놓았다.

영국과 프랑스가 에스토니아와 라트비아, 핀란드를 지원하지 않는다고 선언한 상황에서, 소련 정부는 폴란드와 루마니아, 벨기에, 그리스, 터키에 대한 원조에 참여할 수 없다. 그에 따라 소련 정부

---

66) док. 330, *СССР в Борьбе за Мир*, 452쪽.

67) док. 407, *Год Кризиса*, т. 2, 33쪽.

는 첫 번째 소련 정부안의 제3조에 거론된 문제와 마찬가지로 위에 언급된 8개국에 대한 3국의 보장 문제에 관한 논의를 연기해야 하고, 첫 번째 소련 정부안의 제1조의 제2, 3항을 협정안에서 제외시켜야 함을 인정할 수밖에 없다. 이 경우에 제1조에는 영국과 프랑스, 소련의 상호 원조 의무가 협상 3국의 모든 영토에 대한 침략국의 직접적인 침략의 경우에만 효력을 갖게 된다는 제1항만이 포함될 것이다. 그러나 영국과 프랑스, 소련은 자신들 가운데 어느 한 나라가 앞으로 체결될 3국간의 협정에 참여하지 않았지만 침략의 위협을 받고 있는 제3국을 지원하면서 전쟁에 휩싸였을 때, 상호 원조 조약을 확대 적용시키지 않는다.[68]

이것이 이른바 '단순한 3국 조약'이다. 이 수정안에 따르면, 소련은 폴란드나 루마니아에 간섭할 수 없고 영국과 프랑스는 발트해 연안국이 독일의 침략을 당할 경우, 이 지역에 간섭할 수 없게 된다. 이로써 소련은 영국의 입장을 고려하여 논란이 된 발트해 연안국에 대한 보장 문제를 스스로 철회했고 가능한 한 신속히 상호 원조 조약에 관한 3국의 협정을 체결하자고 촉구하였다.[69]

영국의 요구대로 발트해 연안국의 보장 문제가 배제되었지만, 영국의 입장은 더욱 난처해졌다. 왜냐하면 '단순한 3국 조약'은 영국이 원하던 폴란드와 루마니아, 그리스에 대한 소련의 일방적인 지원도 제외시킨 것이기 때문이다. 그렇다고 해서 영국은 소련이 제안한 '단순한 3국 조약'안을 거부할 명분도 없었다. 이러한 영국의 당혹스러움은 소련의 제의에 대한 내부적 논의 과정에서도 밝혀졌다. 1939

---

68) 같은 책, т. 2, 33-4쪽.

69) "Примечания. 126," 같은 책, т. 2, 398쪽.

년 6월 20일에 6월 16일자 소련의 '단순한 3국 조약' 제의에 관한 외교정책 위원회 회의의 논의 과정에서 내무장관 호어(Hoare) 경은, 몰로토프의 단순한 3국 조약 제의를 거절한다면, "우리의 진실이 의심받을 것이다. 왜냐하면 소련의 제의가 전 세계 여론으로부터 좋은 평가를 받았고 우리에게는 그 어떤 협정보다 훨씬 위험스럽지 않고 거리낄 것이 없기 때문"[70]이라고 지적하였다.

영국은 재차 직접적인 침략에 국한한 '단순한 3국 조약'을 체결할 것인가 아니면 발트해 연안국을 포함한 동유럽 국가의 영토 보장을 규정한 '확대된 협정'을 체결할 것인가의 문제를 둘러싸고 논란에 휩싸였다. '단순한 3국 조약'을 체결한다 해도, 영국은 폴란드와 루마니아, 그리스에 대한 자신의 보장 선언에 따라 이들과 같은 운명에 놓일 것이기 때문이다. 침략국이 이들 가운데 한 나라를 침략했을 때, 영국은 그러한 군사적 충돌에 가담할 수밖에 없다. 그렇게 되면 영국은 그렇게 원하지 않은 전쟁에 이끌려 들어갈 것이다. 이러한 위험이 따르기 때문에 영국은 소련이 제의한 '단순한 3국 조약'을 받아들일 수 없었다. 하지만 영국은 발트해 연안국의 영토 보장을 받아들일 의사가 있는 것도 아니었다. 그래서 체임벌린은 지원받을 국가를 안심시키는 수단으로서 '침략에 맞서 발트해 연안국의 독립과 중립을 유지시킨다'는 내용을 협정의 제1항에 포함시키자고 하였다가, 만일 소련 측이 발트해 연안국을 계속 거론한다면, 네덜란드와 스위스도 보장받을 국가의 목록에 포함시켜야 한다고 우왕좌왕하였다.[71] 이와 같은 내부적 논란 끝에 영국은 '단순한 3국 조약'의 제안을 거부하였다. 소련이 제의한 '단순한 3국 조약' 안을 거

---

70) Панкрашова, 앞의 글, 29쪽.

71) Kirby, 앞의 글, 71쪽.

부하긴 했지만, 영국은 발트해 연안국의 보장 문제에 명확한 입장을 취하지 않고 시간만 허비하고 있었다.

이와 같은 영국의 태도는 오히려 소련의 불신만을 조장하였다. 소련 내부에서는 영국이 과연 협상의 신속한 마무리와 협정의 체결에 관심을 가지고 있는지, 나아가 소련을 지원할 의사를 지니고 있는지의 여부를 놓고 수많은 의혹이 제기되었다. 영국과 프랑스의 협상 태도에 대한 소련 정부의 공식적인 논평은 나오지 않았다. 이러한 상황에서 6월 29일자 프라브다 지상에는 영국과 프랑스의 협상 태도를 비판한 사설이 실렸다. '영국과 프랑스는 소련과의 동등한 협정을 원하지 않는다'는 제목의 이 사설은 즈다노프(А. Жданов)[72]가 쓴 것이었다. 그것에 따르면, "영국과 프랑스의 바램은 소련이 고용 노동자의 역할을 떠맡는 조약을 체결하는 것이다. 자존심 있는 국가라면 자신들을 위해 다른 사람의 손으로(화덕에서) 불씨를 긁어내도록 하는 데 익숙한 사람들의 손에 쥐어진 장난감 신세로 전락하길 원한다면 몰라도, 결코 그러한 조약을 받아들일 수 없을 것이다."[73]

이 사설이 발표되자, 영국과 프랑스는 소련의 내부적 분위기를 감지할 수 있었다. 영국과 프랑스는 더 이상 협상을 방기할 수 없었다. 계속 시간을 허비하고 있을 경우, 협상의 결렬에 대한 모든 책임은 영국과 프랑스로 떠넘겨질 것이기 때문이다.[74]

7월 1일에 영국과 프랑스는 소련의 요구에 대응하였다. 그들은 지원 보장을 원하지 않는 국가에 대한 3국의 지원 보장 약속이 비밀 의정서에서 합의될 것이라고 제안하였다. 그들이 제시한 협정안은

---

72) 즈다노프는 레닌그라드 당서기이자 최고 소비에트회의 외무위원회 의장이었다.

73) док. 355, *СССР в Борьбе за Мир*, 475쪽.

74) *1939 год*, 302쪽.

다음과 같다.

> 영국과 프랑스, 소련은 어떤 유럽 강대국이 3국 중 한 나라를 침략하거나, 혹은 협상 3국 중 한 나라가 어떤 다른 유럽 국가의 독립과 중립을 침략으로부터 반드시 방어해야 한다고 간주한 나라를 침략한 결과 어떤 유럽 강대국과 군사적 충돌에 빠질 경우 상호간에 모든 즉각적이고 효율적인 원조를 약속한다. 현재의 조항에 규정된 원조는 국제연맹의 원칙에 따르지만, 필요하다면 국제연맹의 절차나 국제연맹이 활동할 때를 기다리지 않고 주어질 것이다.(제1조)
>
> 3국은 다음의 사실을 확약한다. 현재 3국에 의해 서명될 조약의 제1조는 에스토니아, 핀란드, 라트비아, 폴란드, 루마니아, 터키, 그리스, 벨기에, 룩셈부르크, 네덜란드, 스위스 등 유럽 국가들에게 적용되어야 한다. 협상 3국 간의 협정에 따라 위에 나열된 국가의 명단은 재검토될 수 있다. 현재의 추가[75] 협정은 공개되지 않는다(비공개 협정안).[76]

이와 같이 영국과 프랑스는 보장받을 국가의 명단을 비공개 협정안에 제시하였다. 그리고 그들은 네덜란드와 스위스, 룩셈부르크에 대한 보장을 고수하였다. 영국과 프랑스는 벨기에뿐만 아니라, 네덜란드에 대한 독일의 침략도 두려워하였다. 그래서 그들은 발트해 연안국을 보장하는 데 동의하는 대신 네덜란드와 스위스 등에 대한 추가 보장을 소련으로부터 얻어낼 생각이었다.[77] 이처럼 영국과 프랑스는 또 다시 조건을 달아 소련의 요구에 대응하였다.

소련은 이에 대해 7월 3일자 계획안으로 대응하였다. 7월 3일 오후 4시에 몰로토프는 영국과 프랑스 대사를 자신의 집무실로 불러 7월 1일자 영국과 프랑스의 제안에 대한 자국 정부의 답변을 전달

---

75) 영국 문서에는 '추가'라는 용어가 빠져 있다.(док. 453, *Год Кризиса*, т. 2, 76쪽.)

76) док. 453, 같은 책, т. 2, 75-6쪽.

77) Панкрашова, 앞의 글, 29-30쪽을 참고할 것.

하였다. 소련 측의 안은 아래와 같다.

제1조

1항. 영국과 프랑스, 소련은 어떤 다른 국가가 이들 가운데 한 나라를 침략할 경우 상호간에 모든 즉각적이고 효율적인 지원을 해야 한다.

2항. 영국과 프랑스, 소련은 어떤 다른 국가가 3국의 지원을 받게 될 다른 유럽 국가의 독립이나 중립을 직접적으로나 간접적으로 침해한 결과로서 3국 가운데 한 나라가 어떤 다른 국가와 군사적 갈등에 휩싸일 경우, 3국은 상호간에 모든 즉각적이고 효율적인 지원을 약속한다. 현재의 조항이 규정한 지원은 국제연맹의 원칙에 따라 이루어질 것이지만, 반드시 국제연맹의 절차에 따르거나 국제연맹의 활동을 기다리지 않고 이루어질 수 있다.

제3조 안: 제1조에 따른 즉각적인 원조에 지장을 주지 않고 보다 개선된 원조 준비를 확보한다는 차원에서, 협상 3국 정부는 정기적으로 서로 서로에게 국제 정세에 관한 정보를 제공하고 평화의 대의에 입각하여 상호 외교적 지지 방식을 정한다. 그리고 제1조에 규정된 상호 원조 의무의 실행에 위협을 가하는 상황이 발생할 경우, 협상 3국 정부는 이들 가운데 한 나라의 요구에 따라 즉시 정세를 논하고 상호 원조 기구의 즉각적인 실행과 국제연맹의 절차가 어쨌든 간에 상관없이 공동으로 다음 행동의 이행 시기를 정한다.

의정서안: 협상 3국 정부 간에 다음의 내용을 약정한다. 협상 3국에 의해 서명된 조약의 제1조는 직접적인 침략뿐만 아니라 침략 위협 속에서 정책의 전환이나 내부적 격변을 초래할 수 있는 간접적인 침략의 경우에도 에스토니아와 핀란드, 라트비아, 폴란드, 루마니아, 터키, 그리스, 벨기에 등에 적용되어야 한다. 협상 3국 정부 간의 협정에 따라 위에 열거된 목록은 재검토 될 수 있다. 상기의 추가 협정은 공개되지 않는다.[78]

영국과 프랑스는 비록 자신들이 주창한 네덜란드와 스위스, 룩셈부르크가 제외되었지만, 이러한 소련 측 안에 양보할 준비를 하였다. 왜냐하면 영국과 프랑스는 폴란드와 루마니아의 방어라는 자신들의 근본 목적이 소련 측의 이러한 제안을 통해 달성될 수 있다고

---

78) док. 458, *Год Кризиса*, т. 2, 80-1쪽.

생각했기 때문이었다.[79] 하지만 7월 3일자 소련 측 제안의 '의정서안'에 포함된 '간접 침략'이 또다시 문제가 되었다.

3) '간접 침략'의 개념 규정을 둘러싼 논란

'간접 침략'이라는 용어가 처음 등장한 것은 7월 3일이었다. 이날 소련은 새로운 제안을 내놓았는데, 그 일부를 구성하는 '의정서안'에 이 표현이 들어 있었다. 그 내용은 아래와 같다.

> 의정서안: 협상 3국간에 다음의 내용을 약정한다. 협상 3국에 의해 서명된 조약의 제1조는 직접적인 침략뿐만 아니라 침략 위협 속에서 정책의 전환이나 내부적 격변을 초래할 수 있는 간접적인 침략의 경우에도 에스토니아와 핀란드, 라트비아, 폴란드, 루마니아, 터키, 그리스, 벨기에 등에 적용되어야 한다.[80]

소련이 '간접 침략'이라는 용어를 사용하게 된 것은 오스트리아와 체코슬로바키아의 사태에서 얻은 경험 때문이었다. 독일의 오스트리아와 체코슬로바키아 침공은 다양한 단계와 유형을 통해 이루어졌다. 특히 소련은 체코슬로바키아에서 일어난 것처럼 위협의 수단으로 무력을 동원하거나 혹은 어떤 국가가 다른 국가의 무력 위협으로 자국의 주권을 포기하거나 하는 문제를 명확히 해결해야 하였다.[81] 따라서 소련은 협상 3국이 지원 보장을 받게 될 임의의 국가가 군사적 침략 이외에도 침략국의 간접적인 압력에 처할 수 있다

---

79) Bartel, *Frankreich und die Sowjetunion*, 219쪽.

80) док. 458, *Год Кризиса*, т. 2, 80-1쪽. 강조는 필자가 한 것임.

81) Pätzold & Rosenfeld (Hrsg.), *Sowjetstern und Hakenkreuz*, 36쪽.

는 실질적 가능성을 고려해야 한다고 보았던 것이다.

하지만 소련의 생각과 달리, 영국과 프랑스는 이 문제에 반발하였다. 특히 영국에게 있어서 이러한 요구는 충격과도 같았다.[82] 소련이 이러한 용어를 활용해 발트해 연안국에 대한 지배를 강화하려 할 것이기 때문이다. 그래서 영국은 소련의 요구를 거부하고 협상을 중단할 준비를 하였다.[83] 하지만 어떤 식으로든지 협상을 포기할 수 없다는 프랑스 측의 압력이 있자,[84] 영국은 '간접 침략'을 규정하는 문제에 원칙적으로 동의하였다. 7월 8일에 영국과 프랑스는 새로운 계획안을 제시하였다. 그 내용은 다음과 같다.

> 협상 3국 정부는 자신들에 의해 서명된 협정의 제1조가 다음의 유럽 국가들에게 적용되고, 특히 '간접 침략'의 단어가 아래의 의미로 쓰이게 해야 한다. 즉 어떤 한 나라가 다른 나라의 위협 속에서 스스로 그 나라에 자국의 영토나 군대를 이용할 수 있게 하고 그로 인해 스스로 자신의 독립이나 중립을 위반했을 경우, 상기의 개념은 적용될 수 있다.[85]

영국과 프랑스는 '어느 한 나라의 내부 문제'를 '간접 침략'의 규정 속에 포함시키지 않았다. 즉 어떤 강대국의 침략 위협 속에서 어떤 한 국가에서 내부적 격변이 일어나거나 그로 인해 정책의 전환이 일어나는 것을 '간접 침략'의 개념에 포함시키지 않았던 것이다.

영국과 프랑스가 이와 같이 '간접 침략'을 규정한 것은 그들의 정책에 비추어 볼 때 예측할 수 없었던 것은 아니었다. 영국은 가급적

---

82) Weber, *Die Entstehungsgeschichte*, 205쪽.

83) 그 당시 협상에 참여했던 스트랭은 '간접 침략'을 정의하는 문제가 우리의 논의에 있어서 중심이었다고 회고한 바 있다.(Rosenfeld, 앞의 글, 44쪽.)

84) Weber, *Die Entstehungsgeschichte*, 203쪽.

85) док. 465, *Год Кризиса*, т. 2, 89쪽. 강조는 필자가 한 것임.

개입 없이 동유럽의 국가들이 스스로 대화와 조정을 통해 위기를 해결할 수 있도록 유도하고자 했기 때문이다.[86] 그러나 영국과 프랑스가 소련 측의 '간접 침략' 규정을 수용하지 않은 보다 근본적인 이유는 다른 데 있었다. 그들은 소련이 이러한 규정을 통해 이 지역에 대한 영향력을 늘려 가는 것을 원하지 않았다. 그런데 소련 측의 정의는 모든 나라가 각자 나름대로 해석할 소지가 있을 정도로 분명하지 않고 광범위하였다. 자칫 잘못하면, 소련이 독일의 실질적인 위협이 없는 데도 불구하고 핀란드나 발트해 연안국에 간섭할 수 있는 빌미를 줄 수 있었다.[87]

영국과 프랑스가 자신들의 안을 제시하자, 소련은 더욱 완강한 입장을 취하였다. 7월 9일에 소련은 '간접 침략'을 새로이 규정하였다. 그 내용은 다음과 같다.

> 어떤 한 나라가 다른 강대국 측의 위협을 통해서 혹은 그러한 위협이 없더라도 소련에 대항하거나 협상 3국 가운데 한 나라에 대한 다른 강대국 측의 침략을 이롭게 하기 위해 자신의 영토나 군사력을 이용하는 데 합의한 결과로 자신의 독립을 상실하거나 중립을 침해하는 활동은 간접 침략으로 규정된다.[88]

이와 같은 규정에 따르면, 임의의 국가가 아무런 위협 없이 우호적으로 자국의 영토와 자원을 침략국에게 제공하는 것도 '간접 침략'의 개념에 포함된다.[89] 따라서 그 용어가 의미하는 바는 첫 번째

---

86) Niedhart, *Großbritannien und die Sowjetunion*, 225쪽.

87) 샤이러, 앞의 책, 제2권, 376쪽.

88) док. 467, *Год Кризиса*, т. 2, 90쪽. 강조는 필자가 한 것임.

89) Арумяе(ред), *От Пакта Молотова-Риббентропа*, 39-40쪽.

116

안보다 더욱 확대되었다.

물론 소련이 이와 같이 '간접 침략'을 정확히 규정한 이유는, 만일 독일이 제공받은 지역에 군사 기지를 설치하거나 군대를 주둔시킨다면, 이들 나라와 국경을 접하고 있는 레닌그라드나 스몰렌스크와 같은 주요 도시는 무방비 상태에 놓일 것이기 때문이다.[90] 이러한 우려는 발트해 연안국이 스스로 독일에 의존하려고 하자 더욱 증대되었다. 발트해 연안국의 친독일적 태도가 발트해 연안국과 핀란드 전체를 독일 군의 진군 지역으로 전환될 수 있다는 공포감을 더욱 증폭시켰기 때문이다.[91] 그리고 이러한 제안에서 소련이 염두에 둔 것은 발트해 연안국이나 또는 루마니아에서 독자적인 파시스트 쿠데타라는 매우 실질적인 위험이었다.[92] 이는 소련에 대한 군사적 공격의 서곡이랄 수 있는 것이었다. 그래서 소련은 위협 속에서나 위협 없이 어떤 한 국가에서 일어나는 내부적 격변이나 정책 전환을 '간접 침략'으로 규정하면서 영국과 프랑스에게 발트해 연안 지역에서 독일의 영향력을 차단하기 위한 방어적 공동 행동을 취하자는 제안을 한 것이었다.[93]

그 당시에 소련의 이러한 전략적 사고를 인정한 사람들도 있었다. 그들은 주로 영국과 프랑스 내부에서 소련과의 동맹을 확보하도록 압력을 행사한 처칠과 로이드 조지와 같은 사람들이었다.[94] 그러나

---

90) P. H. 비거, 『소련의 전쟁관·평화관·중립관』, 권인태·이민룡 역(형성사, 1984), 244쪽.

91) B. Я. Сиполс, *Внешняя Политика Советского Союза 1933-1935* (Москва, 1989), 333쪽.

92) 그리고 실제로 소련이 우려한 파시스트 쿠데타는 향후 1940-41년에 불가리아와 루마니아에서도 일어난다.(Roberts, *The Unholy Alliance*, 138-9쪽.)

93) Fleischhauer, "Die Sowjetische Außenpolitik," 26쪽.

94) 같은 글, 같은 곳.

이들의 견해와 달리 그 당시 영국과 프랑스 지도부는 소련의 입장을 고려하지 않았다. 이 문제에 동의한다면, 영국과 프랑스가 소련에게 발트해 연안국의 국내 문제에 대한 원치 않는 개입을 허용할 것이기 때문이다.[95] 그리고 영국과 프랑스의 주장처럼, 이러한 규정이 애매하거나 제3국의 의사와 상관없이 확대 적용될 소지가 있었던 것도 사실이다. 예를 들자면, 라트비아에서 전체주의적인 우익 정권이 수립된다면, 이러한 정의를 통해 소련은 라트비아에 간섭할 수 있는 것이다.[96] 그러나 보다 중요한 이유는 소련이 자신의 '간접 침략의 정의'를 들이대며 발트해 연안국에서 행동한다면, 결과적으로 영국이 독일과 싸울 수밖에 없다는 우려에 있었다. 영국이 어떤 다른 국가에 의해 전쟁에 이끌려 들어갈 수 있는 가능성을 열어두는 일은 특히 히틀러와의 타협을 확보한다는 희망을 갖고 있는 한 런던에서 승인될 수 없는 것이었다.[97] 따라서 영국과 프랑스는 '간접 침략'을 규정하는 문제를 빌미로 삼아 협상을 지연시키거나 중단시키려고까지 하였다.[98]

그러나 소련은 '간접 침략'을 규정하는 문제를 둘러싼 남아있는 어려운 점이 나중에 해결될 수 있다면 정치 협정으로 다소간 만족할 수 있다고 암시했고 즉시 군사 회담을 시작하자고 하였다. 군사 협정이 성공리에 체결된다면, 정치 협정의 공식화는 부차적이고 기술적인 문제가 된다는 것이다.[99] 다시 말해 소련은 정치 협정과 군

---

95) Арумяе(ред), *От Пакта Молотова-Риббентропа*, 40쪽.

96) Панкрашова, 앞의 글, 32쪽.

97) Nurek. 앞의 글, 47쪽.

98) Niedhart, *Großbritannien und die Sowjetunion*, 419쪽.

99) док. 496, *Год Кризиса*, т. 2, 123-4쪽.

사 협정을 동시에 체결하기 위한 군사 회담이 시작된다면, '간접 침략'의 정의 문제는 보다 쉽게 해결될 수 있다는 타협안을 제시하기에 이른 것이다.[100]

이로써 소련은 정치 협상에서 합의를 이끌어 내지 못한 이 문제를 구체적인 군사적 계획을 통해 확보하고자 하였다. 전쟁이 발생할 경우에, 대체로 군 작전은 동부에서 집중적으로 이루어질 것이다. 그럴 경우, 영국과 프랑스의 소련에 대한 지원의 문제는 중요하였다.[101] 이것은 누구나 생각할 수 있는 문제였다.

4) 대독일 동맹의 형식에 관한 논쟁: 정치 협정과 군사 협정의 일괄 체결 문제

6월 초순 이래 약 한달 가량 진행된 협상에서 세 나라는 발트해 연안국을 포함한 중·동부 유럽의 국가들로 동맹의 규모를 확대시키는 데 잠정적으로 동의하였다. 이제 세 나라는 이와 같은 동맹을 어떤 방식을 통해 확보하느냐의 문제를 논의하기 시작하였다. 이것은 동맹의 실질적 효력을 강화시키는 일로, 세 나라가 진정으로 원하고 있는 것이 무엇인지를 입증하는 것이기도 하였다.

소련은 이미 자국의 첫 제의에서 상호 원조 조약이라는 정치 협정을 군사 협정을 통해 보완할 것을 요구하였다. 7월 9일에 몰로토프는 정치 협정과 군사 협정의 동시 체결의 중요성을 강조하면서 군사 회담을 조속히 시작할 것을 요구하였다.[102] 그와 동시에 몰로

---

100) *1939 год*, 303쪽.

101) Weber, *Die Entstehungsgeschichte*, 209쪽.

102) док. 470, *Год Кризиса*, т. 2, 93쪽.

토프는 향후 소련의 협상 계획을 정확히 제시하기까지 하였다. "첫째는 정치 협상의 완결과 서명이다. 둘째, 군사 협상의 수용과 서명이다. 셋째, 서명과 동시에 효력을 갖게 될 두 조약의 체결이다. 정치 협정만으로 이 조약은 효력을 갖지 못한다."103)

사실 소련은 협상 초반부터 군사 협정이 자동적으로 정치 협정과 일치될 것이라고 줄곧 추정해왔다.104) 이러한 사실은 몰로토프의 전보를 통해서도 확인될 수 있다. 몰로토프는 마이스키와 수리츠에게 보낸 전보에서 "우리는 조약의 초안에서 논의되었던 것처럼 군사 협정이 군사·정치 협정의 불가결한 부분이라고 주장한다. …… 만일 전반적인 협정이 구체적인 군사 협정을 통합 부분으로 포함시킬 수 없다면, 조약은 공허한 선언 외에 아무 것도 아니다. 이것은 우리가 받아들일 수 없는 조약"105)이라고 타전하였다.

그러나 소련이 이중 협정의 체결을 위한 군사 협상을 조속히 시작하자고 제의하자, 영국과 프랑스는 당황하였다. 영국과 프랑스가 별다른 의미를 부여하지 않았던 군사 협정의 문제를 협상의 타결을 가늠할 정도로 중요한 조건으로 제시했기 때문이다. 실제로 그 당시 영국 지도부는 군사 회담에 커다란 의미를 부여하지 않았다. 그것은 체임벌린의 인식을 통해 알 수 있다. "나는 개인적으로 군사 회담에 커다란 의미를 부여하진 않았지만, 우리가 군사 회담에 반대한다면, 우리가 터무니없이 회담을 회피하는 것으로 보일 것이다. 영국이 프랑스와 함께 여러 나라와 관련된 다양한 상황과 대안 속에서 군사 부문에서의 어떤 구체적인 행동에 관한 내용을 사전에 결정한다면,

---

103) 같은 책, 94쪽.

104) док. 481, 같은 책, т. 2, 104쪽.

105) док. 376, *СССР в Борьбе за Мир*, 496쪽.

이것은 매우 심각한 문제가 될 것이다."[106]

프랑스 역시 소련의 제의를 받아들일 수 없는 것으로 생각하였다. 왜냐하면 정치·군사 동맹을 서로 연결시키려는 소련의 요구는 유사시 프랑스와 영국을 압박할 카드로 활용될 수 있었기 때문이다. 예를 들자면, 전쟁이 코앞의 일로 닥쳐 있을 때, 소련은 영국과 프랑스에게 자신의 제의에 동의하든지 아니면 교섭을 중단하든지 양자택일하도록 한층 더 압력을 가할 수 있을 것이다.[107] 그래서 프랑스 외무장관 보네는 몰로토프의 행동을 절대로 받아들일 수 없는 압력 시도로 간주하였다. 그에 따라 7월 11일에 보네는 소련 주재 자국 대사 나기에르에게 보낸 훈령에서 모스크바의 요구에 반대하라고 하였다. 그의 전보에 따르면, "소련은 새로이 불신의 요소를 협상에 넣은 비정상적인 입장을 고수하고 있다. 이러한 소련의 입장은 아주 부당한 것이다. …… 이제 영국 다음으로 소련이 원만한 회담의 진행을 가로막고 있다는 사실은 소련 측의 진지성에 대한 의심뿐만 아니라, 독일에게 행동을 감행해도 된다는 동기를 부여한 것이다."[108]

하지만 프랑스는 이 단계에서 협상을 중단시킬 수 없었다. 협상이 결렬될 경우, 독일은 어떤 방식으로든지 소련의 중립을 이끌어내고자 애쓸 것이다. 이러한 사실은 7월 7일에 보네와 주불 폴란드 대사 루카세비치 간의 대화에서 밝혀졌다. 루카세비치는 보네에게 소련과 독일 간의 접촉이 활발히 이루어지고 있다고 전하였다.[109] 설사 이러한 접촉이 현 단계에서 "서유럽에 대한 압력 수단"[110]이었다 할지

---

106) 같은 책, 209쪽.
107) Carley, 앞의 글, 324-5쪽.
108) Bartel, *Frankreich und die Sowjetunion*, 225쪽.
109) 같은 책, 같은 곳을 참고할 것.

라도, 그것은 분명 프랑스의 우려를 증폭시켜 놓았다. 한편, 영국과 프랑스 여론도 소련의 제의를 받아들일 것을 촉구하였다. 두 나라의 국민들 사이에는 군사적 위협에 대한 공포감이 빠르게 확산되고 있었다. 영국과 프랑스인의 다수는 소련을 자국 편으로 만드는 것이 훨씬 좋다는 입장이었다.111) 프랑스 군부도 소련의 요구를 "합리적"112)인 것으로 간주했고 소련의 제안에 찬성하였다. "협상을 결렬시킬 수 있다"113)고 위협하던 소련의 강경한 입장도 더 이상 협상을 방기할 수 없는 중요한 이유였다.

이와 같은 상황에서 보네는 7월 18일자 영국 외무부로 보낸 각서에서 영국과 프랑스가 제6조(이중 협정)에 대한 소련 측의 제안을 받아들이고 회담을 신속히 시작하는 것 이외에 선택의 여지가 없다고 설명하였다. 3국 협상이 눈앞에서 결렬될 상황에서 보네는 가능한 한 신속히 소련의 제안을 받아들이고 …… 모든 다른 고려를 잠시 뒤로 미루어 놓을 것을 주장하였다.114) 7월 19일에 보네는 핼리팩스에게 보낸 사적인 편지에서 재차 이렇게 썼다. "소련과의 협상의 결렬을 피하기 위해 온갖 수단을 다 써야 합니다. 협상이 실패한다면, 평화를 확보하는 일은 반드시 재앙을 초래할 것입니다. 나는 항상 협상의 실패가 곧바로 독일에게 단치히에 대한 행동을 하도록 부추기는 신호일 것이라고 우려했습니다."115)

프랑스가 반발하자, 영국은 자신의 주장을 완화하였다. 핼리팩스

---

110) 주소 프랑스 대사 나기에르의 발언. 같은 책, 같은 곳.

111) *1939 год*, 304쪽.

112) *История внешней политики СССР*, т. 1, 386쪽.

113) док. 481, *Год Кризиса*, т. 2, 105쪽.

114) док. 486, 같은 책, т. 2, 111쪽.

115) док. 487, 같은 책, т. 2, 112쪽.

는 영국 측의 간접 침략 정의를 고수했지만, 몰로토프가 두 협정의 동시 체결을 고집했기 때문에, "소련이 우리 측의 '간접 침략'의 규정을 받아들이는 대신 정치 협정과 군사 협정의 동시 체결 문제에서 양보할 준비를 하는 것이 우리가 택할 수 있는 최선의 대안"이라고 권유하였다.116) "소련 정부가 '간접 침략'과 관련하여 우리의 제안에 동의한다면, 영국은 소련이 제의한 정치 협정이 공식 서명될 때까지 참모 회담을 종결시키지 않는 문제에 응할 수 있다. 우리의 '간접 침략의 규정'을 받아들인다는 소련의 동의를 토대로 이러한 문제에서 양보를 하는 것이 최상의 방법일 것이다."117)

그에 따라 체임벌린은 소련이 영국의 '간접 침략 정의'를 받아들인다는 조건으로 영국 측이 제6조(이중 협정)에 관련된 소련 측의 견해에 동의한다는 내용을 소련 정부에 전달하라고 지시하였다.118) 7월 21일, 핼리팩스는 시즈에게 다음의 내용을 담은 훈령을 타전했다. "당신은 정치·군사 협정의 동시 체결 문제에 대해 알아서 처리하십시오. 우리는 회담이 결렬될 위협에 직면하여 이러한 양보를 강요받았다는 사실을 유감으로 생각하고 있지만, 정의의 문제에 있어서는 완고한 입장을 취하십시오."119) 핼리팩스는 몰로토프가 중요한 문제로 간주한 이중 협정을 위하여 잠정적으로 물러설 수 있다고 생각했던 것이다.

이와 같이 영국은 프랑스 측의 압력으로 물러서긴 했지만, 여전히 자국의 입장을 고수하였다. 이것은 주소 프랑스 대사 나기에르의 전

---

116) Weber, *Die Entstehungsgeschichte*, 206쪽.

117) Панкрашова, 앞의 글, 33-4쪽.

118) док. 384, *СССР в Борьбе за Мир*, 515쪽.

119) Bartel, *Frankreich und die Sowjetunion*, 228쪽.

보에서 확인되었다. 7월 24일에 나기에르는 보네에게 "영국이 '간접 침략'을 규정하는 문제에서 한 치도 양보하지 않을 것"이라고 전보를 쳤다.[120] 이러한 생각은 핼리팩스 자신의 말로도 확인될 수 있다. 핼리팩스는 터키 주재 영국 대사에게 다음과 같이 타전하였다. "우리는 조건을 달아 소련 측의 견해를 수용했기 때문에 소련이 고집한 정치 협정과 군사 협정의 동시 체결을 거부한 것이나 마찬가지이다. 왜냐하면 근본적인 조항이 걸려 있는 것이 아니기 때문에, 우리는 소련의 고집으로 양보하였다."[121] 그래서 영국은 몰로토프가 이러한 마지막 양보를 더욱 어렵게 만들 경우, 이 순간에 협상을 결렬시키기로 결심했던 것이다.

그러나 영국의 전망과 달리, 7월 23일에 몰로토프는 영국과 프랑스의 제의에 만족했고, 이제 군사적 계획과 관련된 문제를 중점적으로 다루자고 제안하였다.[122] 그는 "군사 협정이 성공리에 체결된다면, 정치 협정의 공식화는 부차적이고 기술적인 문제가 된다"[123]고 밝혔다. 이로써 몰로토프는 '간접 침략'의 규정을 둘러싼 남아있는 어려운 점이 나중에 해결될 수 있다면, 정치 협정으로 다소간 만족할 수 있다고 암시했고 즉시 군사 회담을 시작하자고 하였다.

몰로토프가 양보하자, 이미 전권을 부여받은 시즈는 군사 협상의 조속한 재개에 동의한다고 말하였다. 그러면서 시즈는 한 가지 조건을 달았다. 그 조건이란 영국 측이 제시한 '간접 침략'의 규정에 대한 소련 측의 수용이다.[124] 이와 같이 영국은 '간접 침략의 규정' 문

---

120) Сиполс и Чельшев, 앞의 글, 110쪽.

121) Weber, *Die Entstehungsgeschichte*, 206쪽.

122) Dukes, 앞의 글, 311쪽.

123) док. 496, *Год Кризиса*, т. 2, 123-4쪽.

제를 군사 협정의 체결 조건으로 남겨 놓았다. 이것은 영국이 군사 협정에 어떠한 의미를 부여하고 있는지를 가늠할 수 있게 한 것이었다. 영국은 일단 군사 협상에 대한 동의를 통해 소련을 안심시킨 연후에, 정치 협상에서 해결되지 않은 '간접 침략의 규정' 문제를 군사 회담이 시작되기 전에 해결하고자 하였다.[125] 그래서 영국은 시즈에게 7월 8일자 영국 측의 안[126]을 고수하라는 지시를 내렸다. 영국은 위기가 고조되고 있는 시기에 협상이 결렬되지 않을 것이라고 생각했기 때문이다.[127]

이와 같은 방침 이외에 영국은 또 다른 문제를 제기하였다. 7월 27일에 영국은 지금까지의 협상의 진행 상황에 관한 3국의 공동 성명서의 문제를 공개적으로 언급하였다. 시즈는 몰로토프에게 외무부의 계획에 따라 3국의 수도에서 동시에 공개될 성명서안을 제시하였다. 영국 측의 안은 다음과 같다. "협상 3국은 정치 협정의 내용에 대한 합의 수준을 다음과 같이 정한다. 즉 3국은 이제부터 지체 없이 처음에 계획한대로 실질적인 조치를 취하기 위한 작업에 착수할 것이다. 서유럽 국가가 소련 군 참모부와 함께 기술적 협상을 논의할 수 있도록 자국의 참모들을 모스크바로 파견하기로 결정하였다."[128]

소련은 이와 같은 영국 측의 제안을 거절하였다. "군사적 문제에 대한 차이가 없다는 사실을 확실히 하기 전에, 그러한 성명서는 너

---

124) док. 436, *ДВПС*, т. 22, кн. 1, 557쪽.

125) док. 384, *СССР в Борьбе за Мир*, 515-6쪽.

126) 7월 8일자 영국이 제시한 협정안의 제6조는 다음과 같다. "장차 3국이 체결할 협정이 완전히 효력을 갖게 하려면, 제2조에 규정된 협정(군사 협정)은 가능한 한 최단 기한 내에 체결될 것이고, 그 회담은 현재의 협정(정치 협정)을 서명한 이후에 즉시 시작될 것이다."(док. 465, *Год Кризиса*, т. 2, 89쪽.)

127) "Примечания. 137," *СССР в Борьбе за Мир*, 695쪽을 참고할 것.

128) Сиполс и Челышев, 앞의 글, 113쪽.

무 이르다."129) 그와 더불어 "영국의 성명서안도 너무 낙관적이다. 정치 협상이 아직 체결되지 않았고 '간접 침략'의 정의를 둘러싼 토론이 계속 진행된다는 사실이 담겨 있어야 한다. 영국과 프랑스 대표단을 모스크바로 파견한다는 사실 자체가 독일에 대한 경고 신호로 충분하다. 우선 어떤 구체적 출발점이 군사 협상에서 확보될 것인가를 생각해야만 한다."130)

소련이 영국의 공동 성명서안을 거부한 이유는 그것이 협상 초반부터 제기된 영국의 일방적인 선언과 별로 다를 바 없기 때문이었다. 영국이 협상을 신속히 체결하고자 하였다면, 이 단계에서 또 다시 마무리되지 않고 진행 중인 협상의 상태를 공개할 이유가 없었던 것이다. 특히 영국이 군사 회담에 대해 구체적으로 어떤 계획을 갖고 있는지 알지 못하는 상태에서, 영국이 제의한 공동 성명서가 발표된다면, 소련은 3국 동맹 협상을 시작하기 전보다 더욱 곤란한 입장에 처할 수 있었다.

소련의 반대로 결국 3국의 공동 성명서 발표는 무산되고 3국 간의 군사 회담이 시작될 예정이었지만, 그 과정에서 3국 간의 불신은 더욱 깊어갔다. 소련의 입장에서 볼 때, 7월 25일에 영국과 프랑스가 군사 회담을 시작하자는 소련의 제안에 동의한 것은 그들의 입장에서의 근본적인 변화를 의미하는 것이 아니었다. 그들은 단지 소련과의 교섭이 중단되는 것을 막기 위해 최후의 수단으로 군사 회담에 동의했을 뿐이었다.131)

이와 같이 세 나라는 정치 협상에서 다루어진 문제를 해결하지 않

---

129) Weber, *Die Entstehungsgeschichte*, 264-5쪽.

130) 같은 책, 같은 곳.

131) 샤이러, 앞의 책, 제2권, 375-6쪽.

은 채 협상의 두 번째 단계인 군사적 동맹에 관한 문제로 넘어 갔고 이 협상을 전문가에게 위임하는 데 합의하였다. 상호 원조 조약에 서명도 하지 않았을 뿐 아니라 구두의 단일한 협상안도 제출되지 않았다. 이러한 점을 고려해 볼 때, 세 나라가 군사 협상에 동의하였다는 사실이 오히려 놀라운 일이었다. 그러나 정치 협상에서 해결되지 않은 문제는 결국 군사 협상에 대한 사전 족쇄가 될 것이다.[132]

---

132) Pätzold & Rosenfeld (Hrsg), *Hakenkreuz und Sowjetstern*, 37쪽.

Ⅲ. 독일의 대소 접근과 소련의 '이중 외교'

독일은 자신의 전쟁 준비를 차근차근 진행하고 있었다. 독일에게 있어서 해결되어야 할 문제는 전쟁을 위한 유리한 조건의 마련이었다. 그것의 핵심은 폴란드의 고립, 다시 말해 전쟁을 폴란드에 국한시키는 것이었다. 이를 위해 독일은 무엇보다도 자신에 대항한 유럽 강대국 간의 동맹을 저지할 생각이었다. 그에 따라 독일은 영국과 소련을 상대로 중립을 얻어내려고 동맹의 가능성을 탐색하기 시작하였다. 이와 더불어 독일은 영국이나 소련과의 동맹을 배제할 수 있는 방법도 모색하였다. 그것은 독일의 동맹 체제 구축 시도로서 반코민테른 조약을 군사 동맹으로 전환시키는 것이었다. 독일과 이탈리아, 일본 간의 군사 동맹이 체결된다면, 영국과 프랑스, 소련은 전면전을 감수하지 않는 한 폴란드 문제에 개입하지 못한다는 것이다.

하지만 독일이 독자적으로 구축하려 한 동맹 체제는 성사되지 않았다. 그 결과 독일이 희망한 모든 조건은 사라졌다. 폴란드 침공을 위한 일정에도 차질이 생겼고 상황 역시 불리하였다. 그래서 독일은 폴란드 침공 계획을 수립한 이후 줄곧 염두에 둔 대안을 고려할 수밖에 없었다. 그것은 소련과의 동맹이었다. 이것은 독일의 입장에서 볼 때 불쾌한 대안이긴 하지만, 가장 유리한 조건에서 전쟁을 할 수 있게 해준 것이었다. 독일은 3국간의 동맹에서 소련을 이탈·중립시키려고 소련에게 구체적인 제안을 하였다.

소련은 선택의 기로에 놓였다. 그 당시 사람들이 낙관한 것과 달리, 3국 동맹 협상은 지연되고 있었다. 이러한 상황에서 소련은 독일의 제의를 받아들여 '이중 외교'를 펼친다. 그 과정에서 소련은 최대한 자신의 유리한 고지를 지속시키면서, 결정적인 순간에 대비하고 있었다. 한편 협상의 타결 가능성은 점점 희박하였다. 영국은 소련이 제의한 것과 같은 강고한 동맹을 맺을 생각이 없었다. 독일의 폴란드 침공은 임박해 있었다. 이제 소련은 선택을 할 수밖에 없었다. 소련이 자국의 안전을 보장하고 전쟁에서 벗어날 수 있는 방법은 그것이 일시적이라 해도 독일과의 타협뿐이었다. 그 결과 3국 협상은 결렬되었다.

1. 독일의 대소 접근과 대소 외교 전략의 수정

1) 소련에 대한 접근 배경과 그 과정

① 소련에 대한 접근 배경: 독일의 독자적인 동맹 체제 구축 시도의 좌절

폴란드는 독일의 총체적인 해결 제의를 거부하였다. 영국과 프랑스도 폴란드의 독립에 대한 보장 선언을 발표하였다. 그 결과 폴란드의 협력을 통해 소련에 대항하려고 한 독일의 희망은 수포로 돌아갔다. 그래서 독일은 폴란드를 침략하기로 결정하였다. 이제 남은 문제는 독일이 얼마나 유리한 조건 속에서 폴란드 문제를 처리하느냐 하는 것이었다. 그것은 다름 아닌 폴란드의 고립화, 더 나아가 폴란드 침략의 국지화였다. 이를 위해 가장 중요한 일은 폴란드 문제에 대한 영국과 소련의 개입을 차단하는 것이었다.

독일은 먼저 폴란드의 주변 국가들과 관계 개선을 통해 소련의 개입을 차단할 생각이었다. 그것은 다름 아닌 불가침 조약의 체결이었다. 독일은 4월 28일에 에스토니아와 라트비아, 핀란드와 스칸디나비아 국가에 불가침 조약을 제의하였다. 그 결과 독일은 1939년 6월 7일에 에스토니아 및 라트비아와 불가침 조약을 체결하였다.[1] 이 조약을 체결함으로써 독일은 북동부 유럽에서 폴란드를 포위하고, 북동부 유럽에서의 중립적인 요새와 풍부한 생필품 및 원료를 확보할 수 있었다. 아울러 독일은 예전의 쿠를란트 국경에 위치한 발트해 연안국을 점령하고 제3제국으로 합병할 수 있는 근거를 마련하였다.[2] 이를 통해 독일은 소련과의 합의 없이 폴란드 침공을 경제적으로나 군사적으로 국지화 시키려고 하였다.[3]

그 다음에 독일은 영국의 개입을 차단하는 방법을 강구하였다.[4] 히틀러는 영국이 중부 및 동부 유럽의 국가들에 보장 선언을 한 동기를 영국의 국내·외적 허약함의 징후로 간주하였다. 그는 이러한 허약함 때문에, 영국이 전쟁에 개입할 수 없을 것이며, 자신이 요구하는 바를 더욱 강도 높게 밀어 부치면, 영국이 폴란드 문제를 방관할 수밖에 없을 것이라고 생각하였다. 그래서 4월 28일에 히틀러는

---

1) 독일 공군 참모총장 할더 장군과 군 정찰 단장 카나리스 제독은 비밀리에 이들 국가를 방문하였다. 에스토니아 군 참모총장인 레크는 독일 군과 함께 핀란드만에 있는 소련 함대를 차단하는 데 있어서 자신의 나라가 어떤 역할을 할 수 있는지에 관한 문제를 제기하였다. 핀란드 정부 역시 친 독일적인 입장이었다. (Розанов, *Сталин-Гитлер*, 73쪽.)

2) Kirby, 앞의 글, 70쪽.

3) R. Ahmann, "The German Treaties with Estonia and Latvia of June 1939-Bargaining Ploy or an Alternative for German-Soviet Understanding?," *Journal of Baltic Studies*, no.20, April 1989, 338쪽.

4) 히틀러는 영국의 처리 문제로 고심했고, 7월 중순까지 결정을 내리지 못하였다.

영국과의 조약을 폐기하면서 폴란드 문제에서 손을 떼도록 영국에 압력을 가하였다.5)

이와 같이 독일은 영국 측에 압력을 가하면서도, 다른 한편으로는 영국에 협력의 손짓을 보내기도 하였다. 6월 초에 히틀러는 영국과 일련의 합의를 이끌어 낼 수도 있다는 희망을 내비치기까지 하였다. 이와 같은 사실은 유고슬라비아의 황태자 파울(Paul)과 그의 부인 올가(Olga)가 베를린을 방문했을 때 확인된 바 있다. 올가는 영국 국왕 조지 4세의 동생 켄트(Kent) 공작의 처형이었다. 히틀러는 올가를 자신의 희망을 영국으로 전달해줄 수 있는 유익한 끈으로 생각하였다. 히틀러는 올가에게 왜 영국이 자신의 구상을 이해하지 못하고 있는지를 납득할 수 없다고 말한 뒤, 독일과 영국 간의 관계가 복원되는 것을 바란다고 밝혔다.6) 그 이후 독일과 영국 간의 외교적 접촉이 비공개적으로 이루어졌다.

이러한 일련의 조치는 영국의 폴란드 보장 선언을 통해 히틀러의 대영 감정이 악화되었음에도 불구하고, 히틀러가 폴란드의 고립을 위해 영국의 호의적인 중립을 확보하려는 생각을 포기하지 않았음을 입증하는 증거일 것이다.7) 그것은 5월 23일에 히틀러가 할더 장군과 나눈 대화에서도 확인될 수 있다. 히틀러는 "단치히가 논의의 대상이 아니다. 우리에게 있어서 문제는 동유럽에서 생활권의 획득과 식량의 확보이다. 무엇보다도 먼저 폴란드가 고립되어야 한다"고

---

5) 이 점에서 본다면, 독일과 영국 간의 함대 협정의 폐기는 히틀러의 영국에 대한 '애정이 담긴' 호소에 지나지 않았다. 다시 말하자면, 이러한 조치는 영국이 폴란드 문제에 개입하지 말고 중립을 유지하라고 경고한 것이나 마찬가지였다.(Fleischhauer, *Der Pakt*, 161쪽.)

6) Read & Fisher, *The Deadly Embrace*, 96쪽.

7) Graml, *Europas Weg*, 206쪽.

말하였다.[8] 즉 히틀러는 이른바 '백색 작전'으로 시작된 자신의 동방 정책을 추구하는 데 있어서 자유로운 손을 보장받길 원했고, 영국의 개입을 차단할 생각이었다.[9]

독일은 무엇보다도 영국이나 소련과의 직접적인 협상 없이 자신의 목표를 달성하려고 하였다. 이를 달성할 수 있는 유일한 방법은 반코민테른 협정을 군사 동맹으로 전환하는 것이었다.[10] 반코민테른 협정이란 반공이라는 공통분모 위에서 독일과 이탈리아, 일본이 1936년 11월에 체결한 동맹 체제다. 그 협정에서 체약국은 코민테른 활동과 이에 대해 각자가 취하고 있는 예방 조처에 관해 협의할 것을 약속하였다. 그런 점에서 이 협정은 "서구 문명을 볼셰비즘의 바이러스 균으로부터 보호한다"는 선언적 성격을 갖고 있다. 그리고 그 협정에는 비밀 의정서가 포함되었는데, 여기서 독일과 일본은 우선 소련에 의한 비(非)도발 공격의 경우 공동 대처하고 소련의 입장에 도움을 줄 어떠한 조처도 피한다는 데 합의하고 있다.[11] 이와 같이 협정은 반소 노선을 분명히 천명하고 있다. 히틀러는 이 협정의 체결을 주도하였다.

하지만 이 협정은 말 그대로 정치적인 협정에 국한되어 있었다. 그렇기 때문에 전쟁이 발발할 경우, 이 협정은 군사적 지원에 관한 한 아무런 구속력을 갖지 못하였다. 그래서 독일은 이 협정을 군사 동맹으로 전환시켜 전쟁을 원하지 않는 영국과 프랑스, 그리고 소련

---

8) Read & Fisher, *The Deadly Embrace*, 96쪽.

9) Gerhard R. Ueberschär, "Der Pakt mit dem Satan, um dem Teufel auszutreiben. Der deutsch-sowjetischen Nichtangriffsvertrag und Hitlers Kriegsabsicht gegen die USSR," Michalka (Hrsg), *Der Zweite Weltkrieg*, 572쪽.

10) Ahmann, "Der Hitler-Stalin-Pakt : Nichtangriffs-und Angriffsvertrag?," 34-5쪽.

11) 김학준, 앞의 책, 222쪽.

을 위협하고자 했고, 만약 전쟁이 일어날 경우 이탈리아와 일본의 군사적 지원을 보장받고자 하였다. 여기에는 이탈리아와 일본 두 나라가 유럽 강대국에 적대적일 것이라는 히틀러의 판단이 주요하게 작용하였다.12)

독일은 먼저 이탈리아에 접근하였다. 그 결과 1939년 5월 22일, 이탈리아 외무장관 치아노(G. Ciano)와 독일 외무장관 리벤트로프는 베를린에서 역사상 '강철 조약(Stahlpakt)'으로 알려진 동맹 조약을 체결하였다.13) 특히 이 조약의 제3조는 양국 간에 체결된 동맹의 성격을 분명히 해주었다. "만일 조약 체결국의 바램과 희망에 상관 없이 조약 체결국 가운데 한 측이 다른 국가 또는 다른 강대국 가운데 한 나라와 군사적 갈등에 휩싸일 경우, 조약 체결국의 다른 한 측은 즉시 동맹 상대의 편에 서서 육·해·공군을 총동원한 병력을 지원할 것이다."14) 이 조항에 따라, 독일이 유럽의 어떤 나라와 전쟁을 할 경우, 이탈리아는 즉시 군사적 지원을 해야 하였다. 이제 이 동맹에 일본이 참여하기만 하면, 히틀러는 영국이나 소련과의 협력 없이 자신의 계획을 차질 없이 달성할 수 있게 된다.

독일은 일본에 군사 동맹에 가입할 것을 제의했지만, 일본은 이러한 군사 동맹의 체결에 회의적이었다. 일본은 자칫 자신을 궁지에 몰아 넣게 될 유럽 문제에 개입할 생각이 없었다. 그 대신 일본은 동아시아 지역에서의 자유를 확보하려고 하였다.15) 6월 15일에 리벤

---

12) Dok. 52, Pätzold & Rosenfeld (Hrsg.), *Hakenkreuz und Sowjetstern*, 140쪽.

13) Jens Petersen, "Deutschland und Italien 1939 bis 1945," W. Michalka (Hrsg.), *Der Zweite Weltkrieg*, 108쪽.

14) 같은 글, 같은 곳.

15) B. Martin, "Das deutsch-japanische Bündnis im Zweiten Weltkrieg," W. Michalka (Hrsg.), 같은 책, 125쪽.

트로프는 일본 대사 오시마(Oshima)와 만난 자리에서 자국의 제의
에 대한 일본의 부정적 입장을 확인할 수 있었다. 오시마는 리벤트
로프에게 "일본 지도부가 독일과 함께 소련에 대항할 준비를 하긴
했지만, 원하지 않는 영국과의 대결로 몰아 넣게 될 유럽의 모순 속
으로 이끌려 들어가는 것을 원하지 않고 있다"고 말하였다.[16] 만약
일본이 독일의 제안을 거부하고 유럽 문제에 대한 중립을 표명할
경우 독일의 계획은 좌절될 수밖에 없었다. 그래서 독일은 자신의
제의에 대한 일본 측의 정확한 입장을 알아내고자 하였다. 6월 30일
에 바이쯔체커는 주일 대사 오토에게 "모스크바에서 3국 간의 협상
이 진전되고 있다. 그렇기 때문에 일본 정부의 입장에 대한 우리의
관심이 한층 더 증대될 수밖에 없다. …… 우리의 제안에 대한 일본
정부의 신속한 답변을 들었으면 한다"고 타전하였다.[17]

　하지만 현실은 독일의 의도와는 정반대로 전개되었다. 이후 살펴
보겠지만, 일본은 끝내 독일의 제안을 거부하였다.[18] 일본을 군사
동맹에 가입시킴으로써 폴란드를 고립시키려 한 독일의 시도는 수
포로 돌아가고 말았다.

　② 소련에 대한 접근 과정

　이제 독일은 소련 쪽으로 시선을 돌릴 수밖에 없었다. 물론 그 이
전부터 독일은 소련에 관심을 보였다. 특히 독일 내부에서는 적극적
으로 소련의 중립을 확보해야 한다는 주장도 제기되곤 하였다. 소련

---

16) Read & Fisher, *The Deadly Embrace*, 88쪽.

17) Weber, *Die Entstehungsgeschichte*, 232쪽.

18) 일본은 한 걸음 더 나아가 7월 24일, 영국과 유럽 문제에 대한 중립을 선언하
　　는 내용의 협정을 체결하였다.(같은 책, 같은 곳을 참고할 것.)

134

의 중립은 독일이 1차 세계대전에서 패배했던 가장 중요한 원인, 즉 양면전의 가능성을 봉쇄할 수 있는 가장 확실한 조건이었기 때문이다. 이런 이유 때문에 뮌헨 협정 직후부터 이미 그와 같은 생각을 가진 사람들이 늘어나고 있었다.[19] 그들은 소련이 뮌헨 협정의 체결로 야기된 국제적인 고립과 영국·프랑스로부터의 따돌림을 극복하기 위해 대독 정책을 변경할 가능성이 있다고 보았다. 그들은 이 기회를 틈 타 소련과의 경제적 관계를 재개하고 필요한 원료의 공급을 차질 없이 확보하자고 요구하였다. 1939년 2월 18일에 있었던 포촘킨과 시즈와의 대화에서도 그러한 점이 지적되었다. 그 당시 포촘킨은 시즈에게 "히틀러가 여전히 소련에 적대적인 태도를 취하고 있지만, 독일은 소련과의 경제적 관계를 지속하는 데 관심을 갖고 있는 것 같다"고 말하였다.[20]

이러한 상황에서 독일은 경제적 관계를 복원하기 위해 소련에 대한 접근을 시도하였다. 그러한 접근은 4월에 시작되었다. 4월 17일에 주독 소련 대사 메레칼로프는 독일 외무부 공관을 공식 방문하였다. 그는 4월 5일자 리트비노프의 전보에 따라,[21] 바이쯔체커에게 독일의 체코슬로바키아 점령 이전에 스코다 군수공장과 소련 간에 체결된 계약 불이행의 시정을 요구하였다.[22]

바이쯔체커의 보고에 따르면 그 회담에서 두 사람이 나누었던 대화의 내용은 다음과 같다. 주독 대사로 임명된 이래 처음으로 바이쯔체커를 방문한[23] 메레칼로프는 독일이 점령한 체코의 스코다 군

---

19) 이 책의 제1장 제3절을 참고할 것.

20) С. А. Горлов, "Советско-Германский Диалог Накануне Пакта Молотова-Риббентропа 1939 г.," *Новая и Новейшая История*, 1993, но. 4, 15쪽.

21) док. 252, *Год Кризиса*, т. 1, 360쪽.

22) Горлов, 앞의 글, 15쪽.

수공장과 소련이 맺었던 계약의 이행에 관한 문제를 논의하기 위해 왔다고 밝혔다. 하지만 정치적 문제를 논의할 수 있는 기회가 오자 그는 다음과 같이 말하였다. "소련 정책은 항상 일관되었다. 이데올로기적 견해 차이는 소련과 이탈리아 간의 관계에 거의 영향을 끼치지 못했고 독일과의 관계에서도 장애 요소가 되지 않을 것이다. 소련은 독일과 서유럽 국가 간에 존재하는 알력을 이용하지 않았고 그렇게 하는 것을 바라지도 않았다. 소련은 독일과 정상적인 관계를 맺지 못할 하등의 이유가 없다. 그리고 관계는 정상적인 것보다 더욱 좋아질 수 있다."24) 바이쯔체커의 보고문을 보면, 소련이 경제 문제에 관한 협상의 기회를 이용해 독일에 대한 정치적 접근을 시도하였다고 해석할 수 있다.

하지만 메레칼로프의 보고서를 참고해 보면 상황은 사뭇 다르다. 그가 남긴 보고서에는 다음과 같은 내용이 들어 있다. "나는 바이쯔체커의 영접을 받았다. 나는 바이쯔체커에게 각서를 전달했고 소련이 스코다 군수공장과 맺은 계약 관계의 불이행에 관해 말하였다. 나는 특히 소련과의 계약에 관련되어 적용되고 있는 규제가 직접적인 차별 대우였고 3월 22일에 제국 수상이 체코슬로바키아와 예전에 체결한 모든 협정이 유효하다고 선언한 사실과도 위배된다고 강조하였다. 바이쯔체커가 대화를 스코다 상업 대표부와 경제관계 영역에서 진행시키려 하지 않자, 나는 독일의 군 조직의 직접적인 방해 사실을 예를 들어 설명했고 이러한 불법 행위를 신속히 시정하

---

23) 그러나 이것은 사실과 다르다. 바이쯔체커는 1938년 7월 6일에 신임 소련 대사인 메레칼로프와 장시간 대화를 나눈 바 있다.(Fleischhauer, *Der Pakt*, 146쪽.)

24) "Меморандум Статс-Секретаря, Берлин, 17 апреля 1939 г." А. Глезер (Сост), *Советско-Нацистские Отношения 1939-1941. Документы* (Париж-Нью-Йорк, 1983), 7-8쪽.

고 스코다 계약을 이행할 것을 촉구하였다. 바이쯔체커는 이러한 조치가 일시적이라고 말한 뒤, 항공 조약이 문제된다면 어떻게 무기를 공급할 수 있겠냐는 농담까지 하면서 문제의 해결을 약속하였다. 이어 그는 다음과 같이 말하였다. 독일과 폴란드 간에 단치히 문제를 둘러싸고 3개월에 걸쳐 교섭을 하고 있다. 독일은 그 어떤 나라에 대한 침략도 원하지 않는다. 그러나 네덜란드와 벨기에, 스웨덴 등 모든 나라의 사람들이 동원되고 있다. 이와 달리 독일은 의견을 수렴하고 있지만 유일하게 동원령을 내리지 않았다. 영국은 동유럽의 작은 나라들이 원하지 않았음에도 불구하고 보장 선언을 하면서 긴장관계를 조성하였다. 오히려 소련의 언론은 영국의 언론보다 훨씬 더 객관적으로 보도하였다. 독일은 소련과는 다른 정치적 입장을 취하고 있다. 그럼에도 불구하고, 독일은 소련과 경제적 관계를 발전시켰으면 한다."25)

이와 같은 내용 속에서는 바이쯔체커가 남긴 기록과는 달리 소련이 독일과의 정치적 접근에 적극적이었음을 입증할만한 표현이 나오지 않는다. 그 점은 메레칼로프와 바이쯔체커의 회동에 참여한 대사관 참사관 아스타호프의 보고를 통해 재차 확인된다. 그의 보고에는 다음의 내용이 담겨 있다. "스코다에 관한 의견 교환에 뒤이어 바이쯔체커는 전반적인 정세에 관한 의견을 교환할 준비가 되었고 대사가 관심을 갖고 있는 문제에 답변할 수 있다고 말하였다. 메레칼로프가 프랑스와 독일의 관계와 폴란드에 관한 독일의 요구, 그로 인한 동유럽에서의 긴장 분위기 등을 물어 보았다. 바이쯔체커는 이러한 문제들에 대해 아주 관심을 갖고서 답변하였다. 이러한 의견

---

25) док. 279, *Год Кризиса*, т. 1, 389쪽.

교환의 과정에서 바이쯔체커는 소련이 독일의 위협을 느끼고 있는지를 물어 보았다. 메레칼로프는 소련이 전쟁의 위협을 피하고 발생한 정세를 해결하는 데 관심을 갖고 있으며, 어느 한 편도 자극할 생각이 없다고 답변하였다. …… 메레칼로프는 바이쯔체커에게 향후 소련과 독일 간의 관계를 어떻게 보고 있는지 물었다. 이에 대해 바이쯔체커는 이제 그 관계는 더 이상 좋아질 수 없다. 당신은 우리 두 나라 간에 이데올로기적 대립이 있다는 점을 알고 있다. 그러나 동시에 우리는 당신들과의 경제적 관계를 진지하게 발전시키길 원한다고 답변하였다."[26] 여기에서도 바이쯔체커가 소련 대사의 탓으로 돌린 정치적 논평에 관한 언급은 들어 있지 않다.[27]

정치적 문제를 들고 나온 사람은 메레칼로프가 아니라 바이쯔체커였다. 다름 아닌 바이쯔체커 자신의 회고록이 그 점을 입증한다. 그는 "우리가 1939년 4월, 폴란드에 공개적으로 도전장을 내밀었다. …… 러시아인에 대한 우리의 구애가 시작되었다"고 썼다.[28] 메레칼로프는 바이쯔체커의 말에 대응하는 과정에서 위기의 시기에 대사의 임무로써 동부 및 중부 유럽의 현재의 상태에 대한 독일의 견해를 물어 본 것에 불과하였다.[29] 메레칼로프의 방문을 지시한 리트비노프의 전보는 소련과 독일 간의 화해에 대해 그 어떤 암시를 담지 않았다. 그리고 그 시기에 리트비노프의 전보를 제외한 그 어떤 다른 훈령도 모스크바에서 전달되지 않았다.[30]

---

26) док. 236, *ДВПС*, т. 22, кн. 1, 291-3쪽.

27) G. Roberts, *The Soviet Union and the Origins of the Second World War. Russo-German Relations and the Road to War, 1933-1941* (London, 1995), 70쪽.

28) Fleischhauer, *Der Pakt*, 147쪽.

29) 같은 책, 같은 곳.

30) Roberts, "Infamous Encounter?," 923쪽.

그러므로 둘 간의 대화는 전반적인 정세에 관한 통상적인 의견 교환에 지나지 않았다고 할 수 있다. 따라서 이러한 회동은 양국 간의 관계 개선을 목적으로 한 구체적인 접촉을 입증할 수 있는 증거가 아니다. 설사 양국 간의 관계에서 변화의 조짐이 있다 하더라도, 그것은 중단된 경제적 관계를 지속한다는 수준에 그치고 만 것이었다. 이러한 신호 역시 소련이 아니라 독일에서 나왔다.[31] 이 과정에서 메레칼로프는 정치적 관계를 떠나 독일과의 경제관계를 재개하는 데 개인적으로 관심을 갖고,[32] 두 국가 간의 새로운 무역 협정에 관한 독일과의 경제 협상의 재개를 고무했던 것일지도 모른다.

이 회동 이후, 독일은 소련과의 관계 개선을 위한 노력에 박차를 가할 수 있는 좋은 계기를 맞이하였다. 그간 소련의 외교정책을 담당해 왔던 외무인민위원장 리트비노프가 해임되었던 것이다. 사실 독일의 입장에서 볼 때, 리트비노프의 해임은 반가운 일이었다. 독일은 유대인이자 친서구주의자인 리트비노프가 자국의 대소 접근을 방해하는 인물이라고 생각하였다. 그러한 인물이 없어지자, 독일은 자국의 접근을 성사시킬 수 있는 유리한 환경이 조성되었다고 생각하였다.[33] 독일은 리트비노프 해임을 자국에 대한 협력 신호로 받아 들였다. 티펠스키르흐는 "이러한 결정은 리트비노프 자신이 추구한 회담을 놓고 크렘린 내부에서 견해 차이가 있음을 의미할 것"이라고 보고하였다.[34] 몰로토프가[35] 외무인민위원장으로 임명되었다

---

31) Fleischhauer, *Der Pakt*, 146쪽.

32) Горлов, 앞의 글, 16쪽.

33) Семиряга, *Тай ны*, 15쪽.

34) *Советско-Нацистские Отношения*, 9쪽.

35) 많은 학자들은 인민위원회 의장인 몰로토프를 유명한 소련의 민족주의자이며, 친서구적인 외교정책보다는 오랫동안 친독일적인 외교정책을 선호한 인물로

는 사실은 집단 안보 시대가 끝났음을 입증해준다는 것이었다.[36] 소련과의 우호적인 관계 수립을 바라던 독일 측 인사들은 리트비노프의 해임을 소련이 독일을 선택하기로 결정하였다는 의미로 받아들이기까지 하였다.[37] 실제로 히틀러도 리트비노프의 해임에 관심을 표명하였다.[38]

그 이후 독일은 소련과의 경제적 관계의 재개를 위해 박차를 가하였다. 5월 5일, 슈누레는 메레칼로프에게 소련이 스코다 공장과 맺은 계약이 준수될 수 있다는 사실을 알렸다.[39] 5월 9일에 아스타호프는 새로운 타스 통신의 기자 필리포프를 소개하기 위해 독일 외무부 언론 담당국 국장인 슈툼(Baron von Stumm)을 만났다.[40] 아스타호프는 그와의 만남에 대한 보고에서 다음과 같이 진술하였다. "필리포프와 간단한 인사를 나눈 후, 슈툼은 여느 때와 달리 전반적인 정책, 특히 독일과 소련의 관계에 관한 대화로 넘어갔다. 슈툼은 독일 언론의 태도가 달라졌다는 점, 독일이 이미 소련과의 관계 개선을 향해 많은 노력을 기울였다는 점을 지적하면서 리트비노프의 해임이 독일과 소련 간의 관계에 유익한 영향을 끼칠 것이라고 터놓고 말하였다."[41]

그렇지만 소련은 여전히 소극적인 태도를 보였다. 아스타호프는

묘사하였다. 몰로토프의 이러한 특성이 정책 전환을 의미한다는 것이다.

36) R. Overy and A. Wheatcroft, *The Road to War* (London, 1989), 210쪽.

37) Fleischhauer, *Der Pakt*. 162쪽.

38) Ahmann, "Der Hitler-Stalin-Pakt: Nichtangriffs-und Angriffsvertrag?," 32-3쪽. 그리고 리트비노프 해임을 전후한 소련 외교정책에 관해서는 이 책 제3장 2절을 참고할 것.

39) док. 280, *ДВПС*, т. 22, кн. 1, 338쪽.

40) Горлов, 앞의 글, 16쪽.

41) док. 329, *Советско-Нацистские Отношения*, 10쪽을 참고하시오.

140

분명히 관계 개선의 징후에 대한 슈툼의 언급을 부정적일 뿐만 아니라 회의적으로 바라보았다. "나는 슈툼의 모든 주장에 대응하여 독일 측이 공개적으로 자신의 주도로 독일과 소련 간의 관계를 왜곡시켜왔고 관계 개선이 주로 자신들에 달려있다는 점을 지적하면서 이의를 제기하였다. 소련 측은 정지 작업이 선행된다는 조건으로 관계 개선을 피하지 않겠다. 슈툼이 언급한 개선의 징후에 관한 한, 나는 우리가 단기적인 전술적 책략의 한계를 넘어 그것을 진지하게 받아들여야 할 하등의 이유가 없다고 지적하였다."[42] 5월 12일에 아스타호프는 포촘킨에게 편지를 보냈는데, 여기에서도 그의 태도는 변하지 않았음을 짐작할 수 있다. 아스타호프는 이렇게 썼다. "나의 전보문과 기록 일기에서 당신은 독일인이 독일과 소련 간의 관계 개선을 추진하고 있거나 이미 달성하였다는 인상을 주려고 노력한다는 사실을 알 수 있을 것입니다. 독일인이나 어리석은 외국 통신원들이 지어낸 모든 터무니없는 낭설 중에 우리와의 관계에 대한 독일 언론의 논조가 놀랄 만큼 달라졌다는 단 한 가지를 확실한 사실이라고 말할 수 있습니다. …… 그러나 이러한 사례를 지적하는 동안에도 물론 우리는 그러한 변화가 극히 형식적인 것이라고 생각해야 하고 독일의 불분명한 태도를 늘 염두에 두어야 합니다. …… 우리에 대한 독일의 태도에서 이러한 변화의 이면에는 동기가 있기 마련이고 현재에는 어떤 진지한 고려가 있다는 점이 확증되지 않았다는 사실은 분명합니다. 따라서 비록 우리가 관계를 개선할 기회가 주어졌을 때 언제나 타협할 준비를 하고 있지만, 나는 독일인 및 독일인과 친근한 사람들에 의한 접근에 대응하여 당신이 현재 우리가

---

42) *Год Кризиса*, т. 1, 442쪽.

이러한 변화의 진지성을 믿을 수 있는 근거를 갖고 있지 않다고 답변하였다는 점에 반대해서는 안 된다고 생각합니다."43) 이와 같이 소련은 독일이 관계 개선을 위한 접근을 받아들이지 않았다.

독일의 접근 의도에 대한 소련 측의 불신은 지속되었다. 5월 27일에 아스타호프는 몰로토프에게 보낸 편지에서 이러한 의심을 숨기지 않았다. 그 내용은 다음과 같다. "물론 언론에서의 이러한 지속된 전술 자체가 독일을 그 어떤 의무에도 구속시킬 수 없다는 점은 확실하다. 그리고 독일은 언제라도 전술을 바꿀 수 있다. 그렇기 때문에 독일이 그러한 전술을 더욱 구체적인 조치를 통해 뒷받침하지 않는다면, 그러한 전술이란 우리와 그들의 관계에서 진지한 변화의 증거일 수 없다. 그들은 그렇게 할 수 있을까?"44)

소련 지도부 역시 독일의 의도에 대해 의심하는 태도를 보였다. 이 점은 5월 20일에 이루어진 슐렌부르크와 몰로토프 간의 회동에 관한 기록에서도 엿볼 수 있다. 독일 대사 슐렌부르크는 새로운 차관 조약을 위한 협상이 재개되어야 하고 슈누레가 그러한 목적을 가지고 소련으로 파견될 것이라고 말하였다. 이에 대해 몰로토프는 분명한 거부 의사를 밝혔다. "나는 대사에게 다음과 같이 말하였다. 우리가 슈누레의 모스크바 방문에 관해 들은 것이 처음은 아니다. 슈누레는 소련을 향해 출발할 예정이었지만, 그의 열차 편은 취소되었다. 최근에 독일과 몇 차례에 걸쳐 경제 협상을 가진 바 있으나 아무런 성과도 낳지 못하였다. 게다가 우리는 독일 정부가 실질적인 경제 협상을 하는 대신 일종의 게임을 하고 있었고 그러한 게임을 하는 동안 소련이 아니라 다른 나라에서 자국의 동맹국을 찾으려

---

43) док. 341, 같은 책, т. 1, 457-8쪽.

44) док. 382, 같은 책, т. 1, 516-7쪽.

하였다는 인상을 받았다. 소련은 그러한 게임에 참여하지 않을 작정이다. 현재 상황은 슈누레의 모스크바 방문을 위해 좋은 조건이 아니다. 경제 협상 이전에 적절한 정치적 토대가 형성되어야 한다. 과거 독일과의 회담 경험이 입증해주듯이, 그러한 정치적 토대 없이 경제적 문제가 해결될 수 없다. 이에 대해 대사는 재차 독일이 진지하게 경제 회담에 관여했고 독일과 소련 간의 정치적 분위기가 지난 해 이래 현저히 개선되고 있으며, 독일은 소련을 공격할 생각도 없고, 독일과 소련 간의 조약이 여전히 효력을 갖고 있으며 독일에서 이 조약의 폐기 통고를 원하는 사람이 없다고 되풀이해서 말하였다. 정치적 토대를 어떻게 이해해야 하는지에 관한 슐렌부르크의 질문에 대해, 나는 이 문제에 관해 우리와 독일 정부가 생각해보아야 한다고 답변하였다. 경험에 비추어볼 때, 소련과 독일 간의 경제 회담은 아무런 결과를 얻지 못했고 대사가 위에서 언급한 독일과 소련 간의 정치적 분위기의 개선도 충분하지 않다. …… 토론이 진행되는 동안 줄곧 대사는 나의 발언을 전혀 예상하지 못하였다는 듯이 받아들였다. …… 대사가 현재 시점이 슈누레의 파견을 위한 좋은 조건이 아니라는 것인가라고 물었을 때, 나는 경제 회담에 앞서 적절한 정치적 토대가 형성되어야 한다고 답변하였다."45) 따라서 회담에서 보여준 몰로토프의 태도는 긍정적이기보다는 부정적이었다고 할 수 있다. 슐렌부르크 자신도 이 점을 확증하였다. 몰로토프와의 회동 이후, 슐렌부르크는 포촘킨을 찾아간 자리에서 "독일의 정책이 소련에 반대하는 것이 아님"을 부연 설명하기까지 하였다.46)

소련이 이와 같이 독일을 의심했음에도 불구하고, 독일은 소련에

---

45) док. 362, 같은 책, т. 1, 482-3쪽.

46) *Советско-Нацистские Отношения*, 13쪽.

대한 접근을 지속하였다. 5월 23일에 히틀러는 독일 장군들에게 소련과의 경제관계를 새로운 정치적 토대로 계속 발전시키고 싶다고 말하였다.[47] 이어 5월 30일에는 바이쯔체커가 소련과의 경제적·정치적 관계 개선에 관한 논의를 진전시킬 목적으로 아스타호프를 자신의 사무실로 초대하였다. 아스타호프가 보고한 바에 따르면, 바이쯔체커는 아스타호프에게 다음과 같이 말하였다. "몰로토프는 슐렌부르크에게 정치적 관계에서의 개선 없이는 경제관계의 발전이 불가능할 것이라고 말하였다. 이것은 확실히 우리가 메레칼로프에게서 들은 것과 반대된다. 메레칼로프는 경제적 관계가 정치에 의존되지 않는다는 입장을 지지한 바 있다. 이것은 메레칼로프가 우리에게 여러 차례 되풀이 한 말이었다. 그리고 우리는 이것을 기점으로 협상에 이르렀다. 그때와 지금 사이에 우리는 반대되는 말을 들었고 소련이 일반적으로 경제관계의 해결과 슈누레의 방문에 부정적 태도를 취했으며, 선택이 소련에 달려 있다는 인상을 받았다. …… 관계 정상화를 위한 토대는 이미 마련되어 있다. 독일 상점에는 소련이 선택할 수 있는 많은 물건이 진열되어 있다. 만일 소련이 이러한 노선을 따르길 원한다면, 모든 일은 잘 풀릴 것이다. 만일 소련이 포위 정책으로 영국과 프랑스와 동맹을 맺을 작정이라면, 그때 독일도 소련에 대한 포위 정책을 준비할 것이다."[48] 아스타호프는 이 보고서의 끝머리에 "바이쯔체커가 관계 개선에 관한 회담의 가능성을 드러내고 영국과 우리의 타협을 방해하려고 한다. 그러나 그들은 어떤 협정을 원하고 있는지 구체적으로 언급하지 않았다. 이것은 그들

---

47) Pietrow, *Stalinismus*, 66쪽.

48) док. 384, *Год Кризиса*, т. 1, 519-20쪽. 이 회담에 관한 바이쯔체커의 전보는 *Советско-Нацистские Отношения*, 24쪽을 참고할 것.

144

의 전형적인 태도이다"[49]라고 부언하였다. 아스타호프의 보고문으로 미루어 볼 때, 소련은 여전히 독일의 의도가 3국 협상을 방해하기 위한 것이라고 생각했던 셈이다. 그리고 사실 이 당시 독일은 3국 동맹 협상을 어떤 식으로든지 방해할 생각이었다.[50] 이처럼 독일은 소련과의 진지한 동맹이 아니라, 단지 3국 동맹 협상을 방해하기 위한 '소극적' 전술로 일관했던 것이다.

이러한 독일의 대소 접근은 소련 측의 적극적인 대응을 이끌어내지 못하였다는 점에서 별다른 성과를 얻지 못하였다. 그 점에서 1939년 초부터 소련이 독일과 동맹을 맺을 생각으로 '이중 외교'를 펼쳤다는 주장은 그 근거가 미약하다고 볼 수 있다. 이 시기에 소련은 영국 측의 동의를 이끌어내서 '3국 협상'에 전력을 기울일 수 있었기 때문이다.

2) 대소 외교 전략의 수정

① '3국 동맹 협상'을 방해하기 위한 '소극적' 전술의 포기

하지만 독일이 대소 외교 전략을 전면적으로 수정해야 할 만큼 급박한 상황이 발생하였다. 일본과의 군사적 동맹을 확보하려고 한 독일의 계획이 무산될 위기에 처한 것이다. 독일은 영국·프랑스·소련 간의 동맹 협상의 결렬 정도가 아니라 아예 소련과의 동맹을 우선적으로 고려하기로 결정하였다. 폴란드를 고립시키려고 한 모든 노력이 수포로 돌아간 상황에서, 소련과의 동맹은 최후의 몸부림이었다. 독

---

49) *Год Кризиса*, т. 1, 520쪽.

50) Dok. 53, Pätzold & Rosenfeld (Hrsg.), *Hakenkreuz und Sowjetstern*, 142쪽을 참고할 것.

일은 이를 통해 전쟁을 국지전으로 만들 수 있기 때문이다. 6월 16일
에 리벤트로프는 베를린에 체류 중인 로마 주재 일본 대사 시라토리
(Toshio Shiratori)에게 일본의 행동 때문에 이제부터 독일이 소련과
의 불가침 조약을 체결할 수밖에 없을 것이라고 말하였다.[51] 독일은
소련과의 불가침 조약을 구상하고 있었다.[52] 독일이 이러한 구상을 한
배경에는 소련과 조약을 체결할 경우, 영국이 폴란드를 포기할 것이라
는 히틀러의 확신이 자리 잡고 있었다. 히틀러가 이 점을 어느 정도
확신했는지를 알 수 있는 한 가지 사실도 있다. 8월 27일에 히틀러는
영국이 독일과 폴란드 간의 전쟁에 개입하지 않을 것이라고 공언하면
서 헤벨(G. Hewel)과 내기를 할 정도였던 것이다.[53]

그후 6월 17일에 베를린에 체류 중인 슐렌부르크는 아스타호프를
만났다. 이 만남 이후 아스타호프는 몰로토프에게 다음과 같이 보고
하였다. "슐렌부르크는 나에게 나와 바이츠체커 간의 대화를 독일 정
부의 관계 개선에 관한 의견 교환의 첫 시도로 이해해야 한다고 확언
하였다. …… 리벤트로프와의 대화를 은밀하게 언급한 뒤 슐렌부르크
는 관계 개선의 분위기가 무르익었고 양측이 그 분위기를 이용하기
위한 단호한 의지를 보여 주어야 한다고 강조하였다. 이에 대해 나는
모스크바의 명확한 지시가 없기 때문에 소련이 독일과의 관계 개선을
반대하지 않는다는 원칙적인 입장만을 반복할 수밖에 없었다."[54]

그와 동시에 아스타호프는 독일이 3국 동맹 협상을 방해하기 위

---

51) Read & Fisher, *The Deadly Embrace*, 97쪽.

52) Rosenfeld, 앞의 글, 42쪽.

53) Weber, *Die Entstehungsgeschichte*, Anm. 35, 233쪽. 그리고 그 당시 독일 지
도부도 이와 같은 판단을 공유하였다.(Shirer, *Berlin Diary*, 141-2쪽을 참고할
것.)

54) док. 413, *Год Кризиса*, т. 2, 40쪽.

한 외교적 압력을 다각도로 모색하고 있다고 보고하였다. 그에 따르면, "…… 어쨌든, 폴란드는 독일의 정책에 있어서 첫 번째 요소이다. 폴란드에 대한 비난과 선동도 지속되고 있다. …… 독일 군 사령관인 할더와 카나리스 제독이 핀란드와 에스토니아를 방문할 예정이다. 또한 에스파냐 국왕 프랑코와 불가리아 수상, 그리고 불가리아 국왕은 베를린을 방문할 예정이다. …… 이러한 일련의 베를린의 카드는 이른바 '포위 정책'에 맞선 대항 조치임에 틀림없다."[55] 즉 독일은 3국 동맹 협상이 본격적으로 진행된 시기에 자국이 이러한 '포위 정책'에 반대한다는 것을 일련의 외교적 조치를 통해 간접적으로 시사한 셈이었다. 이러한 사실은 6월 28일에 있었던 슐렌부르크와 몰로토프 간의 회동에서도 확인된다. 슐렌부르크는 몰로토프에게 독일이 소련과의 관계 개선을 진지하게 원하고 있다고 말하였다. 그러면서 그 증거로 최근에 라트비아 및 에스토니아와 체결한 불가침 조약을 제시하였다. 그러나 이에 대해 몰로토프는 이러한 불가침 조약이란 독일을 위해 체결된 것이지 소련과의 우호와는 상관없다고 반박하였다.[56]

이와 같이 소련이 독일 측 접근의 의도를 의심하고 별다른 대응을 하지 않자,[57] 독일의 구애 활동은 잠시 소강 국면에 접어들었다.

---

55) док. 370, *ДВПС*, т. 22, кн. 1, 466-7쪽.

56) док. 442, Год Кризиса, т. 2, 65-6쪽.

57) док. 485, 같은 책, т. 2, 109쪽. 독일은 소련의 의도를 알아내려고 애썼고 소련의 대응을 기다렸다. 무역 협상이 6월 2일에 지속되었을 때, 모스크바 주재 독일 상무관인 힐거는 미코얀(А. И. Микоян)에게 "독일이 모스크바의 답변을 기다리고 있지만, 답변을 받지 못하였다"고 말하였다.(док. 388, 같은 책, т. 2, 7쪽.) 6월 17일에 미코얀은 무역 협상을 재개하기 위해 슈누레를 모스크바로 파견할 것이라는 힐거의 전달을 받았을 때, 현재의 경제 협상을 정치적 게임으로 이용할 수 있는 독일의 속임수를 경고하였다.(док. 412, 같은 책, т. 2, 38쪽.) 따라서 정치적 영역에서 소련은 독일과의 관계 개선의 가능성에 관하여

독일 외교관들이 이행하지 않았지만, 6월 29일에 히틀러는 모스크바에 대한 행동을 중단할 것을 지시하였다.[58] 그러나 이러한 지침은 곧 취소되었고,[59] 독일의 접근은 더욱 진지해졌다. 7월 24일에 영국은 일본을 독일 진영에서 끌어내 중립화하는 데 성공하였다. 아리따—크레이기(Arita-Craggie) 협정이 체결되었으며,[60] 일본은 유럽에서 전쟁이 발발할 경우에 중립을 유지할 것임을 선언하였다.[61] 바로 그날 영국과 프랑스는 군사 협상을 위해 모스크바로 대표단을 파견하기로 결정하였다. 영국과 프랑스, 소련 간의 군사 협상이 곧 시작될 것이다. 이것은 독일의 입장에서 볼 때 최악의 상황이었다.

독일 지도부는 영국과 프랑스, 소련 간의 군 사절단의 협상이 예정되었다는 정보를 입수한 순간에 신속히 자신들의 전술을 바꾸었다. 독일은 3국 협상을 지연시키는 데 온 힘을 기울이고자 했을 뿐만 아니라, 비록 "일시적인 전술"[62]에 지나지 않지만, 관계 개선을 위한 급진적인 전환의 가능성을 신중히 고려하였다.

② 동유럽에 대한 영향권 조정 제의

7월 중순경, 히틀러는 리벤트로프에게 폴란드와의 분쟁을 해결할 때까지 소련과의 새로운 라팔로 시대를 열 것을 요구하였다.[63] 그

계속 능장을 부렸던 것이다.

58) Dok. 71, Pätzold & Rosenfeld (Hrsg.), *Hakenkreuz und Sowjetstern*, 165쪽.

59) Weber, *Die Entstehungsgeschichte*, 227쪽. 여기서 베버는 이와 관련된 독일 측 문서가 불충분하기 때문에 이탈리아 문서를 가지고 이러한 사실을 평가하였다. 그 문서는 베를린 주재 이탈리아 대사인 아똘리꼬(Attolico)의 보고였다.

60) Fleischhauer, "Die Sowjetische Außenpolitik," 28쪽.

61) Weber, *Die Entstehungsgeschichte*, 232쪽.

62) Martin, 앞의 글, 125쪽.

63) Dok. 76, Pätzold & Rosenfeld (Hrsg.), *Hakenkreuz und Sowjetstern*, 169쪽.

동안 독일은 소련에 관계 개선의 가능성을 암시하는 데 그쳤던 반면 이제는 소련과의 동맹을 선택하였다. 이것은 독일 외무부 동부 담당관 클라이스트(P. Kleist)의 기록을 보면 알 수 있다. "몰로토프와 미코얀이 믿지 않았지만, 히틀러는 처음부터 러시아라는 '불'과 함께 게임을 할 수 있다는 생각을 염두에 두고 있었다. 영국의 지원에 힘을 얻은 폴란드는 반코민테른 조약의 가입뿐만 아니라, 더 나아가 단치히와 회랑 문제의 해결을 거부하였다. 폴란드의 이러한 완강한 태도는 독일로 하여금 소련과의 대화에 더욱 관심을 기울이게 했다. 비록 이러한 결정이 독일의 입장에서 볼 때 만족스럽지 않지만, 폴란드가 재무장을 시작했고 영국과 프랑스가 군 사절단을 모스크바로 파견하기로 결정한 상황에서 어쩔 수 없는 일이었다."[64]

7월 18일, 독일은 소련과의 경제 회담을 재개하였다. 독일은 이러한 경제 회담을 정치적 관계의 개선으로 전환시키고자 하였다. 소련에 대한 주도권을 장악하라는 히틀러의 지시에 따라,[65] 독일은 이번에는 3국 협상을 저지하는 것 이상을 계획하였다. 클라이스트의 표현처럼, "이제 실질적인 '경주'가 시작되었다."[66] 그리고 장차 다가올 결과도 보다 명확해졌다. "영국과 프랑스가 승리할 것인가? 독일이 승리할 것인가?"[67]

독일의 폴란드 침공까지는, 예정대로라면 대략 한 달가량이 남았다. 그러나 영국과 프랑스, 소련 3국간의 군사 협상이 임박해 있기 때문에, 누구의 방해도 받지 않고 폴란드를 침략할 수 있으리라던

---

64) Dok. 137, 같은 책, 235쪽.
65) Dok. 76, 같은 책, 169쪽.
66) Fleischhauer, *Der Pakt*, 266쪽.
67) 같은 책, 같은 곳.

히틀러의 계산에는 착오가 생겼다. 다급해진 히틀러는 더욱 확실한 조치를 취하였다.[68] 7월 24일, 슈누레는 주독 소련 대리대사인 아스타호프를 만났다. 그 자리에서 슈누레는 아스타호프에게 다음과 같이 말하였다. "독일은 관계 개선의 문제를 논의하자고 거듭 제의했으나 안타깝게도 어떤 답변을 들은 바 없다. 몰로토프는 슐렌부르크에게 이에 관해 아무 것도 말하지 않았다. 만일 소련 측이 독일의 진지한 의도를 믿지 못한다면, 소련은 필요한 증거가 무엇인지 말해야 한다. …… 독일은 발트해 연안국과 루마니아에서 소련의 이해관계에 영향을 미칠 수도 있는 그 어떤 것도 할 생각이 없다. …… 반(反)코민테른 조약은 소련이 아니라 영국에 대항한 것이다."[69]

이틀 후인 7월 26일, 슈누레는 리벤트로프의 위임을 받아 다시 한 번 아스타호프를 만났다. 초청 장소인 베를린의 에베스트 식당에는 소련의 통상 대표인 바바린(Е. И. Бабарин)[70]도 참석하였다.[71] 그 자리에서 슈누레는 아스타호프에게 리벤트로프의 3단계 계획을 전달하였다. "첫 단계는 무역 및 차관 협정을 통한 경제 영역에서 협력을 복원하는 것이다. 두 번째 단계는 언론 및 문화 영역을 포함한 정치적 관계의 정상화와 강화이다. 세 번째 단계는 베를린 조약이나 어떤 새로운 조약으로 귀결될 수 있는 우호적인 정치적 관계의 복원이다."[72] 이에 대해 아스타호프는 그러한 계획이 사실인지 물어보았다. 슈누레는 아래와 같이 답변하였다.

---

68) 같은 책, 277쪽.

69) док. 494, *Год Кризиса*, т. 2, 120-121쪽.

70) 바바린은 몇 개월간 중단된 이후 다시 시작된 경제 협상을 7월 18일부터 슈누레와 이끌고 있었다.(I. Fleischhauer, *Der Pakt*, 266쪽.)

71) В. Я. Сиполс, "За Несколько месяцев," 132쪽.

72) *Советско-Нацистские Отношения*, 39쪽.

어떠한 증거를 원하는가! 우리는 이미 모든 문제에 관한 합의에 도달할 가능성을 입증하고 모든 형태의 보장을 제공할 준비가 되어 있다. 이번에는 소련 차례가 아니다. 우리는 폴란드와 전쟁을 할 것이고 그 전쟁 이후 소련의 이익을 고려하여 소련과 전후 조정 문제를 타협할 준비가 되어 있다. 왜냐하면 그런 다음 우리는 서유럽 국가를 침공할 것이기 때문이다. 이미 독일은 우크라이나에서 모든 열망을 포기한 바 있다. 독일은 발트해 연안국과 루마니아(베사라비아)를 소련의 세력권으로 승인할 것이고 폴란드에 대한 타협도 아주 손쉬울 것이다. 독일은 영국의 정책에 반대한다. 영국은 독일에게서 1919년에 빼앗은 식민지를 되돌려 줄 준비를 하지 않았다. 독일은 소련과 일본 간의 관계 개선을 위해 관여할 것이다. …… 영국이 소련에 무엇을 제공할 수 있는가? 기껏해야 소련을 유럽의 전쟁과 독일에 적대적인 진영에 가담시킬 수 있을 뿐이고, 소련에게 있어서 바람직한 결과를 제공하지 못할 것이다. 그와 반대로, 우리는 무엇을 제공할 수 있는가? 우리는 소련에 중립을 제공할 수 있고 더 나아가 유럽의 전쟁에서 소련을 배제시킬 수 있다. 게다가 소련이 원한다면, 우리는 과거처럼 서로에 이익이 될 수 있는 협정을 체결할 수도 있다. 이러한 관계는 두 나라 모두에 이익을 가져다 줄 것이다.[73]

이 순간 대화가 너무 멀리 나아갔음을 느낀 아스타호프는 『나의 투쟁』에 나타난 히틀러의 동유럽 팽창 계획에 대한 현재의 입장으로 화제를 옮겼다. 아스타호프가 발트해 연안국과 루마니아에 대한 독일의 팽창에 대해 우려를 표명하자, 슈누레는 이렇게 답변하였다. "이러한 나라와 이곳에서의 우리의 활동이 당신들의 이해관계를 침해하지 않을 것이다. 발트해 연안은 틀림없이 열려있는 해역이다. …… 폴란드에 관한 토론은 훨씬 쉬울 것이다."[74] 아스타호프는 화제를 바꾸어 일본에 관한 문제를 언급하였다. 이에 대해 슈누레는 일본과의 관계는 우호적이지만, 그렇다고 해서 이러한 관계가 소련

---

73) 같은 책, 40-1쪽.
74) 같은 책, 41쪽.

과 독일 간의 우호적 관계 수립에 장애로 작용하지 않는다고 말하면서, "우리는 소련과 일본 간의 관계 역시 개선될 수 있다고 생각한다"고 지적하였다.[75]

그 와중에도 상황은 급변하고 있었다. 7월 28일, 프랑스 주재 독일 대사는 프랑스와 영국이 군사 협정의 토대를 마련하기 위한 군 참모 회담을 즉시 개최하자는 소련의 제안에 드디어 동의했고 곧 대표단을 모스크바로 파견할 것이라는 내용의 전보를 독일로 보냈다. 이틀 후에 보낸 추신에서 밝힌 것처럼 독일 대사는 영국이 소련과 더불어 진행하고 있는 협상의 중단을 막기 위해 최후 수단으로 군 참모 회담에 동의하였다고 보았다.[76] 히틀러는 더 이상 주저할 수 없었다. 그는 서유럽 국가와 소련이 협정을 지속시키면서 시간을 끌 경우 자칫 폴란드 침공을 위한 유리한 시기를 놓쳐 버릴 수 있다고 우려하였다. 그럴 경우 히틀러는 독일이 1차대전 때와 마찬가지로 최악의 상황에 직면할 것으로 생각하였다. 히틀러가 보기에 독일이 그와 같은 최악의 상황에서 벗어나는 유일한 방법은 소련의 무조건적이고 무제한적인 중립의 확보였다. 그래서 그는 온갖 수단을 다해 이러한 중립을 확보하려고 전력을 기울였다.

슈누레는 8월 2일에 슐렌부르크에게 보낸 편지에서 이 점을 분명히 하였다. "비밀! 정치적으로 소련 문제는 긴급하게 다루어질 것이다. 나는 지난 10일간 총통과 리벤트로프가 지속적으로 이에 관한 의견을 교환하였다는 사실을 알고 있다. 이러한 의견 교환의 결과 소련 문제가 작게는 영국과 프랑스, 소련 간의 협상을 방해한다는 의미에서, 또한 크게는 우리와의 협조라는 의미에서 가능한 한 신속

---

75) 같은 책, 같은 곳.

76) 샤이러, 앞의 책, 375-6쪽.

152

하게 그 어떤 결과를 내는 것이 중요하다고 생각한다."77) 말하자면
이제 히틀러는 그 어떤 대가를 지불하더라도 독일의 승리를 위해
유리한 조건과 시기를 놓치지 않기로 작정한 셈이었다.

이에 따라 독일은 보다 적극적으로 나왔다. 8월 2일에 리벤트로프
는 아스타호프에게 다음과 같이 밝혔다.

> 경제 협정의 서명은 정치적인 관계 개선의 시초라 할 수 있다. 정치적
> 관계의 개선을 위한 근본적인 전제는 서로의 내정에 간섭하지 않는다는 것
> 이다. 독일 지도부는 국가사회주의의 이념을 수출품으로 고려하지 않으며,
> 마찬가지로 소련 정부가 유사한 견해를 가지고 있다면, 관계 정상화에 대한
> 중요한 장애는 없어질 것이다. 발트해에서 흑해까지의 모든 지역에 걸쳐 우
> 리 두 국가 간의 이해관계의 충돌은 없다. 이 지역에 관련된 모든 문제에
> 대해 협상할 수 있다. 이미 몇 주 전에 제국 정부의 직접적인 지시에 따라
> 독일 언론은 소련에 대한 공격을 중지하였다. 만일 소련 정부가 관계의 개
> 선을 원한다면 소련 정부 역시 동일한 조치를 취해야 한다. 우리는 단치히
> 가 우리의 영토라고 생각하고 있으며 머지않아 그 문제가 해결될 것이다.
> 우리가 폴란드의 저항을 분쇄하거나 폴란드를 아예 없애 버리는 데에는 7
> 일에서 10일이면 충분하다.78)

말하자면 독일은 소련이 중립을 약속할 경우 경제적 협력관계뿐
만 아니라 동유럽에서 영향권의 조정, 그리고 그것을 가능하게 만들
전제 조건인 정치적 우호관계 혹은 새로운 관계의 수립 가능성까지
도 들고 나온 셈이었다. 그만큼 독일은 다급한 입장이었다.

---

77) R. Ahmann, *Nichtangriffspakte: Entwicklung und operative Nutzung in Euripa
1922-1939* (Baden-Baden, 1988), 627쪽.

78) док. 523, *Год Кризиса*, т. 2, 157-158쪽.

2. '3국 동맹' 협상의 교착

독일은 자신의 팽창 계획에 차질이 생기길 원하지 않았다. 그래서 독일은 소련의 중립을 확보하기 위해 적극적인 외교 공세를 펼쳤다. 이와는 달리 대독일 집단 안보를 둘러싼 영국과 프랑스, 소련 간의 협상은 답보 상태였다.

1) 영국의 지연 전술

'3국 동맹' 협상은 예정대로 진행되고 있었다. 그러나 협상에 임하는 영국과 프랑스의 태도는 진지하지 않았다. 그들은 첨예한 갈등을 피하길 원했지만, 단호하지 못했을 뿐만 아니라 오히려 머뭇거리고 있었다. 따라서 협상은 지지부진한 상태를 면하지 못하였다.[79]

하지만 이와 같은 상황은 이미 예정되어 있었던 것이나 마찬가지였다. 앞서 살펴보았듯이, 유럽 각국은 독일의 동유럽 팽창으로 야기된 유럽의 위기에 대처하는 방법에서 상당한 차이를 노정하였다. 영국과 프랑스는 소련이 동유럽의 안전을 보장하는 선언에 동참하기를 원했던 반면에, 소련은 정치적·군사적으로 강하게 결합된 대독일 안전 보장 동맹체를 구축하려 하였다. 영국은 독일과 독일의 침략 위협을 받고 있는 국가들 간의 직접적인 접촉을 유도하려 했으며, 이를 전쟁 당사자들끼리의 "평화로운 해결"이라고[80] 불렀다. 그렇게 될 경우, 영국은 전쟁에 개입할 필요가 없었다. 동유럽 보장 선언은

---

79) док. 408, *Год Кризиса*, Т. 2, 34쪽을 참고할 것.

80) G. Niedhart, *Großbritannien und die Sowjetunion*, 411쪽을 참고할 것.

154

이와 같은 구상을 현실화하기 위한 외교정책이었다. 영국은 자신과 프랑스·소련 3국이 공동으로 동유럽을 보장하겠다고 선언하고, 이를 통해 히틀러가 자신의 구상을 포기하도록 유도함으로써 전쟁을 방지할 수 있다고 보았다. 그것은 한 마디로 독일을 협상의 장으로 이끌어내기 위한 국제정치상의 시위였다. 따라서 소련이 제의한 3국간 정치·군사적 동맹체의 결성은 영국의 구상과 상충되는 것이었다.[81] 소련의 제의를 수락한다면, 유럽은 1차대전 직전과 마찬가지로 적대적인 두 개의 진영으로 나뉠 것이고, 침략국은 그런 상황 속에서 전쟁의 명분을 찾아낼 것이 분명하였다. 영국은 바로 그 점을 우려하였다.[82] 따라서 영국은 소련의 구상이 국제적인 위기에 대한 공공연한 간섭, 결국 전쟁을 전제로 하고 있다고 보았다. 당시 영국의 외무차관이었던 케이도건의 말처럼, "소련의 제안은 그 자신뿐만 아니라 우리까지 독일과의 전쟁에 이끌어 들이는 것이다."[83]

하지만 영국은 소련과의 협상을 받아들일 수밖에 없었다. 케이도건의 고민이 그 이유를 잘 설명해주고 있다. "…… 그렇다고 해도 소련의 제안을 거부하기란 쉽지 않다. …… 우리가 소련의 제안을 거부한다면, 소련은 독일과 불간섭 협정에 합의할 것이다. 그것은 더욱 커다란 위험을 내포하고 있다."[84]

그러나 소련과의 협상은 결코 유쾌한 일이 될 수 없었다. 그것은 싫지만 받아들일 수밖에 없는 대안이었다. 영국은 "매우 꺼림칙한 태도"로[85] 소련과의 협상을 받아 들였다. 이 점은 체임벌린 자신의

---

81) 같은 책, 410쪽.

82) H. Metzmacher, "Deutsch-englische Ausgleichsbemühungen im Sommer 1939," *Vierteljahrshefte für Zeitgeschichte*, 1966, Nr. 14, 370쪽을 참고할 것.

83) Read & Fisher, *The Deadly Embrace*, 72쪽.

84) 같은 책, 같은 곳.

말로도 확인된다. 5월 23일에 그는 케이도건에게 "소련과의 동맹을 원칙적으로 수용할 수밖에 없었지만, 사실 소련의 제의는 매우 짜증나는 일이었다. 더구나 조약이 내포하고 있는 것도 우려할 만하다"[86]고 말하였다. 체임벌린은 여전히 그 스스로가 "우리 정책의 긍정적인 측면"이라고[87] 평가했던 것, 즉 히틀러에 대한 양보 정책에 더 큰 비중을 두고 있었다.

협상은 일단 시작되었지만 영국의 태도는 변하지 않았다. 5월 28일에 체임벌린은 자신의 여동생에게 보낸 편지에서 이렇게 썼다. "사실상 그러한 조건은 러시아인들에게 그들이 원하는 것을 형식적으로나마 제시한 셈이고 동맹을 포기하고 동맹을 단순한 선언으로 대체한 것이다. …… 단순한 선언만으로도 모든 위기를 해소할 수 있기 때문에, 그것은 가장 합당한 구상이다. 동시에 …… 나는 소련과의 관계가 일시적이라고 생각한다. …… 우리가 원할 경우에 소련과 우리의 관계는 수정될 수 있다. 선택권은 우리의 수중에 있어야 한다."[88] 체임벌린의 이러한 태도는 소련과의 협상에 임하는 영국의 본질을 드러낸 것이었다. 소련과의 동맹은 히틀러 독일과의 정치적 해결 및 폴란드와 루마니아와의 선린 관계를 유지하기 위한 차선책에 불과했던 것이다.[89]

영국이 이 상황을 타개하기 위해 동원한 것은 '지연 전술'이었

---

85) 샤이러, 앞의 책, 제2권, 356쪽.

86) Aster, *1939*, 184쪽.

87) Read & Fisher, *The Deadly Embrace*, 93쪽.

88) Prazmowska, *Britain, Poland and the Eastern Front 1939*, 140쪽.

89) R. Manne, "Some British Light on the Nazi-Soviet Pact," *European Studies Review*, vol. 11, no.1, Jan. 1981. 14쪽. 프랑스 역시 마찬가지였다.(이에 관한 자세한 내용은 A. Adamthwaite, *France and the Coming of the Second World War* (London : Fank Cass, 1977), Chps. 17-18을 참조할 것.)

다.[90] 그러한 자세는 협상의 전 과정을 통해 여실히 드러난다. 영국 사가 테일러(A. J. P. Taylor)의 표현처럼, "만일 날짜가 모든 것을 의미한다면, 영국은 분명히 꾸물거렸다."[91] "4월 15일에 영국은 먼저 소련 측에 자신의 제안을 전달하였다. 이틀 후인 4월 17일, 소련은 이러한 제안에 '3국 동맹 협상'을 제안하면서 대응하였다. 영국은 3주일을 소비한 후 비로소 5월 9일에 소련의 제안에 답변하였다. 5일 후 소련은 이러한 영국의 답변에 대응하였다. 13일이 지난 뒤에야 영국은 소련의 답변에 응하였다. 이에 대해 소련은 5일 만에 답변을 주었다. 또 다시 영국은 13일을 소비하였다. 소련은 24시간 안에 답변하였다. 영국은 다시 9일 걸려 소련의 답변에 응수하였다. 소련은 영국의 답변에 2일을 소모하였다. 영국은 5일 이상 걸렸고, 소련은 하루 만에 답변하였다. 영국은 8일을 소비하였다. 소련의 답변은 그 즉시 이루어졌다. 영국은 6일을 지체했고, 소련은 그 즉시 대응하였다."[92] 이와 같이 영국은 '3국 동맹 협상'을 수락하고 논의하는 과정에서 신속히 대응하지 않았다. 또한 구체적인 사안을 둘러싼 논의 과정에서도 영국은 소련의 제안에 긍정적인 태도가 아니라, 대독일 협상을 원하고 있는지조차 의심스러울 정도로 부정적 태도를 취하였다.

영국은 소련과의 군사 회담의 개최에 동의한 이후에도 계속 시간을 끌었다. 이미 1939년 7월 23일 영국 정부는 내부적으로 3국간의 군사 협상에 동의 방침을 세웠다.[93] 7월 25일, 핼리팩스는 이 사실을 마이스키에게 알리면서, 영국의 대표단이 대략 7-10일 후에 모스

---

90) Carley, 앞의 글, 321쪽.

91) A. J. P. Taylor, *The Origins of the Second World War* (Harmondsworth, 1964), 282쪽.

92) 같은 책, 같은 곳.

93) Розанов, *Сталин-Гитлер*, 74쪽.

크바에 도착할 것이지만, 아직 대표단이 구성되지 않았다고 말하였다.[94] 7월 말에 영국은 영국 사절단의 입장을 정했는데, 그것 역시 시간을 끄는 것이었다. 실제로 8월 2일에 핼리팩스는 영국 대표단장 드락스(R. Drax) 제독에게 히틀러가 폴란드에 대한 군사 활동을 착수할 수 없는 가을 우기까지 협상을 지연시키라고 지시하였다.[95] 영국 군 사절단은 자국 정부로부터 "영국 정부는 어떤 상황 속에서도 소련과 연대할 수 있는 그 어떤 명확한 의무에 구속되는 것을 원하지 않는다. …… 협상을 지연시키라"[96]는 훈령을 받았다.

회담은 계속 지연되었다. 그 후에도 영국과 프랑스 정부는 자국의 대표단이 이용하도록 신속한 교통 수단을 선택하지 않았고 오히려 지루한 여행이 되도록 느린 교통편을 마련해 놓았다.[97] 영국대표단은 바로 8월 5일에 영국의 틸버리 항에서 화물 기선 '씨티 오브 엑시터(City of Exeter)'호를 타고 가기로 되어 있었다. 이 배는 9일에 레닌그라드에 도착할 예정이었다. 그곳에서 그들은 기차 편으로 모스크바에 도착할 예정이었다. 배와 기차를 이용하는 긴 여정이 마련된 것은 영국과 프랑스 대표단이 자신들의 훈령을 조정하고 공동으로 협상의 진행 방식을 마련할 수 있는 시간이 필요했기 때문이었다.[98]

물론 세 나라 간의 군사 협상에서 영국과 프랑스가 협상을 지연시키라는 훈령을 보낸 이유는 여러 가지 측면에서 고찰해 볼 수 있다. 그 당시 영국은 소련군의 전투력을 신뢰하지 않았다. 스탈린이

---

94) док. 384, *СССР в Борьбе за Мир*, 515쪽.

95) "Предисловие," *Год Кризиса*, Т. 1, 15쪽.

96) Безыменский , "Альтернативы," 41쪽.

97) док. 450, *ДВПС*, т. 22, кн. 1, 581쪽.

98) Weber, *Die Entstehungsgeschichte*, 272쪽.

158

소련군의 지도부를 참수한 이후, 영국은 소련과의 군사적 동맹의 효율성을 의심했기 때문이다.[99] 영국도 이 시기에 충분한 군사력을 보유하지 못하였다. 그렇기 때문에 영국은 프랑스 및 소련과의 조급한 동맹을 통해 포위당한 독일이 예방 전쟁을 일으키지 않을까 우려하였다. 더 나아가 영국은 협정이 성사된다고 해도 소련이 약속을 이행하리라 생각하지 않았다. 그래서 영국은 독일이 먼저 폴란드나 루마니아를 공격하지 않는 한 소련과 어떠한 관계도 맺으려 하지 않았다. 이러한 사실은 당시 협상에 참여한 영국 사절단의 진술을 통해 확인되었다.[100] 이러한 상황에서 영국의 최선의 선택은 자신들의 입장을 고수하는 것이었다.

그러나 영국과 프랑스가 러시아와의 군사적 협력 없이 '단지 말로써' 히틀러를 단념시킬 수 있다고 생각한 것은 부질없는 일일지도 모른다. 주소 프랑스 대사 나기에르는 영국과 프랑스가 이러한 협상에서 1914년의 군사적 조건을 재현하기 위해 러시아가 독일과 지리적 접촉을 할 수 있도록 허용하는 군사적 동맹이라는 본질을 이해하지 않았다고 지적한 바 있다.[101] 하지만 이와 같은 충고는 영국과 프랑스 지도부의 생각을 바꾸어 놓을 수 없었다. 그것은 계란으로 바위를 치는 격이었다. 그들은 군사 협상의 중요성을 인식하지 않았다. 체임벌린은 "우리가 군사 협상으로 곤란에 직면할 것이다. 왜냐하면 소련 정부가 각국의 군사적 의무와 기여를 명확히 합의하길 원하고 이 점에 관해서 그 어떤 논쟁도 있을 수 없다고 했기 때문이다"라고 말하였다.[102] 이후 핼리팩스도 주영 프랑스 대사 꼬르뱅

---

99) Read & Fisher, *The Deadly Embrace*, 69쪽.
100) Duck, 앞의 글, 312쪽.
101) Carley, 앞의 글, 324-5쪽.

에게 이와 동일한 말을 했다.

> 군사 협상은 그다지 중요하지 않을 수 있다. 군사 협상은 시간을 확보하
> 는 데 이용될 수 있다. 여하튼 군사 협상이 진행되는 동안에, 우리는 소련
> 이 독일과 동맹을 체결하지 못하게 방해할 수 있을 것이다.[103]

영국과 프랑스의 군사 회담에 대한 이러한 인식은 대표단의 구성에서 다시 한번 드러났다. 소련은 최고위급 장성들을 대표단으로 지명하였다. 소련의 대표단은 방어인민위원장 보로실로프(К. Е. Ворошилов)를 단장으로 하여 붉은 군대 참모총장 샤포슈니코프(Б. М. Шапошников)와 해군 인민위원 쿠즈네코프(Н. Г. Кузнеков), 공군 참모총장 로크치오노프(А. Д. Локтионов), 노농 적위대 대표인 스모로지노프(И. В. Смородинов)로 구성되었다.[104] 그에 반해 영국과 프랑스 대표단은 고급 장교들이었지만 소련의 협상 파트너와 동일한 지위에 있는 사람들로 구성되지 않았다. 영국 대표단은 해군 서열상 8번째에 해당한 드락스 제독을 단장으로 공군 지도부 가운데 10번째인 공군 원수 버넷(C. Burnett)과 서열상 57번째인 육군 소장 헤이우드(J. Heywood) 등으로 구성되어 있었다.[105] 프랑스 대표단은 두멩(J. Doumenc) 장군을 단장으로 공군 제3사단장 발랭(L. Valin), 해군사관학교 교관인 윌롬(J. Willaume) 소령, 통역관 크렙스(Armand Valentin Vassili Krebs) 소장, 보프르(A. Beaufre) 보병 대위, 소뷔쉬(P. Soviche) 공병 대위, 해군 대장 비종(Marie-Joseph Willecot de Rincqèsen Vijom) 등이었고

---

102) Панкрашова, 앞의 글, 36쪽.

103) "К истории," 11-12쪽.(강조는 필자의 것임.)

104) док. 530, *Год Кризиса*, т. 2, 176쪽.

105) Aster, *1939*, 291쪽.

모스크바 주재 군무관인 팔라스(Palasse)와 그의 비서 아브라암(L. E. Abraham), 공군 군무관 뤼게(Luguet) 중위가 참여하였다.[106] 이것을 보면, 협상을 수행할 인물들이 동일한 수준에 있지 않다는 사실을 알 수 있다.

영국 주재 소련 대사 마이스키는 영국 대표단의 면면을 보고하면서 군사 협상이 순조로이 진행될 수 없을 것이라고 평가하였다. "영국 대표단의 직위 때문에, 대표단은 언제까지라도 모스크바에 머물 수 있을 것이다. 이러한 사실로 미루어 짐작해보면, 협상이 신속히 종결되는 것이 아니라, 무한정 지속될 수도 있다는 점을 간접적으로 시사한 것이다."[107] 프랑스 주재 소련 대사 수리츠 역시 "사절단은 아무런 구체적인 계획 없이 모스크바로 떠날 예정이다. 그렇기 때문에 그들은 진지하게 협상에 임할 수도 없으며, 오히려 우왕좌왕할 것"[108]이라고 보고하였다. 이들뿐만 아니라, 영국 주재 독일 대사 디르크센(H. von Dirksen)도 동일한 보고를 하였다. 그의 보고에 따르면, "모스크바에서 진행될 군사 협상은 어렵고 복잡한 것이다. 하지만 영국과 프랑스 대표단은 그러한 협상에 어울리는 인물들이 아니었다. 그들의 직분에 합당한 일은 소련군의 전력을 알아내는 것이다."[109] 이러한 일련의 보고는 영국 및 프랑스가 군사 협상에 어떤 의미를 부여하고 있는지, 협정의 타결 가능성을 어느 정도로 고려하고 있는지를 간접적으로 드러내 준 것이었다. 영국과 프랑스 대표단

---

106) "Примечания. 142," *СССР в Борьбе за Мир*, 697쪽.

107) М. Панкрасова и В. Я. Сиполс, "Советско-Англо-Франко Переговоры 1939 г: Документальный Обзор," *Международная Жизнь*, Ноября 1969, 78쪽.

108) док. 395, *СССР в Борьбе за Мир*, 526쪽.

109) "Примечания. 142," 같은 책, 697쪽.

의 구성에 비추어 볼 때, 그들은 군사 협정을 체결할 수 없었다.[110]

물론 영국과 프랑스 대표단이 협상에 대한 전권을 지니고 있었다면, 사절단의 구성은 아무런 문제가 될 수 없을 것이다. 그렇지만 사정은 이와 달랐다. 8월 12일 첫 회의에서 보로실로프는 소련 측이 영국과 프랑스와의 회담을 이끌 수 있고 유럽에서 침략에 맞선 영국과 프랑스, 소련의 군사적 방어를 구축하는 군사 협정에 서명할 수 있는 전권을 지녔다고 말한 뒤,[111] 드락스와 두멩에게 그와 같은 교섭권을 지니고 있는지를 물었다. 그러자 두멩은 달라디에로부터 받은 애매한 위임장을 제시했지만, 당황한 드락스는 그러한 교섭권을 지니고 있지 않다고 말하였다.[112] 그들은 단지 협상하고 논의할 수는 있었지만, 협정에 조인할 수 있는 전권을 지니지 않았던 것이다. 주소 프랑스 대사 나기에르는 "영국과 프랑스가 군사 회담과 관련하여 아무 것에도 동의하지 말라는 훈령을 지닌 대표단을 파견하였다"[113]고 말하였다. 주소 영국 대사 시즈도 같은 생각을 지니고 있었다. 그래서 그는 헬리팩스에게 보낸 편지에서 "정부가 진정으로 협정의 체결을 원하고 있는가?"라고 물어 보기도 하였다.[114] 소련 주재 영국 및 프랑스 대사가 보기에도, 자신들의 정부가 너무나 안일한 태도를 보였던 것이다.

심지어 영국과 프랑스는 구체적인 작전 계획을 지니지 않았고 군사적 지원 계획을 논의하지 않았다. 그들은 단지 전쟁이 발생할 경

---

110) Weber, *Die Entstehungsgeschichte*, 272쪽.

111) док. 530, *Год Кризиса*, т. 2, 176쪽.

112) док. 546, 같은 책, т. 2, 193쪽.

113) док. 545, 같은 책, т. 2, 190쪽.

114) 헬러 & 네크리치, 앞의 책, 394쪽.

우에 있을 수 있는 원칙적인 내용만을 반복하였을 뿐이었다.[115] 그들이 모스크바에 온 이유는 구체적이고 실용적인 협정을 맺기 위해서가 아니라, 주로 자국 정부의 일반적인 견해를 전달하고 본국으로 소련 정부의 주요 계획을 전달하는 데 있었다.[116]

이러한 사실로 미루어 볼 때, 영국은 대표단의 파견을 통해 소련을 안심시키고 독일 측에 압력을 가하려 한 것이 아닐까라는 의혹을 불러일으킬 소지가 있었다. 이미 7월 30일에 체임벌린은 자신의 일기장에 다음과 같이 썼다. "영국과 프랑스, 소련 간의 협상은 실패할 것이다. 하지만 3국 협상은 어떠한 일이 있더라도 중단되어선 안 된다. 그것은 독일에 대한 압력 수단으로 이용할 수 있다."[117] 체임벌린은 소련과의 군사적 동맹이 독일과의 전쟁을 전제로 하고 있다고 생각하였다. 그래서 소련과의 군사적 동맹은 체임벌린 자신이 시종일관 추구한 유화 정책과 모순되는 것이었다.[118] 이것으로 미루어 짐작해보면, 8월 11일에 모스크바에 사절단이 도착한 것은 '정치적 조치'[119]에 불과하고 영국 정책에 있어서 거대한 변화를 의미하지 않는다는 것이다.[120]

---

115) док. 453, *ДВПС*, т. 22, кн. 1, 584쪽.

116) 볼코고노프, 앞의 책, 29쪽.

117) "К истории," 13쪽.

118) 결국 체임벌린은 자신이 선호한 히틀러 정부와의 협조와 본래부터 달가워하지 않았던 소련과의 동맹 사이에서 방황하다가 영국과 프랑스, 소련 간의 동맹뿐만 아니라 영국과 독일 간의 동맹을 확보하는 데에도 실패하였다. 체임벌린 자신도 이러한 결과를 만드는 데 커다란 역할을 하였다.(Niedhart, *Großbritannien und die Sowjetunion*. 410쪽.)

119) Roberts, *The Unholy Alliance*, 141쪽.

120) 이와 같이 이러한 전전의 위기 국면에서 영국은 현실에 외교를 맞추지 않는 서구 외교의 전통인 이상주의를 고수하였다. 그들은 갈등의 첨예화를 피할 수 있길 기대했음에도 불구하고 단호하지 않고 오히려 머뭇거리면서 협상을 이

영국은 여전히 독일과 협상을 차질 없이 진행시키기 위해 소련이라는 정치적 압력 수단을 필요로 하였다.[121] 핼리팩스 역시 이러한 입장을 피력한 바 있다. "…… 우리가 염두에 두어야 할 것은 소련과 우리의 관계가 폴란드와 루마니아뿐만 아니라, 독일을 포함한 모든 다른 나라들에 끼칠 수 있는 영향이다. …… 우리는 전쟁에서 소련의 도움을 잃지 않도록 행동해야 하지만, 우리는 폴란드와의 공동 전선이 위기에 처하도록 해서도 안 된다. 그리고 우리는 평화의 대의를 위험에 빠트려서는 안 된다."[122] 그래서 영국은 독일과 협상 준비를 마쳤다.[123]

이 점은 7월 말~8월 초에 이르러 한층 빈번해진 영국과 독일 간의 비밀 회동을 통해 더욱 분명히 드러났다. 이러한 회동은 체임벌린의 고문인 월슨(H. Wilson) 및 독일 주재 영국 대사 헨더슨(A. Handerson)과 볼타트(G. Voltat) 및 영국 주재 독일 대사 디르크센(H. Dirksen)과의 회담, 7월 27일 케임슬리(Kamsly) 경의 히틀러 방문 등의 형식으로 진행되었다.[124] 특히 독일 대사 디르크센과 월슨은 양국에 다리를 놓아 보려고 노력하고 있었다.[125] 그러한 노력은 8월 3일에 월슨과 디르크센의 회동으로 결실을 맺었다. 디르크센은 회동의 결과를 아래와 같이 평가하였다. "현재 영국 정부가 다른 국

끌었다. 더욱이 그들은 가능한 한 자국의 의무를 줄이되 소련 측으로부터 최대한의 약속을 얻어내고자 하였다.(Арумая(ред), *От Пакта Молотова-Риб бентропа*, 38쪽.)

121) Сиполс, "За несколько," 139쪽.

122) Niedhart, *Großbritannien und die Sowjetunion*, 411쪽, Anm. 762.

123) Pietrow, *Stalinismus*, 63쪽.

124) Metzmacher, 앞의 글, 369쪽.

125) 볼코고노프, 앞의 책, 35쪽.

164

가들과 맺고 있는 관계는 독일과 화해를 위한 예비 수단일 뿐이다. 영국 정부는 독일과 협정을 체결하면, 이러한 관계를 중단할 것이다."[126] 다시 말하자면, 이러한 회동을 수단으로 해서 체임벌린이 "유일하게 중요하고 노력할 만한 가치 있는 목표인 독일과의 연합"을 은밀히 계속 추구하길 바랐다는 것이다.[127] 더 나아가 8월 7일에 슐레스비히홀슈타인(Schuleswig Holstein)에서 체임벌린의 위임을 받은 영국 기업가 집단과 괴링 간의 비밀 회담이 열렸다. 이 회담에서 소련을 제외한 영국과 프랑스, 독일, 이탈리아 간의 회의를 다시 소집하자는 '제2의 뮌헨'이 구체화되었던 것이다.[128]

이러한 비밀 회담은 양국의 권력자에 의해서도 추진되었다. 8월 11일에 단치히 주재 국제연맹 고등판무관이자 스위스 외교관인 부르크하르트(K. Burkhart)는 영국과 프랑스 외무장관의 허락을 받고 히틀러를 방문했다. 이 회동에서 히틀러는 동부에서 독일의 자유로운 행동을 보장한다는 조건으로 독일이 영국과 협정을 체결할 의사가 있음을 밝혔고 체임벌린에게 비밀리에 전달할 서한을 건네주었다.[129] 부르크하르트는 영국 정부에 히틀러의 계획을 알리기로 약속하고 취리히로 떠났다.[130] 그러나 부르크하르트는 자신의 비밀 임무를 완수할 수 없게 되었다. 그의 임무가 프랑스의 언론을 통해 사전에 폭로되었기 때문이다.[131]

---

126) *Документы и Материалы*, т. 2, 200쪽.

127) 놀테, 앞의 책, 310쪽.

128) Безыменский , "Альтернативы," 40쪽. 그와 동시에 영국은 지난 5월 이래 지속한 폴란드와의 재정 협상을 돌연히 이 시기에 중단하고 말았다.(Weber, *Die Entstehungsgeschichte*, 264쪽.)

129) Безыменский , "Августовское Предложение," 40쪽.

130) "К истории," 12-13쪽.

이와 같은 일련의 비밀 회담은 영국이 3국 협상에서 지연 전술을 취한 동기를 충분히 설명해주는 것이었다. 소련의 입장에서 볼 때, 그와 같은 비밀 회담은 성공 여부를 떠나 광범위한 반소 전선의 재등장에 대한 공포를 조장한 것이었다. 영국은 재차 소련을 고립시킬 수 있었다.[132] 주영 프랑스 대사 꼬르뱅 역시 같은 생각을 하였다. 그는 영국 내각이 소련의 지원을 확보하는 동시에 소련을 미끼로 삼아 독일의 팽창을 동쪽으로 유도하려 하였다고 보았다.[133] 한발 더 나아가 체임벌린은 단치히와 회랑에 관한 수정을 생각하기까지 하였다.[134] 이렇게 본다면 영국은 단지 전쟁의 방향을 자신이 아닌 동쪽, 즉 소련이나 적어도 그 인접 지역으로 유도하려 했던 것일 수 있다.[135] 그러한 영국의 전술은 소련의 강력한 반발을 불러 일으켰다.

2) 소련의 강경 대응

소련은 영국의 이와 같은 지연 전술에 많은 불만을 가지고 있었다. 4월 17일에 영국과 프랑스에 일련의 제안을 전달하고 난 뒤, 스탈린은 며칠 동안 초조하게 영국과 프랑스의 답변을 기다리고 있었다. 그러나 영국과 프랑스는 답변을 미루고 있었다.[136] 4월 27일, 스탈린은 영국의 분명한 입장과 독일의 정세를 알고자 영국 주재 소련 대사인 마이스키와 독일 주재 소련 대사인 메레칼로프를 모스크

---

131) Безыменский , “Августовское Предложение,” 40쪽.

132) 같은 책, 338쪽.

133) Niedhart, *Großbritannien und die Sowjetunion*, 411쪽, Anm. 762을 참고할 것.

134) Hildebrand, *Die deutsche Außenpolitik*, 84쪽.

135) 이에 관해서는 Fleischhauer, *Der Pakt*, 131쪽을 참고할 것.

136) Pätzold & Rosenfeld (Hrsg), *Hakenkreuz und Sowjetstern*, 31쪽.

바로 불러 들어 회의를 열었다. 여기에는 당시 인민위원장이었던 몰로토프와 외무인민위원장 리트비노프도 참석하였다.[137] 이 회의에서 마이스키는 영국의 의견, 조약의 지지자와 반대자들 간의 세력관계, 조약에 대한 정부와 개인들의 의견, 영국에서 향후 정치적 발전, 그리고 소련 측의 역 제안에 대한 영국 측의 대응 방안 등과 관련된 보고를 하였다. 영국의 협상 태도에 대한 그의 보고는 전체적으로 회의적이었다.[138] 그렇다고 해서 곧바로 다른 어떤 조치를 취할 상황도 아니었다. 그래서 스탈린은 마이스키와 메레칼로프를 되돌려 보내,[139] 좀 더 자세한 상황을 살펴보게 할 수밖에 없었다.

런던으로 돌아갔던 마이스키는 5월 3일에 소련으로 전보를 보냈다. 그 보고는 자신이 앞서 내린 분석을 다시 한번 확인하는 것이었다. "영국은 원칙적으로 저항 정책, 그리고 소련과의 협력을 지지하고 있다. 하지만 이러한 사실보다 중요한 것은 체임벌린과 다른 유화주의자들이 자신들의 예전 정책을 완전히 포기하지 않았다는 것이다. 그들은 …… 새로이 유화의 방식으로 돌아가려고 애쓰고 있다. 영국 정부의 불확실한 태도는 내각의 재구성과 징병제의 실시,

---

137) Fleischhauer, *Der Pakt*, 159쪽.

138) 이 회의에서 메레칼로프의 보고에 관한 자료는 발견되지 않았지만, 독일 언론의 우호적인 태도와 4월 28일자 히틀러의 제국 의회 연설에서 소련에 대한 비판이 없다는 점을 통해 메레칼로프가 마이스키와는 반대로 긍정적으로 보고했을 것이라고 추측할 수 있을 뿐이다.(Weber, *Die Entstehungsgeschichte*, 116쪽.)

139) 많은 사람들은 4월 21일에 모스크바로 소환된 메레칼로프가 베를린으로 다시 돌아가지 못하였다고 주장한다. 그러나 이러한 주장은 사실과 다르다. 그 증거는 5월 4일에 베를린에서 메레칼로프가 주독 프랑스 대사 꿀롱드르와 회동을 가졌고, 5월 5일에 슈누레가 메레칼로프에게 스코다 군수공장의 문제에 관련된 답변을 직접 전달했기 때문이다. 이것을 끝으로 메레칼로프는 모스크바로 송환당했고 숙청당하였다.

소련의 제안에 대한 문제 등 모든 곳에 나타나 있다. 체임벌린은 소련의 제안에 대해 적어도 히틀러의 연설 때까지 답변하지 않을 것이다. 체임벌린은 야당과 여론의 압력 때문에 소련의 제의를 다시 검토할 수밖에 없었지만, 그가 어떠한 답변을 내놓을지 현 상황에서는 알 수 없다."[140] 리트비노프 역시 주소 영국 대사 시즈로부터 영국이 4월 11일에 자국의 입장을 고수하고 있다는 말을 전해 들었다.[141] 스탈린은 외무인민위원장 리트비노프를 통해 영국과 프랑스 측에 보다 분명한 것을 요구했지만,[142] 그 어떤 긍정적인 답변도 얻어낼 수 없었다.

사실 그 당시 리트비노프는 자신의 제안에 대한 영국의 부정적 입장을 알고 난 뒤, 3국 동맹 협상에 회의를 품기 시작하였다.[143] 그는 영국이 자국의 입장을 고수한다면, 소련에 남겨진 유일한 대안은 고립으로의 후퇴일 것이라고 불만을 토로한 바 있었다.[144] 이러한 회의적인 생각을 지닌 채, 리트비노프는 3국 동맹 협상의 진행 과정을 스탈린에게 정기적으로 보고하였다.[145] 그 가운데 앞서 말한 4월 27일자 회의[146]도 포함된다. 스탈린과 몰로토프는 이 자리에서

---

140) док. 316, *Год Кризиса*, т. 1, 425쪽.

141) док. 312, 같은 책, т. 1, 423쪽.

142) Семиряга, *Тай ны*, 15쪽.

143) 이에 관한 증거는 *СССР в Борьбе за Мир*, док. 22, 25, 128을 참고할 것.

144) Carley, 앞의 글, 321쪽.

145) 몰로토프 역시 리트비노프가 집단 안보 정책의 수행에 회의를 품었다는 사실을 확인한 바 있다.(В. Соколов, "Наркоминдел Максим Литвинов," *Международная Жизнь*, апреля 1991, 119-120쪽.)

146) 4월 27일자 회의가 리트비노프의 해임을 위해 소집되었던 것은 아니었다. 리트비노프 자신도 말했듯이, 자신의 해임이 갑작스러운 결정의 결과가 아니라 국제 정세를 논의한 많은 회의의 결과였던 것이다.(Cragig &. Gilbert (eds.), 앞의 책, 374쪽.) 그리고 이러한 회의는 집단 안보를 둘러싸고 리트비노프와

외무인민위원장과 주영 대사에게 지독한 비난을 퍼부었을 뿐만 아니라 개인적인 모욕까지도 안겨 주었다.[147]

5월 4일, 소련의 외교정책 담당자가 교체되었다. 스탈린은 리트비노프를 해임하고,[148] 몰로토프를 신임 외무인민위원장으로 임명하였다.[149] 외무인민위원장의 교체는 유럽 외교가에 적지 않은 파장을 몰고 왔다. 영국과 프랑스, 독일의 외교정책 담당자들은 리트비노프의 해임이 어떤 의미를 갖는지를 알려고 노력하였다. 5월 4일, 주독 프랑스 대사 꿀롱드르는 주독 소련 대사 메레칼로프를 만나 리트비노프의 해임에 관해 질문하였다. 메레칼로프의 답변은, 그가 모스크바로 보낸 보고문을 참고하면, 다음과 같다. "프랑스 대사가 나를 방문하였다. 그는 리트비노프의 해임에 관해 알고 싶어 하였다. 그는

다른 소련 지도부 간의 심각한 의견 차이를 방증하는 것으로 이용되었다. 이러한 사실을 지지한 사람은 Haslam, *The Soviet Union and the Struggle for Collective Security*, 212쪽과 P. D. Raymond, "Conflict and Consensus in Soviet Foriegn Policy 1933-1939," PhD thesis, Pennsylvanis State University 1979이다. 이들에 대한 비판은 Roberts, *The Unholy Alliance*, 46-52쪽을 참조하시오.

147) Шейнис, *Максим Маесимович Литвинов*, 363쪽. 하지만 그러한 질타는 영국과 프랑스의 입장에 대한 불만을 간접적으로 토로한 것으로 생각된다. 뻬이야르가 지적한 바 있듯이, 4월 14일자 영국의 일방적인 보장 제의는 소련의 입장에서 모욕에 불과했던 것이다.(док. 252, *СССР в Борьбе за Мир*, 348쪽.)

148) 그와 같은 조치는 사실상 소련 국내 정책의 일환이었다. 스탈린은 그 유명한 대숙청을 통해 1936년에서 1938년에 걸쳐 외무인민위원회 직원의 62퍼센트를 제거한 바 있었으며, 리트비노프의 해임은 그러한 숙청의 대미였다. 메레칼로프 역시 5월 5일자 보고를 끝으로 모스크바로 송환되어 숙청의 희생양이 되었다.(*Дипломатический Словарь*, т. 3 (Москва, 1986), 619쪽.)

149) Hugh D. Phillips, *Between the Revolution and the West. A Political Biography of Maxim M. Litvinov* (Boulder, 1992), 166-7쪽. 몰로토프는 외무인민위원장으로 임명된 후, 내무인민위원회의 직원들로 조직의 분위기를 쇄신하였다.(Pietrow, *Stalinismus*, 131쪽.)

외무인민위원장의 교체가 집단 안보 정책과 폴란드에 대한 지지의
철회 가능성을 의미하는지, 아니면 영국과 프랑스와의 회담에서 소
련의 불편한 감정을 표시한 것인지를 알아내고자 하였다. 나는 그에
게 리트비노프의 해고가 런던 및 파리, 우리와의 협상과 직접적으로
관계된 것이 아니고 그 자체로서는 우리의 외교정책의 변화를 불러
일으킬 수 없다고 보증하였다. 몰로토프의 임명을 통해 우리의 외교
정책이 훨씬 더 권위 있는 지도력 하에 이전보다 더 효율적이고 정
확해질 것이다. 나는 리트비노프의 해고가 개인적인 원인 때문이라
고 말한 꿀롱드르의 견해에 반대하지 않았다."150)

　주독 대사관 참사관 아스타호프는 후일 꿀롱드르를 만난 자리에
서 리트비노프의 해임이 집단 안보 제의에 대한 영국과 프랑스 측
의 대응에 대한 소련 측의 불쾌함을 드러낸 것이었다고 말하였
다.151) 말하자면 스탈린은 리트비노프를 해임함으로써 영국과 프랑
스에 경각심을 불러일으키고자 했던 것이다.152) 사실 리트비노프의
해임 이전까지, 스탈린은 국내 정치적 사건과 정책에 집중하고 있었
다. 스탈린은 외교정책을 통제하지 않았다. 그는 단지 외교관계에
관한 권한을 갖고 있는 데 만족하였다. 그래서 리트비노프의 해임
이전에 소련에서는 외교정책을 둘러싼 활발한 내부적 토론과 논쟁
이 있었다.153) 하지만 리트비노프가 축출되고 스탈린과 몰로토프 자

---

150) док. 276, *ДВПС*, т. 22, кн. 1, 332쪽.

151) G. Roberts, "The Fall of Litvinov: A Revisionist View," *Journal of
Contemporary History*, Vol. 27, no.4, October 1992, 641쪽.

152) Bonwetsch, 앞의 글, 566쪽.

153) Pietrow, "Stalin-Regime und Außenpolitik in den dreißiger Jahren. Eine
Zwischenbilanz des Forschungsstandes," *Jahrbücher für Geschichte
Osteuropas*, NF 33, 1985, 509쪽.

신이 외교정책을 지시함으로써 폭넓은 집단 토론은 오히려 더욱더 절실하게 요청되었던 중요한 결정 시기에 중지되었다.154) 스탈린은 몰로토프가 아무런 조건 없이 모든 결정에 따를 것임을 확신하였다. 따라서 스탈린이 외교정책을 직접 통제한다는 점이 리트비노프 몰락의 의미일 것이다.155) 그러한 선택은 스탈린에게 있어서 외교정책을 자신의 통제 하에 보다 효율적으로 추진하기 위한 것이었다.156) 스탈린은 영국의 태도에 분노했지만 별다른 선택을 할 수 없었던 것이다.157)

소련은 협상을 진행시키는 것 이외에 달리 대응할 수 없었다. 세 나라 간의 동맹을 체결한다는 전제하에, 소련은 예를 들면 스위스의 주권 보장과 같은 영국과 프랑스의 특별한 전략적 이해관계를 보장할 준비를 하였다.158) 그 외에도 6월 16일에 소련은 상호 원조 조약이 다른 국가에 대한 보장을 배제하더라도 협상 3국의 영토에 대한 직접적인 침공의 경우에 원조하는 것으로 국한시킨다는 문제를 제기하기도 하였다. 이것은 소련이 조속한 협정의 체결을 원하고 있었

---

154) 스탈린과 몰로토프가 외교정책에 대한 활발한 논의를 방해했다는 사실은 1980년대 말 소련에서 '전쟁 이전 소련 외교정책'에 관한 논쟁에서 주요한 특징 가운데 하나였다. A. Chubaryan, "Was an Earlier Anti-Nazi Coalition Possible?," *World Marxist Review*, August, 1989을 참고하시오

155) 리트비노프의 몰락은 외교정책에 대한 스탈린의 적극적이고 명백한 개입이 시작되었음을 의미하는 것이다.(Roberts, *The Soviet Union*, 72쪽.)

156) 이와 관련해서는 док. 276, *ДВПС*, т. 22, кн. 1, 332쪽을 참고할 것.

157) Pätzold & Rosenfeld (Hrsg.), *Hakenkreuz und Sowjetstern*, 31쪽. 소련은 "국제 정세와 다른 강대국의 입장에서 변화가 일어나지 않는다면, 영국과의 회담에 임하는 소련의 입장은 달라지지 않을" 것이라고 밝혔다.(док. 325, Год Кризиса, т. 1, 435쪽.) 그리고 외무인민위원장을 교체한 뒤, 소련은 영국·프랑스의 협력을 이끌어 냈다.(Roberts, "The Fall of Litvinov," 652쪽.)

158) док. 366, *Год Кризиса*, т. 1, 487-488쪽.

다는 점을 입증하는 것이었다.[159] 영국 주재 소련 대사 마이스키는 자신의 회고록에 "소련이 양측의 선의를 바탕으로 상호 원조 조약을 단기간에, 여하튼 6월 중에 체결할 예정이었다"고 썼다.[160]

이처럼 소련은 협상을 진전시키는 데 노력을 기울였고 리트비노프를 해임함으로써 영국과 프랑스에 경고했지만, 협상 과정에서 영국이 보인 태도는 크게 달라지지 않았다. 영국은 시종일관 "꾸물거렸고" 소극적인 태도로 일관하였다. 이에 대해 소련은 영국과 프랑스가 책임 분담에 대한 약속 없이 단순히 독일의 침략을 저지하는 주요한 역할을 자기들 편으로 떠넘기려 한다고 의심하고 있었다.[161] 다시 말해 이러한 영국의 지연 전술은 체임벌린이 히틀러를 막기 위한 동맹을 결성하는 데 열의를 갖고 있지 않는다는 하나의 증거였다.[162] 7월 17일에 몰로토프는 런던과 파리 주재 소련 대사에게 보낸 편지에서 영국과 프랑스 사절단을 "사기꾼과 거짓말쟁이"로 묘사했고, 그 당시 영국과 프랑스가 "자신들 이외에 아무도 탓할 수 없을" 것이라고 경고하면서 "끝없는 협상 이외에 아무런 결실도 얻지 못할"것이라고 한탄하였다.[163]

---

159) Roberts, *The Unholy Alliance*, 136쪽.

160) И. М. Майский, *Кто помогал Гитлеру?* (Москва, 1956), 133쪽.

161) *История Внешней Политики СССР*, т. 1, 385쪽.

162) 샤이러, 앞의 책, 제2권, 365쪽.

163) док. 376, *СССР в Борьбе за Мир*, 496쪽. 더욱이 이러한 영국의 지연 전술은 뮌헨 협정 이후 증대된 스탈린의 반영 감정을 더욱 증폭시키는 계기로 작용할 것이다.(Семиряга, *Тайны*, 20쪽.) 그리고 소련 지도부의 이러한 인식은 영국과 독일 간의 비밀 회담이 정점에 달한 상황에서 나온 것이어서 그 의미가 남다르다고 할 수 있다. 소련은 독일과 영국이 폴란드를 대상으로 한 "제2의 뮌헨"을 준비하고 있다고 생각하였다. 영국과 프랑스는 히틀러에 포괄적인 양보를 제공할 지도 모를 일이었다.(Л. Безыменский, "Новые материалы о переговорах Wilson-Wohltat," *Новая и Новейшая История*,

그럼에도 소련은 3국간의 군사 협상을 빈틈없이 준비하였다. 그것은 영국과 프랑스의 유화주의자들이 책략을 부릴 소지를 없애고 독일과 전쟁이 일어날 경우에 소련에 대한 실질적인 군사적 지지를 확보하는 확실한 대안이었다. 영국과 프랑스가 적극적인 군사적 개입의 의무를 지지 않은 채 독일 군과 소련 군 간의 충돌을 가능케 할 수 있는 틈을 완전히 배제시켜야만 했던 것이다.[164] 그래서 소련은 영국과 프랑스와 달리 구체적인 작전 계획을 지니고 있었다. 일례를 들어, 독일과의 전쟁을 위해 폴란드 영토를 통과하는 데 필요한 조치를 사전에 철저히 준비하였다. 3국 협상에서 폴란드의 입장을 예견한 소련 군 참모총장은 폴란드 중심이 아니라 북부의 빌나 회랑 지대와 남부의 갈리찌야를 통한 소련군의 활동을 미리 생각해 두었다. 이러한 판단은 소련군이 폴란드를 통과하는 문제 때문에 폴란드와의 관계를 복잡하게 만들지 않기 위한 배려였고 이것은 프랑스 군 사절단의 승인을 얻었다.[165] 두멩 장군은 1939년 8월 15일에 "소련이 소련군의 진군 지역을 아주 엄격하게 제한한다는 사실은 전략적 관점에서 보면 아주 예외적인 행동이지만, 폴란드인의 우려를 불식시키려고 한 것으로 커다란 의미를 부여해야 한다"[166]고 보고하였다.

소련은 그만큼 군사 협정에 커다란 의미를 부여하고 있었다. 7월

1979, no. 1, 83-105쪽을 참고할 것.) 이 점은 마이스키와 로이드조지 간의 회동에서도 확인될 수 있다. 로이드조지는 마이스키에게 체임벌린이 하원이 휴회하고 여름 위기가 정점에 달했을 때 폴란드를 둘러싼 새로운 뮌헨을 계획할 수도 있다고 말하였다.(док. 381, *СССР в Борьбе за Мир*, 504-5쪽.)

164) *История воены Советского Союза 1939-1945*, т. 2 (Москва, 1965), 131쪽.
165) Семиряга, *Тайны*, 21쪽.
166) док. 555, *Год Кризиса*, т. 2, 228-9쪽.

23일에 몰로토프와의 협상 이후 나기에르는 아래와 같이 보고했다. "몰로토프는 군사·정치 협정에 대한 소련의 제안이 수락되었다는 말을 듣고 매우 기뻐하였다. 몰로토프는 군사 협정이 소련에게 매우 중요하며 지체 없이 군사 협상을 진행시켜야 한다고 강조하였다. 그러면서 그는 군사 협상을 모스크바에서 진행시키자고 제안하였다. …… 소련은 '정확하고 구체적인 군사적 보장'없이 무턱대고 독일과 싸운다고 약속하지 않을 것이다. 국가 간의 관계가 세력 균형에 의해 지배된다는 점을 인식해야 할 시점이다. 필요한 것은 구체적인 조항과 조건을 수반한 '고전적인' 군사적 동맹의 체결이다."[167] 그런 뒤 나기에르는 아래와 같이 말하였다. "군사 회담이 시작되고 있다는 단순한 사실은 틀림없이 정치 협상에서 만들어질 수 있는 것보다 전 세계에 훨씬 커다란 영향을 끼칠 것이다. 군사 회담은 제3의 정부에 대한 강력한 시위일 것이다."[168]

이와 같이 소련이 군사 협상에 중요성을 부여했지만, 앞서 지적했듯이 영국에서 전달된 소식은 소련의 기대를 저버리는 것이었다.[169] 영국은 독일과 비밀 회담을 펼치고 있었다. 몽고와 만주 국경에서 벌어진 소련과 일본 간의 잦은 군사적 충돌은 정식 전쟁으로 비화될 조짐을 보였다. 영국은 아리따─크레이기 협정으로 일본을 지지했다. 이것은 소련과 일본 간의 국경 분쟁을 부추기기 시작한 것으로 간주되었다. 이러한 일련의 상황은 소련의 입장에서 볼 때, 독일과 영국, 일본 간의 협력 내지 이해관계의 합의에 도달할 수도 있다는 소련의 의혹을 부추겼다. 다시 말하자면, 제국주의 국가들의 포

---

167) Сиполс и Челышев, 앞의 글, 111쪽.
168) 같은 글, 같은 곳.
169) док. 384, *СССР в Борьбе за Мир*, 515쪽.

174

위 위협이 재차 등장했던 것이다.[170]

　이러한 모든 정황에 비추어 볼 때, 군사 협상은 진통을 겪을 것이 분명하였다. 하지만 소련은 영국 및 프랑스와의 협정 없이 독일과 격돌할 수 없었다. 그래서 소련은 예정된 군사 협상을 진행시키면서 영국의 의도를 확인할 수밖에 없었다. 이를 위해 소련이 취한 방침은 아주 강경하였다. 그 점은 바로 영국과 프랑스와 군사 협상에 임하는 소련 측 대표단이 지니고 있던 방침에 그대로 반영되었다. "1. 양측의 동의 하에 협상은 비공개로 한다. 2. 먼저 군사 협정의 서명에 관한 영국과 프랑스 사절단과의 회담을 이끌 수 있는 우리의 전권을 꺼내 보인 다음, 영국과 프랑스 사절단 단장에게 소련과의 군사 회담에 서명할 수 있는 전권을 그들의 정부로부터 위임받았는지를 물어 본다. 3. 만일 영국과 프랑스 사절단이 협정에 서명할 수 있는 전권을 갖고 있지 않다면, 양팔을 벌려 놀라움을 표시하고 정중하게 어떤 목적을 위해 그들의 정부가 사절단을 소련에 파견했는지를 물어 본다. 4. 만일 그들이 회담과 군사 협정에 서명하기 위한 사전 준비를 목표로 하였다고 답변한다면, 미래의 동맹국, 다시 말해 영국과 프랑스, 소련을 위한 어떠한 방어 계획을 지녔는지, 유럽에서 침략국 측의 공격에 맞서 어떤 계획을 가지고 있는지를 물어 본다. 5. 거의 그럴 리가 없지만, 그래도 혹시 만일 그들이 동맹국을 방어하거나 침략에 맞선 구체적인 계획을 가지고 있지 않다면, 소련 대표단과의 회담을 이끌 영국과 프랑스 사절단이 어떠한 방어 계획을 가지고 있는지를 물어 본다. 6. 만일 영국과 프랑스가 구체적인 계획을 논의하지 않으면서 회담만을 고수한다면, 회담은 개별적이고

---

170) Fleischhauer, "Die sowjetische Außenpolitik," 28쪽.

원칙적인 문제에 대한 토론으로 진행될 것이다. 중요한 예를 들자면, 우리 군대가 독일과 교전하기 위해 빌나 회랑과 갈리치야, 루마니아를 통과할 수 있는가에 관련된 문제다. 7. 만일 우리 군대가 폴란드와 루마니아를 자유로이 넘나들 수 없다는 사실이 드러날 경우, 협정은 성사될 수 없으며 우리는 이미 파국으로 끝날 활동에 참여할 수 없다고 선언한다. 그 이유는 우리 군대가 앞서 언급한 영토를 자유롭게 통과하지 못한다면, 침략에 대항한 모든 방어적 행동은 아무런 소용이 없기 때문이다. 8. 우리의 구체적인 전투력과 작전 계획을 제시한다."171)

소련은 그 방침에 입각해서 영국과 프랑스에게 구체적인 지원 규모와 작전 대안을 제시한 이후 개별적이고 원칙적인 문제에 대한 토론을 진행시키기로 하였다. 먼저 소련군에게 폴란드와 루마니아의 국경을 열어주는 문제가 제기되었다. 사실 폴란드가 전쟁에 휩싸일 경우, 소련군의 지원은 폴란드나 최소한 영국과 프랑스의 동의가 있어야만 가능한 것이었다. 이러한 문제를 제기함으로써 소련은 영국과 프랑스가 폴란드를 지원할 것인지 더 나아가 그러한 과정에서 간접적으로 소련을 지원할 계획을 갖고 있는지를 확인하려고 하였다.172) 영국과 프랑스가 소련과 동맹을 체결하길 원한다면, 그들은 소련의 작전 계획을 받아들이고 폴란드에 압력을 넣어야 한다는 것이다.

---

171) док. 453, *ДВПС,* т. 22, кн. 1, 584쪽.

172) Weber, *Die Entstehungsgeschichte,* 209쪽.

3. 소련의 '이중 외교'

1) 독일 측 제안에 대한 수용

3국 동맹 협상이 난관에 부딪쳐 있었던 반면에, 독일과 소련의 관계에서는 많은 변화가 일어났다. 소련은 독일의 의사가 진지한 것이라는 점을 확인하게 되었다. 7월 26일에 슈누레와의 회담을 마친 후, 아스타호프는 다음과 같이 보고하였다. "독일은 양측이 관심을 가지고 있는 모든 문제에 대해 논의하고, 나아가 우리와 합의에 도달할 준비가 되어 있으며, 우리가 그들로부터 확보할 수 있는 모든 안전 보장을 제공할 준비가 되어 있다. …… 독일은 우호에서 적대까지의 모든 것을 선택할 권리를 우리에게 줄 준비가 되어 있다."[173]

독일의 제의는 아주 새롭고 특이하였다.[174] 7월 27일에 포촘킨에게 보낸 편지에서, 아스타호프는 독일의 새로운 제안에 대한 자신의 의견을 표명하였다. "나는 우리가 원한다면 포괄적인 협상에 독일인들을 포함시킬 수 있고 우리에게 흥미 있는 문제에 관한 보장을 그들로부터 얻어낼 수 있다는 점을 확신한다. 물론 이러한 보장의 대가가 어떠한 것인지는 또 다른 문제다. 어쨌든 관계 개선에 관해 우리와 교섭하려는 독일인들의 이러한 준비에 관해서는 높은 점수를 주어야 할 것이다. 우리는 불가피한 경우에 사용할 수 있는 최후의 비방을 우리 손에 갖고 있기 위해 독일인들에게 용기를 불어넣어야 한다. 이러한 견지에서 그들이 우리 측에 풀어놓은 실타래를 놓치지

---

173) Горлов, 앞의 글, 28쪽.

174) док. 503, *Год Кризиса*, т. 2, 138쪽.: 독일어본은 Pätzold & Rosenfeld, *Sowjetstern und Hakenkreuz*, 175쪽.

않으려면 그들에게 일부 문제를 제기하고 어떤 것을 말하는 것이 아마도 유용할 것이다. ……"175)

소련은 경제 협상의 재개에 동의한 이후176) 이 협상을 단계적으로 정치적 접근의 궤도로 만들자는 독일의 반복적인 시도에 긍정적인 지시를 전달하기에 이른다. 소련 정부가 양국 간의 정치적 관계의 개선을 환영한다는 점에서, 단계적인 개선은 원칙상으로 가능하다는 것이다.177) 그것은 7월 29일자 몰로토프의 전보로 시작되었다. 그 내용은 아래와 같다.

> 소련과 독일은 경제적 관계를 개선하는 가운데 정치적 관계를 개선할 수도 있다. 이러한 의미에서 슈누레는 솔직히 말하면 옳았다. 하지만 독일은 경제 협정에 관한 회동에서 정치적 관계 개선의 의사를 구체적으로 밝혀야 한다고 말할 뿐이다. 얼마 전까지 독일이 소련의 불신을 제거하는 데 노력했던 것은 사실이다. 그러면서도 그들은 소련과의 정치적 관계에서 그 어떠한 개선도 원하지 않았고 소련이 마련한 그 어떤 모임에도 참석하지 않았다. 만일 독일이 이제 정책을 진지하게 바꾸고 실제로 소련과의 정치적 관계를 개선하길 원한다면, 그들은 이러한 개선을 구체적인 형태로 표현해야 한다. 얼마 전 슐렌부르크가 나에게 관계 개선의 열망에 관해 말했지만, 구체적이거나 이해할 수 있는 어떤 것을 제안하는 것을 원하지 않았다. 이제 문제는 전적으로 독일에 달려 있다. 물론 우리는 두 국가 간의 모든 정치적 관계가 좋아지는 것을 환영할 것이다.178)

이와 같은 동의에도 불구하고 소련은 서두르지 않았다. 소련은 독일이 구체적인 제안을 내놓을 때까지 기다릴 생각이었다. 소련은 양

---

175) док. 504, 같은 책, т. 2, 139-140쪽.

176) Глезер (Ред), *Советско-Нацистские Отношения*, 38-9쪽.

177) Fleischhauer, "Die sowjetische Außenpolitik," 29쪽.

178) док. 511, *Год Кризиса*, т. 2, 145쪽.

국 간의 관계 개선이 독일 측의 의지에 달려 있다고 주장하기까지 하였다. "독일인들이 지금 전철을 바꿔 탔다고 해서, 우리가 성급하게 이에 동조할 필요는 없다. 그 이전에 독일이 소련과의 관계를 구체적으로 어떻게 개선하려고 하는지를 확인해야 한다. 따라서 관계 개선은 전적으로 독일에 달려 있다."[179]

그간의 경험에 비추어 볼 때, 독일이 약속을 지킬 것인지, 단순히 독일이 현재의 위기를 모면하기 위한 책략인지를 알아내는 문제는 소련에게 있어서 중요하였다. 물론 아스타호프 역시 독일 측과의 회담에 대해 보고하면서 이렇게 지적하였다. "소련 지도부가 독일과의 협상으로 나아갈 것인가? 독일에 지급해야 할 대가는 어느 정도인가? 이러한 길에서 얼마나 오랫동안 무엇을 얻을 수 있는가? 독일이 3국 군사 협상을 방해할 수 있는 것이라면 무엇이든 할 것임은 분명하였다."[180]

독일로서는 소련의 느긋한 태도에 종지부를 찍어야 하였다. 8월 2일에 독일이 자신의 제의를 구체적으로 제시했던 것은 이와 같은 상황에서였다. 그와 동시에 독일 외무장관이 전면에 나서서 소련과의 회담을 이끌기 시작하였다. 8월 2일에 열린 리벤트로프와 아스타호프 간의 협상은 소련과 독일 간의 사전 협상의 첫 단계였다.[181]

그 다음날 독일은 다시 한번 확인 절차를 밟았다. 슈누레는 아스타호프를 불러 리벤트로프의 제안을 설명하면서 소련 측의 답변을 촉구하였다. 그는 다음과 같이 요청하였다. "소련 정부가 우리와의

---

179) 같은 책, 같은 곳. 이미 7월 28일, 몰로토프는 아스타호프에게 "당신이 할 일은 슈누레의 말을 끝까지 듣기만 하고 그 내용을 소련에 전달한다고 그에게 약속하는 것"이라고 타전하였다.(док. 510, 같은 책, т. 2, 145쪽.)

180) *История Великой Отечественной Войны*, т. 1, 175쪽.

181) Pätzold & Rosenfeld (Hrsg.), *Hakenkreuz und Sowjetstern*, 42쪽.

관계 개선의 문제에 관련된 의견 교환을 바람직한 것으로 고려하고 있는가? 만일 그렇다면 소련 정부는 바람직하다고 생각한 문제를 구체적으로 정할 수 있다. 이 경우에 독일 정부는 이러한 고려에 따라 의견을 진술할 것이다. 대화는 베를린에서 하는 것이 바람직하다. 왜냐하면 리벤트로프와 히틀러가 그러한 대화에 직접적인 관심을 갖고 있기 때문이다. 리벤트로프가 2-3일 후 베르흐테스가르텐에 있는 자신의 여름 별장에서 휴식을 취할 예정이기 때문에, 그가 돌아오기 전까지 첫 번째 조항에 대한 답변을 받았으면 한다. 그 이외에 이 사실이 알려지지 않길 바라며 소련 정부의 신속한 답변을 받았으면 한다."182) 같은 날, 슐렌부르크도 몰로토프와 나눈 회담에서 이러한 제안을 전달하였다.

이에 대해 몰로토프는 독일 정부가 우리와 관계를 개선하려고 보인 노력을 긍정적으로 평가했다. 그런 뒤 그는 이전과 마찬가지로 독일이 반코민테른 조약을 폐기하지 않았고 여전히 국제관계에서 소련에 대해 적대적인 태도를 유지하고 있다고 주장하면서 독일의 대소 정책에 대한 의혹을 드러내었다.183) 이와 같이 소련은 독일이 제안한 관계 개선에 확실한 답변을 주지 않으면서 독일 측에 관계 개선에 대한 희망을 품게 만들었다. 소련으로서는 어렵게 엮어진 독일 쪽의 끈을 놓을 수 없었던 것이다. 8월 4일에 몰로토프는 아스타호프에게 소련 정부가 전반적으로 독일과 의견 교환을 지속할 것이지만, 무역 차관 협정의 성사 여부에 따라 이후 양국 간에 보다 구체적인 논의를 할 것인지 아닌지를 결정할 것이라는 훈령을 타전하였다.184)

---

182) док. 524, *Год Кризиса*, т. 2, 159쪽.
183) док. 525, 같은 책, т. 2, 161쪽을 참고할 것.
184) док. 528, 같은 책, т. 2, 175쪽.

180

슐렌부르크는 몰로토프와 나눈 8월 3일자 회동을 보고하면서, 다음의 결론을 이끌어 냈다. "나는 현재 영국과 프랑스가 소련의 모든 희망을 들어준다면 소련 정부가 그들과 조약을 체결할 것이라고 생각한다. 그렇기 때문에 우리 측에서 소련 정부가 방향을 바꾸도록 상당한 노력을 기울여야 한다."185) 8월 7일에 슐렌부르크는 다시 한 번 더 자신의 판단을 강조하였다. "나는 우리가 소련에게 훨씬 더 유용한 제안을 해야 한다고 믿고 있다."186)

소련 측에서도 그간 진행되었던 독일과의 접촉 상황을 점검하였다. 그것은 8월 8일에 아스타호프가 몰로토프에게 전달한 보고문에 담겨 있다. 그 내용은 아래와 같다.

독일이 제안하고 있는 것은 라팔로 조약과 다른 독일과 소련 간의 정치 협정을 새로운 조약이나 '일부 의정서'로 갱신하자는 것이다. 독일의 실질적인 관심은 동유럽에서 영토 문제의 해결에 있다. 소련이 단치히와 폴란드의 전 독일 지역에 대해 거론하지 않는다면, 그 대가로 독일은 우크라이나에 대한 열망을 포기할 것이고 우리에게 폴란드의 러시아 지역, 베사라비아와 발트해 연안국(리투아니아를 제외한)에서 자유를 부여할 것이다. 나의 판단에 따르면, 조만간 독일은 마지막 제안을 내놓을 것이다. 그들은 폴란드와 전쟁을 벌일 경우 우리를 중립시키기 위해 확실한 이해관계의 합의에 도달할 수 있다고 생각하고 있다. 나는 이 점에 대해 확신한다.187)

---

185) *Советско-Нацистские Отношения*, 48쪽.

186) Dok. 96, Pätzold & Rosenfeld (Hrsg.), *Hakenkreuz und Sowjetstern*, 193-4 쪽.

187) 그와 동시에 아스타호프는 "물론 미래의 사태는 이러한 의무에 의존하는 것이 아니라, 그 이후 결과로 생기는 새로운 상황에 의존하는 것이고, 나는 현재로서는 이것을 예견할 수는 없다"고 다소간 유보적인 견해를 덧붙였다.(док. 534, *Год Кризиса*, т. 2, 180쪽.)

아스타호프의 이와 같은 보고는 소련 지도부를 고무시켰다. 이러한 가운데 소련은 독일의 폴란드 침공 날짜가 최종적으로 확정되었다는 정보를 입수하였다.[188] 그 정보에 따르면, 독일의 폴란드 침공 날짜는 8월 17일이었다.[189] 이미 8월 10일에 소련은 독일이 폴란드의 서부 국경 지대에 전투력을 배치하고 있으며,[190] 독일이 3주 안에 폴란드를 공격할 것[191]이라는 독일 주재 소련 대리 대사인 아스타호프(Г. А. Астахов)의 일련의 긴급 전보를 받았다. 3국 협상이 그 어떤 결과를 확보하지 못하고 진행되는 상황에서 독일이 폴란드를 침공할 수 있었다. 그럴 경우 소련은 독일과 단독 교전이라는 최악의 상황에 처할 수 있었다.

소련 지도부는 히틀러가 자국민의 생존권 확보라는 미명 아래 동부로의 팽창을 분명히 했고, 그 과정에서 슬라브인의 노예화를 천명했다는 사실을 익히 알고 있었다.[192] 스탈린 역시 『나의 투쟁』의 번역본을 읽으면서 그 점을 확신하였다. 그는 히틀러의 계획을 결코 저지할 수 없다고 생각하였다.[193] 그래서 스탈린은 언젠가는 자신이

---

188) Примечания. 131, *ДВПС*, т. 22, кн. 2, 555쪽.

189) 이 정보는 5월 초에 리벤트로프가 클라이스트에게 전달한 것이었다. 5월 17일에 프로스쿠로바(И. И. Проскурова)는 스탈린에게 이 내용을 보고하였다. ("Накануне Войны (1936-1940 гг). Доклад и Записки в ЦК ВКП(б)," *Известия ЦК КПСС*, но. 3, 1990, 216-219쪽.)

190) док. 394, *СССР в борьбе за мир*, 525쪽.

191) док. 405, *СССР в борьбе за мир*, 538쪽.

192) 더 나아가 히틀러는 노골적으로 반볼셰비즘을 천명하였다. 그가 보기에, "러시아의 볼셰비즘은 20세기에 있어서 수행된 유대인의 세계 지배권 획득을 위한 시도였다." 그래서 "유대인의 볼셰비즘화에 반대하는 투쟁은 소비에트 러시아에 대한 확고한 태도를 요구"한 것이었다.(히틀러, 앞의 책, 657-8쪽.)

193) Волкогонов, "Драма Решений," 9쪽. 하지만 네크리치 같은 망명학자들은 스탈린이 히틀러의 주장을 독일의 보수 세력과 중산 계급을 무마하기 위한 선거운동적 웅변술에서 나온 것으로 판단하였다고 주장하였다.(네크리치 &

히틀러와 싸우리라는 것을 알고 있었다.[194]

하지만 소련은 단독으로 독일과 전쟁을 할 수 없었다. 스탈린은 소련군이 취약하다는 사실을 잘 알고 있었기 때문이다. 그는 스페인 내전에서 소련의 무기가 독일의 무기와는 비교할 수 없을 정도로 낙후되어 있음을 알게 되었다. 그래서 그는 그 자신이 새로이 창조하고 과감하게 진행시킨 공업 성장력을 재무장 과업을 위해 전환할 수 있는 시간을 필요로 하였다.[195] 더구나 이 당시 소련 군부는 지난 1937년 6월 11일에 투하체프스키 장군[196]의 처형으로 시작된 대숙청의 영향에서 완전히 벗어나지 못한 처지에 있었다.[197] 특히 숙청 과정에서 최소한 군대의 전체 장교 집단의 절반가량이 제거되었다. 5명의 장성 중 3명이 제거되었고, 15명의 군 사령관 가운데 13명, 406명의 연대 사령관 가운데 220명, 모든 군관구의 사령관 1명씩을 포함하여, 80명의 최고 군사위원회 위원 가운데 75명, 그리고 전쟁 시 부인민위원을 맡게 될 11명 모두 제거되었다. 그 결과 소련 군부에 남은 사람들은 경험 없고 조직되지 않았으며, 군 기강 면에서도 해이한 자들이었다.[198] 이와 같은 군 지도부의 '실질적인' 공백과 더불어, 그 당시에는 별다른 장애 없이 진행되었던 군대의 근대

헬러, 앞의 책, 383쪽.)

194) 볼코고노프, 앞의 책, 32-34쪽을 참고할 것.

195) Raack, *Stanlin's Drive*, 17쪽.

196) 투하체프스키는 붉은 군대에서 가장 뛰어난 사령관이었고 7명의 통솔 장군들과 함께 스탈린의 지위에 개인적인 위협을 가할 수 있는 유일한 사람이었다.(. Read &. Fisher, *The Deadly Embrace*, 12쪽.)

197) Roger R. Reese, "The Red Army and the Great Purges," J. Arch Getty & Roberta T. Manning (eds.), *Stalinist Terror : New Perspectives* (Cambridge, 1994), 198쪽.

198) 물론 정확한 수치는 얻을 수 없지만, 가장 근거 있는 자료에 따르면 대략 35,000명으로 상정하고 있다.(Reese, 앞의 글, 199쪽을 참고할 것.)

화 및 기계화 계획도 완전히 무산되었다.[199] 소련으로서는 전쟁이 일어나기 전에 새로운 군 지도부를 구성하고 충원된 신임 장교들을 다시 훈련시켜야만 하였다.[200] 이를 위해 소련이 참전하는 시기는 가능한 한 최대한 지연시켜 놓던가, 혹은 전쟁의 발발 자체를 차단하든지 해야 하였다. 그래서 소련은 3국간의 동맹을 통해 독일에 공동 대응하든지, 혹은 히틀러와 합의를 통해 독일과 교전을 위한 군사력을 증강시킬 수 있는 시간을 확보해야 하였다.[201]

비록 영국과 프랑스에 대한 불신과 3국 동맹 협상에 대한 의혹이 점점 증대되고 독일 측과의 대화가 진행되곤 있었지만, 소련은 3국 협상을 지속할 수밖에 없었다. 왜냐하면 소련은 독일의 우호적 행동이 3국 동맹을 방해하기 위한 전술인지 아니면 진지한 관계 개선을 위한 제의인지를 확신하지 못했기 때문이다. 이 점은 나기에르가 대표단이 도착할 즈음, 소련의 분위기를 평가한 데에서도 나타난다.[202] 이러한 고려에 입각하여 소련은 8월 11일부터 양측을 상대로 적극적인 '이중 외교'를 펼친다.

---

199) Read & Fisher, *The Deadly Embrace*, 12쪽.

200) "О работе за 1939 год Из отчёта начальника Управления по начальствующему составу РККА Наркомата Обороны СССР, Е. А. Щаденко, 5 Мая 1940," *Известия ЦК КПСС*, no. 1, 1990, 188쪽.

201) *История Внешней Политики СССР*, т. 1, 384쪽.

202) 나기에르는 점차로 크렘린에서 일고 있는 동요의 분위기를 감지하였다. 그래서 나기에르는 프랑스 사절단이 군사 회담의 명확한 체결을 확실히 보장하는 훈령을 갖고 오길 희망하였다.(Bartel, *Frankreich und die Sowjetunion*, 242쪽.)

2) 소련의 '저울질': 이중 협상의 전개

8월 11일 오후에 소련 공산당 중앙위원회 정치국은 독일과의 회담을 승인하였다. 스탈린의 집무실에서 열린 정치국 회의가 끝난 후에, 몰로토프는 자신의 집무실로 돌아가서 자신의 비서인 포드체르프(Б. Ф. Подцерб)에게 아스타호프에게 보낼 전보문을 받아쓰라고 지시하였다. 이 전보문은 아스타호프를 통해 독일 정부에 전달될 예정이었다. 그 내용은 아래와 같다.

> 첫째 소련 정부는 독일이 제기한 무역 협정의 체결과 언론·문화적 협력, 그리고 독·소 협정의 문제를 논의하는 데 관심을 갖고 있다. 둘째, 무역 협정의 체결을 시작으로 이러한 문제들은 단계적으로 논의될 수 있다. 셋째, 회담은 모스크바에서 개최되길 바란다. 넷째, 독일 측에서 누가 회담을 이끌 것인가? 모스크바 주재 독일 대사 슐렌부르크인가 아니면 다른 영향력 있는 인물인가?[203]

그와 동시에 몰로토프는 아스타호프에게 "8월 8일자 당신의 편지에 기술된 내용은 우리에게 흥미 있는 것이다. 그러한 내용에 관한 대화는 준비를 필요로 하며 무역·차관 협정에서 다른 문제로의 단계적인 이행을 필요로 한다. 우리는 이러한 문제에 관한 협상을 모스크바에서 했으면 한다"[204]는 전보를 보냈다. 이로써 독일과 소련 간의 접촉은 새로운 국면으로 들어섰다.

8월 12일에 아스타호프는 슈누레를 만났다. 아스타호프는 슈누레

---

203) Розанов, *Сталин-Гитлер*, 84쪽.(로자노프는 이 회의의 내용이 처음부터 기록되지 않았는지 혹은 기록되었지만 공개되지 않은 것인지 현재까지 확인되지 않았다고 한다.)

204) док. 540, *Год Кризиса*, т. 2, 184쪽.

에게 소련이 수차례에 걸쳐 다양한 통로를 통해 전달된 독일의 제
의를 논의하기로 결정했고 그러한 논의가 단계적으로 이루어질 것
이며, 논의의 장소를 모스크바로 했으면 한다고 알렸다. 이에 대해
슈누레는 이러한 답변이 폴란드에 관한 독일의 제의를 수락한 것인
지를 알아내고자 하였다. 독일은 소련으로부터 자국에게 필요한 '전
략적 후방'을 확보한다는 의미에서 폴란드의 처리 문제에 관한 답변
을 얻어내고자 했던 것이다. 그러나 아스타호프는 소련이 개별 사안
이 아니라 독일 측이 제의한 문제 전반을 논의하기로 했을 뿐이라
고 분명히 말하였다. 그것은 소련이 독일과의 관계 개선을 위한 협
상에 원칙적으로 동의했을 뿐이라는 사실을 말해준다. 아스타호프의
이러한 답변은 슈누레를 당혹스럽게 만들었다.205)

소련이 제의한 단계적 접근은 독일의 입장에서 만족스러운 것이
아니었다. 소련의 계획대로 회담을 진행시킬 경우, 소련은 3국 협상
이라는 카드를 활용하여 독일을 압박할 수 있고, 회담 또한 장기화
될 여지가 다분하였다. 그래서 독일은 재차 소련에 조속한 회담의
개최를 요구하였다. 슈누레는 아스타호프에게 이렇게 말했다. "소련
의 제안을 받아들인 우리 정부가 가능한 한 조속히 회담을 열었으
면 한다. 회담이 베를린에서 개최되었으면 한다. 이 장소에서 우리
는 직접 우리의 견해를 좀 더 자세히 피력하는 데 편리할 것이다.
이 경우 히틀러의 신임을 받고 있는 측근 인사 가운데 한 사람이
회담을 이끌 것이다. 슐렌부르크 대사는 회담의 추진에 필요한 자격
을 갖추지 못했으며, 그러한 인물은 국무장관이자 사법 아카데미 대
표인 프랑크(M. Frank) 박사일 것이다."206)

---

205) док. 462, *ДВПС*, т. 22, кн. 1, 597쪽.

206) док. 549, *Год Кризиса*, Т. 2, 209쪽.

하지만 소련은 여전히 시큰둥한 태도였다. 슈누레의 제안에 대해, 아스타호프는 자신이 답변할 처지에 있지 않다고 말하면서도 개인적 입장을 피력하였다. 그에 따르면 독일 정부가 진정으로 관계 개선을 바란다면, 이번 제안은 그다지 좋지는 않다는 것이었다.[207]

다급해진 독일은 한 걸음 더 나갔다. 히틀러는 소련의 일정표에 동의할 의사가 없었지만, 8월 12일부터 시작된 3국 군사 협상과 기후적 제약 조건을 통해 이중적으로 자신의 전쟁 계획이 위협당하는 것을 원하지 않았다.[208] 그래서 독일은 슈누레의 제의를 철회하고 공식 통로를 통해 행동하기로 하였다. 8월 15일 오전에는 슐렌부르크와 몰로토프 간의 회담이 예정되어 있었다. 바이츠체커는 정세를 고려하여 신속히 일을 진행시키기 위해 슐렌부르크에게 "한층 더 구체적인 조건을 가지고 독일과 소련 양국의 이해관계의 조정에 관한 회담을 계속할 용의가 있다"는 것을 전하라고 타전하였다.[209] 이어 8월 14일 오후 9시경, 슐렌부르크는 리벤트로프로부터 몰로토프에게 다음과 같은 사항을 전하라는 전보를 받았다.

국가사회주의의 독일과 소련이 적대적인 진영에 위치하는 시대는 지났다. 새로운 미래가 두 나라 앞에 열릴 것이다. 독일과 소련 사이에 현실적인 이해관계의 상충은 존재하지 않는다. 독일은 소련에 대해 도전적인 의도를 품고 있지 않다. 발트해와 흑해 사이의 공간, 특히 발트해 연안국들, 발트해, 폴란드, 남동부 유럽 등에서 두 나라가 서로 만족하지 못할 정도로 해결될 수 없는 문제는 없다. 왜냐하면 양국의 정치적 협력이 아주 유익한 것이기 때문이다. 이것은 상호 보완관계를 맺을 수 있는 독일과 소련의 경

---

207) 같은 책, T. 2, 210쪽.

208) Pätzold & Rosenfeld (Hrsg.), *Hakenkreuz und Sowjetstern*, 44쪽.

209) Dok. 50, G. Hass, *23 August. 1939. Der Hitler Stalin Pakt. Dokumentation* (Berlin, 1990), 154쪽.

제에 관련된 것이기도 하다. …… 현재 독일과 소련 간의 관계는 전환점에
와 있다. 아주 가까운 시기에 베를린과 모스크바에서 승인될 결정은 독일과
소련의 인민에게 결정적인 의미를 부여할 것이다. …… 서유럽 강대국에게
만 이득을 안겨 줄 독일과 소련의 붕괴는 피해야 한다. 영국의 정책에 의해
초래된 독일과 폴란드 간의 위기는 독일과 소련 간의 관계를 분명히 해야
할 필요성을 일깨워 주었다. …… 그렇지 않으면 양국 정부가 독일과 소련
간의 우호관계를 부활시키고 적절한 시기에 동유럽에서 영토 문제를 확정
지을 수 있는 가능성을 잃게 되는 사건의 전환이 일어날 것이다. …… 나는
양국관계를 명확히 하고 스탈린에게 앞으로의 독일과 소련 간의 관계 개선
을 위한 토대를 마련하길 원한다는 히틀러의 의견을 전달하고자 즉시 모스
크바를 방문할 준비가 되어 있다.[210]

독일은 소련을 압박하기 위해 발트해와 발트해 연안국, 폴란드와
남동부 유럽의 문제, 필요한 경우에는 동유럽의 영토 문제를 공동으
로 해결할 수 있다고 제안하였다.

8월 15일 밤 8시에 슐렌부르크는 몰로토프를 만났다. 그 자리에서
8월 14일자 리벤트로프의 훈령이 전달되었다. 몰로토프는 독일의 제
안을 원칙적으로 환영하면서도, 독일 정부가 소련과의 협정 체결을
별로 서두르지 않는 것 같다고 말하였다. 왜냐하면 리벤트로프의 방
문 이전에 해결할 문제가 많기 때문이다. 그러한 문제를 해결하지
않고 곧장 회담을 할 수 없다는 것이다.[211] 몰로토프는 "회담을 서
두르는 것이 중요한 일이 아니라, 결정을 내릴 수 있게끔 많은 문제
들에 대한 사전 준비를 해야 할 필요가 있다"[212]고 밝혔다.

소련은 8월 14일자 리벤트로프의 훈령 역시 지금까지의 제안과

---

210) Dok. 52, 같은 책, 155-157쪽.

211) Dok. 55, 같은 책, 160쪽.

212) док. 15, Ю. Фельштинский (Сост.), *Оглашению подлежит : СССР-Герма
ния 1939-1941*, 40쪽.

비교해볼 때, 전혀 새로운 것이 아니라고 보았다. 하지만 소련은 이미 독일의 의도를 진지한 것으로 인식하였다. 그 근거는 8월 12일자 아스타호프의 보고문이다. 그 내용은 다음과 같다. "독일은 폴란드와 갈등이 발생할 경우보다 자유로운 행동을 위해 영토·정치적 문제들에 관한 대화를 하길 원하고 있다. 그들은 영국과 프랑스 군사 절단과 우리의 회담을 중단시키려 한 것 말고도, 군사 협정을 미연에 방지하기 위해 폭넓은 약속을 할 가능성이 있다. 이것을 위해 그들은 반년 전에는 전혀 있을 수 없는 선언과 조치를 준비할 것이다. 독일은 이미 우크라이나에 관해 언급을 자제하기 시작했으며, 더 이상 발트해와 베사라비아, 그리고 폴란드 동부에 관심을 두고 있지 않은 바, 그것은 현재의 순간에서 최소한의 요건이고, 그러한 문제들에 관해 독일은 회담을 길게 끌지 않을 것이며, 아마 우리에게서 폴란드와의 갈등에서 불간섭의 약속을 받아 내고자 할 것이다. 나는 물론 이 단계에서 우리가 이에 관해 관심을 갖게 될 것이라고 전혀 생각하지 않는다."213)

8월 15일자 회담에서 처음으로 독일과 소련 간의 관계 정상화로 이끌게 될 일반적인 문제들, 즉 발트해 연안국에 대한 공동 보장, 소련과 일본 간의 관계 정상화를 위한 베를린의 중재, 특히 할힌골에서의 전투 중지에 관한 독일의 중재, 독일과 소련 간의 경제적 관계의 발전에 관한 것 등이 논의되었다.214) 이어 다음 날인 8월 16일에 리벤트로프는 새로운 전보를 슐렌부르크에게 타전하였다. 그 내용은 다음과 같다. "독일은 25년을 기한으로 소련과 불가침 조약을

---

213) док. 462, *ДВПС*, т. 22, кн. 1, 597-8쪽.

214) 'Вокруг пакта о ненападении. Документы о советско-германских Отношениях 1939 г.', *Международная жизнь*, 1989, но. 9, 99쪽.

체결할 준비를 할 것이며 소련과 공동으로 발트해 연안국의 안보를 보장할 준비가 되어 있다. 독일은 소련과 일본 간의 관계 개선과 강화를 위해 영향력을 행사할 것이다. 지도자는 폴란드와의 심각한 사건이 곧 일어날 것 같은 상황에서 서둘러 독일과 소련의 관계를 명확히 하고자 한다. 총통은 8월 18일 이후 언제라도 외무장관을 모스크바에 파견할 준비를 하고 있다."[215]

8월 17일에 슐렌부르크는 이 전보를 몰로토프에게 전달하였다. 몰로토프는 영국·프랑스와의 교섭에서 소련의 안보를 보장하는 데 별다른 진척이 일어나지 않았던 반면 독일이 명확하게 폴란드를 향해 움직이고 있다고 보았기 때문에, 발트해 연안국의 보장을 포함하여 독일이 러시아에 대한 일본의 태도를 완화시키는 데 영향을 미친다는 조건으로 소·독 불가침 조약을 고려해볼 수 있다고 답변하였다.[216] 리벤트로프는 즉시 소련의 조건에 동의하였다.[217]

소련은 독일이 자국의 안보 문제를 보장하려고 했기 때문에, 더 이상 독일과의 협상을 지연시킬 필요가 없었다.[218] 그와 동시에 7월 26일에 슈누레가 언급한 폴란드 침공 시간도 점점 더 가까워지고 있었다. 이러한 상황에서 소련은 자신이 처한 외교적 현실을 냉정히 고려해야만 하였다. 3국간의 군사 동맹이 체결되지 않는다면, 1938년 9월의 상황과 마찬가지로 결정적인 순간에 독일과 서유럽 국가 간의 타협, 다시 말해 "제2의 뮌헨"이 탄생할 수 있을 것이다. 제2의 뮌헨을 통해 히틀러는 폴란드를 붕괴시킨 다음, 독일 육군을 동프로

---

215) док. 18, Ю. Фельштинский (Сост), *Оглашению подлежит: СССР-Германия 1939-1941*, 46-7쪽.

216) Dok. 61. G. Hass, *23 August 1939*, 168쪽.

217) Dok. 63. 같은 책, 172쪽.

218) Dukes, 앞의 글, 316쪽.

이센으로부터 소련의 국경에 맞닿아 있는 갈리치야까지 진군시킬 것이며, 파시스트의 위성국인 슬로바키아와 헝가리 정부와 동맹을 체결할 것이다. 서유럽 국가와 독일 간의 타협이 성사되지 않을 경우, 독일은 폴란드와 전쟁을 시작할 것이다. 그렇다면 소련의 입장에서 볼 때, 결과는 마찬가지일 것이다. 독일 군은 자국의 국경 앞에 정렬해 있을 것이다. 어떤 정세가 실현될 것인지는 해결되지 않았고 결정되지도 않았다. 이러한 불확실한 상황에서 소련 정부가 취할 수 있는 태도는 매우 한정된 것으로 보인다. 소련은 정치적·외교적 고립을 택할 수도 있을 것이다. 그럴 경우, 독일이 폴란드를 침공하고 영국과 프랑스가 독일에 선전포고를 한다면, 프랑스의 방어적인 군 작전 지침 때문에, 독일은 폴란드를 단시일 내에 분쇄할 것이다. 그럴 경우 소련은 독일 군과 직접 대치하는 상황에 직면할 것이다. 이제 소련 지도부는 두 가지 가능성 가운데 하나를 선택해야만 하였다.[219]

8월 17일에 소련은 영국과 프랑스 군 사절단이 가까운 시일 내에 협상의 전권을 보증하고 그들의 동맹국인 폴란드의 태도를 명확히 할 것을 요구함으로써 영국과 프랑스 군 사절단과의 협상을 일시적으로 중단시켰다. 이와 동시에 소련 지도부는 독일 정부에게 협상에 대한 기대를 갖게 하였다.[220] 몰로토프는 슐렌부르크에게 예전처럼 협상이 단계적으로 진행될 것이라고 계속 주장하였다. "첫째 단계에서 포괄적인 경제 협정이 체결되어야 할 것이고 두 번째 단계에서 새로운 불가침 조약이나 1926년의 중립 조약의 유효성이 비준되어야 할 것이다. 이러한 조약과 동시에 조약의 불가결한 요소로 될 특

---

219) Pätzold & Rosenfeld (Hrsg.), *Hakenkreuz und Sowjetstern*, 47쪽.
220) 같은 책, 45쪽.

별 의정서가 체결되어야 할 것이다. 정치적 관계 개선에 관한 회담이 있기 전에 차관 및 무역에 관한 회담이 종결되어야 한다."[221]

소련은 자국의 중립에 대한 대가를 지급한다는 독일의 제안을 원칙적으로 수용했지만, 정작 그러한 대가가 어떤 것이 되어야 한다는 점에 관해서는 한 마디도 하지 않았다. 소련은 "외교정책의 이러저러한 문제에 대한 양측의 이익을 정하고 조약의 본질적인 구성 요소를 이루게 될" 특별 의정서의 내용을 작성해야 한다고 말했을 뿐이다.[222] 이에 대해 샤이러는 "소련이 동유럽의 분할과 관련하여 협상이 가능하다는 긍정적인 태도를 취한 것임을 암시한 것"[223]이라고 주장한 바 있다. 그러나 이 당시 소련은 발트해 연안국의 독립과 영토에 대한 공동 보장과 소련에 대한 일본의 군사적 활동의 중단에 대한 독일의 중재, 독일과 소련 간의 경제적 관계의 발전 등 잘 알려진 문제를 언급했을 뿐이다. 소련이 이 단계에서 폴란드나 그 어떤 나라이든 간에 이러저러한 구체적인 국가의 운명과 영토의 재조정에 대한 문제를 생각하고 있었다는 점을 입증할 수 있는 증거는 아직 찾을 수 없다.[224] 플라이쉬하우어(I. Fleischhauer)에 따르면, 몰로토프가 리벤트로프의 즉각적인 모스크바 방문 제의를 거부했다는 사실로 미루어 볼 때, 이 단계에서 소련은 '3국 군사 협상'의 결과에 촉각을 곤두세우고 있던 반면, 발트해 연안국과 폴란드에 관련된 구체적인 영토 조정을 생각할 수 없었다는 것이다.[225] 이 단계

---

221) док. 570, *Год Кризиса*, т. 2, 270-1쪽.

222) 같은 책, 273쪽.

223) 샤이러, 앞의 책, 제2권, 409쪽.

224) *Второй Съезд Народных Депутатов СССР. Стенографический Отчёт* (Москва, 1989), 267쪽.

225) Fleischhauer, "Die sowjetische Außenpolitik," 32쪽.

에서 몰로토프가 말한 것은 그 자신의 말대로 "의정서의 내용이 어떠해야 하는지를" 서로 생각해 보아야 한다는 것이다.

8월 19일 2시에 몰로토프와 슐렌부르크의 회담이 열렸지만, 소련 측의 태도는 여전하였다. 그 자리에서 슐렌부르크는 몰로토프에게 아래의 사실을 강조했다. "독일과 폴란드 간의 갈등이 위험 상태로 치닫고 있기 때문에, 향후 사건의 전개는 독일 측에 달려 있지 않다. 폴란드와의 갈등이 폭발하기 전까지, 독일 정부는 소련과의 관계를 명확히 하길 원한다. …… 히틀러가 리벤트로프의 모스크바 방문에 커다란 의미를 부여하고 있다."[226] 그러면서 슐렌부르크는 소련이 즉시 리벤트로프의 방문을 받아들이라고 요청하였다.[227] 이에 대해 몰로토프는 재차 리벤트로프의 모스크바 방문 이전에 독일이 소련과 협정을 체결하고자 한다는 점을 분명히 해야 한다고 말하였다.[228] 그와 더불어 몰로토프는 다시 한번 특별 의정서의 문제를 강조하였다. "의정서의 문제는 매우 중요하며 독일 정부가 그 내용에 관해 어떻게 생각하느냐에 달려 있다"[229]는 것이다. 말하자면, 소련은 오히려 독일이 자국의 안보를 어떻게 보장할 것인지를 제시하길 원했던 것이다.[230]

이 회담이 끝난 뒤 1시간 30분 후 슐렌부르크는 재차 크렘린에 소환되었다. 몰로토프는 슐렌부르크에게 소련 측의 불가침 조약안을 넘겨주었다. 그 안에는 다음의 기본적인 제안이 들어 있었다.

---

226) док. 572, *Год Кризиса*, т. 2, 274쪽.

227) 같은 책, 같은 곳.

228) 같은 책, 276쪽.

229) 같은 책, 같은 곳.

230) Roberts, *The Soviet Union*, 90쪽.

　　1. 협상국은 상호간에 폭력 행위와 단독으로 혹은 다른 나라와 함께 상대방에 대한 공격 행위 또는 침략을 자제해야 한다. 2. 협상국의 한 측이 제3국의 폭력 행위나 침략의 대상으로 될 경우에, 다른 한 측은 어떤 형식으로든지 제3국의 그러한 행위를 지지해서는 안 된다. 3. 협상국 간에 이러저러한 문제를 둘러싸고 분쟁이나 갈등이 발생할 경우에, 양측은 이러한 분쟁과 갈등을 서로 간의 협의나 필요할 경우 그에 상응하는 조정위원회를 구성함으로써 평화적으로 해결한다. 4. 이 협정은 25년 기한으로 한다. 5. 현재의 협정이 가능한 빠른 시일 내에 인준 받아야 하고 그 이후 협정이 효력을 발휘한다. 추신. 현재의 조약은 외교정책의 영역에서 협상국이 관심을 갖고 있는 이러저러한 문제들에 관한 특별 의정서를 동시에 체결할 때에만 실행될 수 있다. 이 의정서는 조약의 본질적 부분을 이룬다.[231]

　　그와 동시에 몰로토프는 경제 조약의 서명 이후 모스크바에서 정치 협정이 다루어질 수 있으며, 리벤트로프가 모스크바에 방문하는 것을 허용했고 8월 26일이나 27일에 협상이 시작될 수 있다고 알렸다.[232]

　　8월 19일 회담에서 리벤트로프의 방문을 수락함으로써, 사실상 소련 외교정책의 주사위는 던져졌다. 그리고 그날 밤에 베를린에서 경제 협정이 체결됨으로써,[233] 소련 측이 제시한 첫 단계가 완료되었

---

231) док. 572, *Год Кризиса*, т. 2, 277쪽.

232) 같은 책, 276쪽. 물론 현재까지도 스탈린이 히틀러와 조약을 체결하기로 한 최종 결정을 언제 내렸는가는 확연히 밝혀진 바 없다. 알렉산드르 야코블레프(А. Н. Яковлев)는 소련 문서고에서 발견된 자료가 충분하지 않기 때문에 독·소 회담의 최종 국면을 재구성하는 일이 어렵다고 말하였다.("Сообщение комиссии по политической и правовой оценке советско германского договора о ненападении от 1939 года," *1939 год*, 486쪽.) 하지만 많은 사람들은 스탈린이 8월 19일에 히틀러와 조약을 체결하기로 최종 결심하였다는 견해를 받아들이고 있다. 스탈린이 8월 19일과 20일 밤에 베를린의 소련 대표에게 독일과의 경제 협정의 체결에 대한 자신의 동의를 전달했기 때문이다.(Pätzold & Rosenfeld (Hrsg.), *Hakenkreuz und Sowjetstern*, 46쪽.) 그것은 슐렌부르크의 진술로 확인될 수 있다. "아마도 스탈린이 개입했을 것이다."(*Советско-Нацистские Отношения*, 70쪽.)

233) 8월 19일에 베를린 주재 소련 통상부 차관인 바바린과 슈누레는 무역·차관

194

다. 동시에 소련과 독일 간의 정치적 관계의 일대 전환이 일어났다.
이제 사건은 극적인 결말만을 남겨두고 있었다.[234]

  하지만 소련은 마지막까지 조심스러운 태도를 취하였다. 소련은
독일과 협상하기로 결정하면서 한 가지 제한을 달았다. 그것은 리벤
트로프가 8월 26일이나 27일에 모스크바를 방문할 수 있다는 것이
다. 이러한 조치를 취함으로써 소련은 상황을 훨씬 더 유리하게 이
끌 수 있었다. 즉 소련은 폴란드와의 협력이 불가능하다는 점을 확
인할 때까지, 자국의 안보에 불리한 틈을 남겨 놓지 않은 동시에 독
일을 더욱 압박할 수 있을 것이다.[235] 이러한 사실은 8월 21일자 타
스 통신의 해외 통신원의 보고에서도 나타난다. 그 보고에 따르면,
"독일과 불가침 조약에 관한 회담을 갖는다고 해서 영국과 프랑스,
소련 간의 군사 협상이 중단되거나 지연되는 것은 아니었다. 문제는
평화에 관한 협력이다. 한편으로 국제적 긴장을 완화시키는 것이고
다른 한편으로 전쟁이 발발할 경우를 대비하여 침략에 대한 공동
투쟁의 방법과 수단을 준비하는 것이다."[236] 즉 리벤트로프의 모스
크바 방문 때문에 영국과 프랑스, 소련 간의 군사 협상이 중단되는
것은 아니라는 것이다. 8월 22일에 보로실로프는 두멩 장군을 만나

협정에 서명하였다. 이 협정과 관련하여 독일은 소련에 독일 회사의 추가적인
주문의 형태로 연간 5퍼센트씩 나누어 10년간 2억 마르크 정도의 차관을 제
공하였다. 문제는 무엇보다도 생산 설비, 운송 수단, 선박, 실험용 계기와 설
비에 관한 것이었다. 동시에 서명된 협정을 기초로 하여 소련에서 마땅히 공
급해야 하는 전체 1억 8천만 마르크의 상품 목록이 인가되었다. 이러한 상품
가운데 사료용 곡물(2,200만 마르크), 목재(7,400만 마르크), 백금(1,230만 마
르크), 망간(38만 마르크), 목화(1,230만 마르크), 인산 염(1,300만 마르크) 등등
이 중요한 자리를 차지하였다.("Вокруг пакта," 107쪽.)

234) Pätzold & Rosenfeld (Hrsg.), *Hakenkreuz und Sowjetstern.*, 47쪽.
235) Dukes, 앞의 글, 316쪽.
236) "Вокруг пакта," 113쪽.

다시 한번 영국과 프랑스 정부로부터 폴란드와 루마니아 정부의 중
대 문제에 대한 동의를 받았을 때 영국과 프랑스, 소련 간의 회담을
재개할 수 있다고 강조하였다.[237] 말하자면 영국과 프랑스와의 회담
이 교착 상태에 빠져 있기는 하지만, 언제이든 다시 시작될 수 있다
는 것이다.[238] 이와 같이 소련은 독일과의 회담에 동의한 이후에도
독일에게 3국 동맹의 성사 가능성을 내비치거나, 영국과 프랑스에
독일과의 협정 가능성을 암시함으로써 독일과 영국·프랑스 양측을
동시에 압박하였다.[239] 이러한 방법을 통해 소련은 최대한 자신의
이익을 얻어내려고 하였다. 그리고 그 방법은 주효했다.

　다급해진 것은 독일 쪽이었다. 폴란드 침공을 8월 26일에 시작하
기로 정해놓은 독일은 그 이전까지 모스크바에서 서명한 문서를 확
보해야 하였다. 역사적 경험에 비추어 볼 때 어느 한쪽의 전선을 봉
쇄하지 않은 상태에서 전쟁이 발발하는 것은 독일에게 있어서 최악
의 선택이 될 것임에는 틀림없을 것이다. 히틀러는 소련이 마련해
놓은 비상의 탈출구를 봉쇄하도록 자극을 가하기 위해 일격을 가하
기로 결정하였다. 히틀러는 리벤트로프와 나눈 장시간의 회담 끝에
소련이 기대한 것 이상을 제공하기로 결정하였다.[240]

　1933년 이래 처음으로 히틀러는 스탈린에게 "10년 동안 양국에

---

237) док. 591, *Год Кризиса*, т. 2, 311쪽.

238) Fleischhauer, *Der Pakt*, 485쪽.

239) 소련의 작전은 실제로 적지 않은 성과를 낳았다. 히틀러의 전용 비행기 조종
　　사인 한스 바우어(H. Bauer) 대령의 증언이 그 점을 입증한다. "나는 비행기
　　의 모터를 끄고 쎄레미쩨보 공항에 착륙했기 때문에, 나는 리벤트로프가 그의
　　수행원에게 한 말을 들을 수 있었다. 리벤트로프는, 우리와 협상할 상대는 힘
　　들게 약속할 것이다. 오늘과 마찬가지로 내일도 소련 지도부의 불신을 완화시
　　켜야 한다고 말하였다."(Розанов, *Сталин-Гитлер*, 93쪽.)

240) Розанов, *Сталин-Гитлер*, 93쪽.

유익했던 정치적 관계"로 되돌아 갈 것을 제안한 전보를 쳤다.

> 스탈린 귀하. 1939년 8월 20일. 본인은 독일과 소련의 관계 개선을 위한 디딤돌인 새로운 독·소 무역 협정의 서명을 진심으로 환영합니다. 소련과의 불가침 조약의 체결은 장기적인 독일 정책임을 의미합니다. 귀 측의 외무장관 몰로토프가 전달한 불가침 조약을 수락하지만 이와 관련된 몇 가지 문제점들을 가장 신속히 설명하고자 합니다. 독일과 폴란드 간의 갈등은 이제 언제라도 폭발할 것입니다. 폴란드의 대국에 대한 무례한 행위는 언제라도 위기를 초래할 수 있습니다. 양국이 함께 새로운 관계를 구축할 의도가 있다면 빨리 서둘러야 합니다. 그러므로 본인은 귀하가 나의 외무장관을 8월 22일(화), 혹은 늦어도 8월 23일(수)에 맞이할 것을 제안하는 바입니다. 귀하의 즉각적인 회신을 요망합니다. 아돌프 히틀러[241]

이로써 히틀러는 공식적으로 몰로토프가 제안한 불가침 조약의 계획안을 수용했고 특별 의정서를 논의할 준비에 관해 밝혔다. 그와 동시에 그는 폴란드 위기가 금명간에 폭발할 수 있기 때문에 스탈린이 늦어도 8월 23일까지 리벤트로프를 영접하도록 협박하기도 하였다. 히틀러는 스탈린에게 최후통첩을 한 것이었다. 독일의 제안을 수용하든지, 독일의 폴란드 침공의 결과로써 소련이 위협에 처하든지, 소련이 선택하라는 것이었다.[242] 이것은 독일 측의 최후통첩이었다.

4. '3국 동맹' 협상의 결렬

한편 소련과 영국·프랑스 사이의 군사 협상은 별다른 진척을 보이

---

241) *Советско-Нацистские Отношения*, 72쪽.
242) Розанов, *Сталин-Гитлер*, 90쪽.

지 못하였다. 협상이 지속될수록 서로 간의 이견이 보다 확연해졌다.

8월 12일 회의 첫날, 3국은 군사적 협력의 일반적 원칙에 대한 논의, 유럽에서 전쟁이 발생할 경우를 대비한 계획에 대한 설명과 비교, 가능한 한 최대한의 합의점 도출 등에 합의하였다.[243] 8월 13일 회의는 영국과 프랑스의 작전 계획의 설명에 할애되었다. 드랙스가 프랑스 측의 계획을 먼저 듣자고 주장하자, 두멩은 프랑스 군의 전력에 관해 말한 뒤 독일의 공격을 대비한 프랑스의 전략에 대해 설명하였다. 프랑스의 전략은 독일의 공격을 격퇴시킨 이후 단시일 내에 효과적인 역공격을 시도한다는 것이었다. 독일이 동유럽을 공격할 경우에, 프랑스 군은 서부에 배치된 독일 군 제40사단에 총공격을 가할 예정이라고 밝혔다.[244]

하지만 보로실로프는 두멩의 설명을 이해할 수 없다는 태도를 보였다. 보로실로프는 두멩에게 프랑스에 대한 영국 지원군의 투입 여부와 벨기에의 입장, 또는 무엇보다도 마지노선의 실질적인 상태에 관한 정보, 그리고 프랑스 군 지도부가 독일에 대항한 전쟁에서 폴란드의 참여를 어떻게 생각하고 있는 가 하는 것 등에 관해 물었다. 곤란에 처한 두멩은 잠시 동안의 휴회를 요청했고 오후 회담에서 이 문제를 논의하자고 제의하였다.[245]

---

243) док. 411, *CCCP в Борьбе за Мир*, 546-549쪽을 참고할 것.

244) 8월 13일에 두멩은 독일의 공격에 대비한 프랑스의 전략적 계획을 진술하기 시작하였다. 군사적 기밀을 알리지 말라는 가믈렝과 달라디에, 보네의 경고를 잊지 않은 두멩은 일반적인 내용만을 언급하였다. 이 모습을 지켜본 보프르 (Beaufre) 보병 대위는 두멩의 행위를 코메디로 생각하였다. "논쟁의 과정에서 일정에 오르게 될 세세한 내용이 지나친 과정이라는 의미에서 종종 왜곡시키면서, 비밀을 숨긴다는 인상을 애써 일깨우고 있다"는 것이다.(док. 412, 같은 책, 553-4쪽.

245) 같은 책, 554-5쪽.

8월 13일 오후 협상이 속개되었다. 프랑스가 내놓은 답변에는 새로운 내용이 없었다. 두멩은 동부 전선에 대한 개괄적인 설명, 그리고 프랑스가 폴란드와 상호 원조 조약을 맺은 상태라고 말했을 뿐이다.[246] 그는 이날 회담의 말미에 프랑스 대표단이 받았던 프랑스 · 영국 · 소련 간의 군사 협정 계획안에 관해 언급하였다. 그 내용은 다음과 같다.

프랑스—영국—소련의 군사 협정에 대한 프랑스 대표단의 계획안

(전문) 현재의 협약은 이 조약에 규정된 경우 가운데 한 가지 사건이 발생할 때 협상 3국이 단결하게 될 조약 규정의 결과이다. 현재 유럽의 군사적 상황에 비추어 볼 때, 이 협약은 가까운 시기에 전쟁이 발발할 경우 승인될 절박한 조치이다.

(제1조) 협상 3국은 독일의 서부 국경에서와 마찬가지로 동부 국경에 대한 연속적이고 단단한, 그리고 장기간의 전선의 구축이 기본적으로 중요하다는 점에 합의한다.

(제2조) 적대국 측이 군사적 활동을 전개할 때, 이에 대한 즉각적인 저항을 하는 모든 경우에, 협상 3국은 모든 적군의 전선에서 적의 병력이 퇴각할 때까지 효율적으로 싸울 수 있는 육군 · 공군 · 해군의 모든 힘을 동원한다는 데 합의한다. 이러한 병력의 이용 방식은 장차 구성될 최고 사령부의 결정에 따른다. 이러한 결정은 사건의 전개에 따라 합의될 것이지만, 가장 중요한 전체 목적은 현재의 협정을 통해 정해질 것이다.[247]

하지만 이러한 계획안은 프랑스가 독일의 침략에 대비해 방어적 조치를 취할 예정이라는 점을 드러내주는 것이었을 뿐이다.[248]

한편 13일 오전 회담을 그냥 넘겼던 영국은 오후 회담에서 자국의 군사력에 대해 간단히 설명하였다. 그런 뒤 헤이우드 소장은 "전

---

246) док. 413, *СССР в Борьбе за Мир*, 557-8쪽.
247) 같은 책, 561-2쪽.
248) 같은 책, 560쪽.

쟁의 초기 단계를 위해 마련해 놓은 16개 사단 가운데 1개 부대를 기계화할 것이다. 내일 당장 전쟁이 일어난다면, 당연히 전력은 미미할 수밖에 없다. 그러나 전쟁이 6개월 이후 일어난다면, 상황은 아주 달라질 것이다. …… 전쟁이 지금 곧 일어난다면, 영국이 현 상황에서 할 수 있는 일은 즉시 5개 사단의 병력과 1개의 기계화 사단을 프랑스로 급파하는 것"이라고 말하였다.[249]

한 마디로 영국과 프랑스 대표단은 장차 동맹국이 될 영국과 프랑스, 소련의 방어를 위한 구체적인 계획뿐만 아니라, 독일과의 공동의 전쟁을 대비한 전략적인 작전 계획을 마련해오지 않았다는 것이다. 더욱이 막상 전쟁이 일어나더라도, 그들이 동원하기로 한 병력도 소규모에 지나지 않았다. 이 모든 것은 독일의 폴란드 침공이 임박한 시기에 영국과 프랑스가 여전히 방어적인 '마지노'적 정서에 의지하고 있음을 드러낸 것이었다. 더 나아가 영국과 프랑스는 동부 전선에 대한 직접적인 전투력의 지원을 배제하고 있었던 것이다. 소련 대표단은 어떻게 영국과 프랑스가 이러한 병력으로 전쟁 초에 적의 공격에 대응하려고 하는지를 납득할 수 없었다.

한편 보로실로프는 영국과 프랑스가 소련군에게 어떤 역할을 맡길 생각인지를 구체적으로 알아내고자 하였다. 왜냐하면 소련과 독일이 국경을 접하고 있지 않았기 때문이다. 보로실로프는 폴란드와 루마니아와 같은 이웃 국가의 영토에서 전쟁이 발생할 경우에, 소련의 참여가 가능한 것인지 물어 보았다.[250] 이로써 소련과 소련의 서부 이웃 국가 간의 군사적 협력의 가능성이라는 '금지된 문제'가 본격적으로 제기되었다.[251] 8월 14일 회의에서는 이 문제에 관한 논의

---

249) 같은 책, 556-7쪽.
250) 같은 책, 561쪽.

가 주를 이루었다.

그러나 영국과 프랑스 대표단은 이 문제에 답변할 수 없었다. 영국 대표단은 소련이 지원하려고 한 폴란드와 루마니아에 대한 원조 문제를 논의하지 말라는 훈령을 받은 바 있었다. 이 문제에 관해 소련은 직접 폴란드와 루마니아 정부를 상대로 협상하도록 해야 한다는 것이다.[252] 프랑스 역시 마찬가지의 입장이었다. 두멩은 나기에르에게 달라디에의 훈령에 관해 설명하였다. 그 내용은 소련군의 폴란드 통과를 명기한 군사 협정에 동의하지 말고 그 대신 폴란드 정부가 요청하게 될 군수품의 제공을 소련에 요구해야 한다는 것이었다.[253] 그래서 이 회의에서 영국과 프랑스 대표단은 "소련이 전쟁 행위에 적극적으로 개입하려면, 폴란드와 루마니아가 소련에게 지원을 요청해야 한다. 그렇지 않으면, 소련의 역할은 무기와 원료 공급자에 국한된다"고 답변하였다.[254]

이러한 답변은 지난 3월 이래 영국과 프랑스가 소련을 단순히 무기와 원료의 공급자로 간주했던 것에서 벗어나지 않았던 것이다. 더구나 영국은 폴란드와 루마니아의 국경을 열어 주는 문제를 앞서 정치 협상에서 제기된 '간접 침략의 규정'과 마찬가지로 곤란한 것으로 생각하였다. 영국 지도부는 처칠이나 로이드조지 등과는 달리 소련의 전략적 사고를 이해하지 못하였다.[255] 동유럽 국가들 역시 소련 측의 군사적 원조를 끝까지 거부하였다. 소련의 서부 국경에

---

251) Bartel, *Frankreich und die Sowjetunion*, 245쪽.

252) Carley, 앞의 글, 326쪽.

253) док. 545, *Год Кризиса*, т. 2, 190쪽.

254) док. 551, 같은 책, т. 2, 211쪽.

255) Fleischhauer, "Die sowetische Außenpolitik," 26쪽.

위치한 핀란드에서 루마니아에 이르는 모든 국가들은 소련의 외교 정치적 목적을 아주 의심하였다. 그들은 독일의 침략에 저항하는 과정에서 소련이 이웃 국가의 독립을 위협할 것이라고 생각하였다. 예를 들자면, 폴란드 외무장관 베크는 폴란드 영토에 대한 소련군의 진군 계획을 "보로실로프 장군이 1920년에 군사력을 통해 달성하려고 했던 것을 이제는 평화적 방법을 통해 실현시키고자 하였다"고 평가하였다.256) 독일의 작전 계획으로 정세가 급박히 돌아가는데도, 영국과 프랑스는 이와 같이 자국의 입장만을 고수하였던 것이다.

보로실로프는 영국과 프랑스의 요구가 부당하다고 분노하였다. 소련은 독일에 대항하여 전쟁을 벌일 경우 작전 계획의 핵심 요소를 폴란드와 루마니아 영토에 대한 소련군의 통과 행군이라고 간주하고 있었다.257) 보로실로프는 다시 한번 이 문제를 제기하였다. 드락스는 "만일 영국과 프랑스, 소련이 동맹국이 된다면, 폴란드와 루마니아가 도움을 요청할 것이라고 확신한다. 이것은 나의 개인적 소견이지만, 정확한 답변을 위해서는 폴란드에게 문의할 필요가 있다"258)고 말하였다. 말하자면, 영국과 프랑스는 전쟁이 일어날 경우 폴란드와 루마니아가 소련에 도움을 요청할 것이라는 원칙론만 제기하면서 문제를 회피하려고 애썼던 것이다. 보로실로프는 그것을 참지 못하였다. "나는 즉답을 원한다. …… 당신들은 폴란드와 루마니아가 도움을 요청할지도 모른다고 생각하고 있다. 나는 그러한 일이 입증될 수 있을지 의심스럽다. 폴란드와 루마니아는 지원을 요청할 수도 요청하지 않을 수도 있다. 설사 그들이 지원을 요청한다 해

---

256) Арумяэ (ред.), *От Пакта Молотова-Риббентропа.* 39쪽.

257) Примечания. 140, 같은 책, 401쪽.

258) док. 551, 같은 책, т. 2, 214쪽.

도 너무 늦을 수도 있다. 만일 그렇게 된다면, 폴란드와 루마니아 군대는 독일에 패배할 것이다. 그 후 폴란드와 루마니아 군은 독일군의 자원이 될 것이다. 영국도 프랑스도, 그리고 소련도 폴란드 군이 패배하는 것을 원하진 않을 것이다."[259]

마침내 보로실로프는 다음과 같이 질문을 던졌다. 그것은 회담의 진행 여부를 결과적으로 좌우할 수도 있을 만큼 중요한 문제였다. "나는 공동의 적에 대항한 영국과 프랑스, 소련군의 공동 행동에 관련된 매우 명백한 문제에 분명한 답변을 원한다. 내가 알길 원하는 것은 그것이 전부이다. …… 프랑스와 영국 참모부는 소련군이 폴란드가 공격당할 경우 적과의 직접적인 교전을 위해 폴란드 영토로 진입하는 것을 허용해야 한다고 생각하는가? 영국과 프랑스 참모부는 폴란드 남부 지역에서 적의 공격과 전투 행위가 일어났을 경우, 소련군이 갈리치야를 통해 진군하는 문제를 받아들일 것인가? 루마니아가 침략 당했을 경우, 영국과 프랑스 참모부는 소련군이 루마니아를 통과할 수 있게 허용할 것인가?"[260]

그러나 헤이우드 소장은 이에 대해 영국과 프랑스 대표단을 대표해서 다음과 같이 말하였다. "…… 그러나 폴란드와 루마니아가 독립국가고 소련군이 폴란드와 루마니아 영토를 통과하려면 그들 정부의 허락을 받아야 한다는 것을 잊어서는 안 된다. 이것은 정치적 문제며 소련이 폴란드와 루마니아 정부에 직접 그것을 제기해야 한다. 이것이 훨씬 간단하고 명백한 방법인 것은 분명하다."[261]

이에 대해 보로실로프는 아래와 같이 답변하였다. "1. 소련 대표

---

259) 같은 책, 215쪽.
260) 같은 책, 216쪽.
261) 같은 책, 216-217쪽.

단은 폴란드와 루마니아가 독립국가라는 사실을 잊은 적도 없고 잊지도 않을 것이다. 그와 반대로, 이러한 명백한 정황에 의거하면서, 소련 대표단은 영국과 프랑스 대표단이 다음의 질문에 답변해줄 것을 요청한다. 즉 영국과 프랑스나 폴란드와 루마니아에 대한 공격이 있을 시에 소련군이 폴란드 영토(빌나 회랑과 갈리치야)를 통과할 수 있는가? 이 질문은 훨씬 정당한 것이다. 프랑스와 폴란드는 정치적·군사적 동맹 상태에 있고, 영국은 폴란드와 상호 원조 조약과 군사 조약을 체결했기 때문이다. 2. 소련 대표단은 앞서 제기한 문제가 정치적 문제라는 영국과 프랑스 군 사절단의 견해에 동의하지만, 크게 보아 군사적 문제라고 생각한다. 3. 소련 정부가 상기의 문제를 직접 폴란드와 루마니아 정부에 제기해야 한다는 영국과 프랑스 대표단의 견해에 관한 한, 소련이 폴란드와 루마니아와 군사 조약을 체결하지 않았고 무엇보다도 폴란드와 루마니아, 영국, 그리고 프랑스가 유럽의 침략국 측으로부터 위협을 받고 있는 상황에서, 소련은 침략에 맞서 이들 국가의 영토에서 소련군의 활동에 관해서는 영국과 프랑스 정부가 폴란드와 루마니아 정부와 공동으로 해결해야 한다고 생각한다. …… 소련 대표단은 이러한 문제에 대한 실제적인 해결 없이 영국과 프랑스, 소련 간의 군사 협정의 체결에 관한 협상이 성공을 거둘 수 없다고 생각한다. 폴란드 영토와 빌나 회랑, 갈리치야, 루마니아 영토에 대한 소련군의 통과 행군권이 우리의 협상과 3국간의 전체 조약에 있어서 전제다."[262]

드락스와 두멩은 곤란한 처지에 빠졌다. 그들이 받은 훈령이 비록 애매하긴 하나, 소련이 폴란드와 루마니아를 지원하려면 그들의 요

---

262) 같은 책, 217-218쪽.

청이 있어야 가능하다는 점을 분명히 한 것이기 때문이다.[263] 이미 주소 프랑스 대사 나기에르는 소련군의 폴란드 통과 문제에 직면할 것이라고 경고한 바 있다. "폴란드가 군사적 협력을 원하지 않았고 우리도 폴란드의 협력을 강요하는 것을 원하지 않는다. 우리는 단지 흉내만 냈고 러시아인들은 구체적인 동맹을 원하고 있었다. 과거에도 속은 경험이 있는 소련 지도부는 철저한 군사적 동맹 이외에 아무 것도 받아들이지 않을 것이다."[264]

영국과 프랑스는 마침내 행동을 취할 수밖에 없었다. 시즈와 나기에르는 이러한 근본 문제의 해결이 군사 협상의 성공이냐 결렬이냐를 결정할 것으로 생각하였다.[265] 그들이 보기에는, 영국과 프랑스가 폴란드와 루마니아를 설득해야 한다는 소련의 요구가 영국과 프랑스 정부의 당연한 과제였던 것이다. 이에 따라 나기에르와 보네는 프랑스 참모총장이 즉시 폴란드의 참모부를 설득시켜야 하며, 또한 사절단의 일원이자 폴란드와 좋은 관계를 유지한 발랭 장군이 직접 협상의 상태를 알리기 위해 모스크바에서 곧장 폴란드 수도로 떠날 수 있게 해야 한다고 제안하였다. 그러나 프랑스 정부는 이를 거절했고 그 대신에 현재 파리에 체류 중인 바르샤바 주재 군무관 뮈스(Musse) 장군을 즉시 바르샤바로 귀환시켰다.[266] 두멩은 가믈렝에게 보낸 보고문에서 "폴란드 정부의 개입 없이, 폴란드 참모부만이라도 비밀리에 소련의 요구에 원칙적으로 동의하게 만들기 위해 그 즉시 발랭 장군을 바르샤바로 파견하는 것이 신속한 해결책이 될

---

263) док. 545. 같은 책, 190쪽.

264) Сиполс и Челышев, 앞의 글, 96-7쪽. 그리고 док. 553, *Год Кризиса*, т. 2, 220쪽을 참고할 것.

265) 같은 책, 같은 곳.

266) док. 565, 같은 책, 255쪽.

수 있다"고 썼다.[267] 8월 16일에 영국군 지도부는 드락스에게 협상의 전권을 부여할 준비가 되었다고 선언하였다. "우리는 중반에 이른 사태를 위해 시간이 없으며 소련군이 폴란드와 루마니아의 영토를 이용하는 문제에 대한 동의를 확보하기 위해 그들을 설득하는 데 모든 노력을 기울여야 한다는 사실을 잘 알고 있다. 우리는 러시아인들과 떳떳하게 논의를 하기 위해서라도 그러한 노력이 아주 중요하며 필요하다면 폴란드와 루마니아가 유익한 행동을 하도록 강도 높은 압력이라도 가해야 한다고 생각한다."[268] 핼리팩스도 8월 15일에 드락스에게 정치 협정을 둘러싼 토론과 별개로 군사 협상을 가능한 신속히 성공적인 체결로 이끌라는 지시를 내렸다.[269]

그럼에도 불구하고 이러한 지시는 협상에 별다른 영향을 끼치지 못하였다. 영국 대표단은 이미 협상을 가능한 한 오래 지연시키라는 근본 훈령을 유념하고 있었다. 게다가 8월 17일에 드락스는 향후 두멩의 행동에 무조건 따르라는 지시를 받았다.[270] 그래서 드락스 제독은 자국의 계획을 전달하기보다는 프랑스 대표단의 입장에 자신의 생각을 맞춰 나갔다. 영국은 폴란드에 대한 접촉을 프랑스 측에 떠넘겼던 것이다.

그래서 프랑스는 소련의 요구에 대한 폴란드 군부의 암묵적인 동의를 얻어내려고 노력하였다.[271] 프랑스는 폴란드에 압력을 가하는 것뿐만 아니라 모스크바 협상에서 앞장을 섰다. 프랑스는 폴란드를

---

267) док. 552, 같은 책, 219쪽.

268) Aster, *1939*, 305쪽.

269) док. 568, *Год Кризиса*, т. 2, 268쪽.

270) 같은 책, 268-9쪽.

271) док. 551, 같은 책, 216-217쪽.

채근했음에도 불구하고 모스크바와의 협력에 대한 명확한 약속을 얻어내는 데 실패하였다. 8월 15일 오후에 보네는 주불 폴란드 대사 루카시에비치에게 "폴란드가 모스크바의 질의에 긍정적인 답변을 전달해야 한다"고 전하라고 부탁하였다. 보네는 아주 위험한 상태에 직면한 국제 정세에서 폴란드 정부의 책임을 언급하였다. 왜냐하면 협상이 중단되면, 그땐 협상은 사실상 파국을 맞이할 수 있을 것이기 때문이다. 루카시에비치는 보네의 통지를 베크에게 전달한다고 마지못해 약속하긴 했지만, 폴란드 정부가 소련의 요구에 부정적인 입장을 취할 것임을 분명히 밝혔다.[272]

달라디에는 폴란드 대사의 시큰둥한 태도에 충격을 받았고 몹시 화를 냈다. 달라디에는 소련의 요구를 이성적인 것으로 보았던 반면에 폴란드의 행동을 아주 어리석은 것으로 간주하였다. 달라디에는 폴란드가 소련의 제의를 거부한다면, 전쟁이 일어날 경우 폴란드를 방어하기 위해 자국의 병력을 파견하지 않을 것이라고 위협하였다. 이러한 위협도 아무런 소용이 없었다. 폴란드는 여전히 완고한 입장이었다.[273] 프랑스는 폴란드를 자신들 편으로 끌어들이는 데 실패하였다. 그 후로도 8월 16일과 23일에 프랑스는 재차 다양한 통로를 통해[274] 폴란드 지도부에 영향력을 행사했으나 무위로 끝나고 말았다.[275]

그 사이에도 3국간의 군사 협상은 지속되었다. 8월 15일 회의는

---

272) док. 565, 같은 책, 255쪽.

273) 베를린 주재 영국 대사 헨더슨은 독일의 요구에 대해서는 "결코 부당하거나 비도덕적이 아니라고" 말한 반면, 폴란드에 대해서는 "영웅적이긴 하지만 바보"라고 비꼬았다.(놀테, 앞의 책, 304-5쪽.)

274) 프랑스는 노엘 대사, 무스, 8월 18일 밤에 바르샤바에 도착한 보프르 보병 대위를 통해 소련의 요구를 수용하도록 폴란드에 압력을 가하였다.

275) Bartel, *Frankreich und die Sowjetunion*, 249쪽.

소련군의 작전 계획에 관한 샤포슈니코프(Б. Шапошников) 참모총장의 보고에 한정되었다. 그는 "유럽에서 전쟁이 발발할 경우 소련이 북극해와 흑해 사이에 위치한 자국의 서부 국경 지대에 보병 120사단과 기병 16사단, 대포 5천 문, 탱크 9천에서 1만 대, 전투기 5,000-5,500기를 투입할 것"이라고 설명하였다.[276] 이와 더불어 그는 유럽에서 전쟁이 일어 날 경우 영국과 프랑스, 소련 군 간의 가능한 공동 활동에 관한 소련 측의 3가지 전략적 대안을 제시하였다. 그 내용은 다음과 같다.

> 첫 번째 대안은 침략국이 영국과 프랑스를 직접적으로 침공했을 경우이다. 그 경우 소련은 영국과 프랑스가 독일에 맞서 투입할 수 있는 군 전력의 70%에 해당하는 전투력을 투입할 예정이다. 예를 들자면, 영국과 프랑스가 독일에 대항하여 보병 90 사단을 투입한다면, 소련은 보병 63사단, 기병 6사단을 지원할 수 있다. 또한 이것은 폴란드 군의 완전한 참여와 소련의 육·공군력이 빌나 회랑과 가능하다면 리투아니아, 그리고 부득이한 상황일 경우 갈리치야를 통과하여 동프로이센의 국경으로 진군하여 작전할 수 있는 권리를 전제한 것이다. 소련 발트 함대의 작전에는 발트해 연안국의 협력도 필요하다. 이와 관련하여 발트해 연안 지역의 항구에 소련군의 기지가 설치될 수 있다. …… 두 번째 대안은 폴란드 및 루마니아가 직접적으로 침공당할 경우이다. 그 경우 소련은 영국과 프랑스에 의해 투입된 전투력의 100%를 동원하고 소련의 흑해 함대를 이동시킬 것을 약속한다. 예를 들어, 영국과 프랑스가 독일에 맞서 보병 90사단을 동원한다면, 소련은 보병 90사단, 기병 12사단을 지원할 것이다. …… 세 번째 대안은 소련을 침공하기 위해 독일 군이 핀란드와 에스토니아, 라트비아 영토를 이용할 가능성을 상정한 것이다. 영국과 프랑스, 폴란드는 지체 없이 독일에 대항한 전쟁에 참여해야 한다. 폴란드는 필요한 경우에는 빌나와 갈리치야 지역에 대한 소련군의 통과 행군을 허용해야 한다.[277]

---

276) док. 417, *СССР в Борьбе за Мир*, 574쪽.
277) 같은 책, 575-7쪽.

프랑스 대표단은 샤포슈니코프의 상세한 보고를 받고 큰 충격을 받았다. 프랑스 외무부는 주소 대사 나기에르의 보고를 요약해서 달라디에에게 전달했다. 나기에르는 다음과 같이 자신의 견해를 피력했다. "소련은 현재 진행되고 있는 군사 협상을 볼모로 전쟁이 일어날 경우 서부 전선에 투입될 서유럽 국가의 효율적인 지원을 이끌어내는 데 이용하지 않았다. 소련은 전쟁이 일어날 경우 주로 서부 전선에 투입될 서유럽 국가의 추가적인 지원을 요청하지도 않았다. 그러면서 소련은 전쟁에 투입될 자신의 군사적 지원 규모를 정확히 제시했다. …… 이러한 소련의 입장에 반대할 명분을 찾는 일은 아주 어려울 것이다."[278] 프랑스 대표단장 두멩 역시 이와 동일한 평가를 내렸다. "8월 15일 5번째 회의에서는 소련이 우리에게 제공할 예정인 상호 원조의 규모와 침략을 차단할 수 있는 여러 가지 가능한 대안을 포함한 소련군의 작전 계획이 상세히 제시되었다. 소련은 자국 군대가 폴란드 영토를 자유로이 통과할 수 있어야 한다는 조건을 재차 달았다. …… 이 문제는 여전히 중요했다. 나는 소련이 자국 군대의 진군 지역을 엄격히 제한한 전략적 견해를 취한 이유가 폴란드의 우려를 고려한 것에 있다고 생각한다. 이것은 소련이 협상을 타결하기 위해 애쓴 예외적인 노력으로 평가되어야 할 것이다."[279] 그들이 보기에, 소련은 전쟁이 일어날 경우 자국 군대가 폴란드 영토를 통과하는 문제를 불가피하며 당연한 요구로 간주하고 있는 것과 마찬가지로 명확한 작전 계획을 지니고 있었던 것이다. 소련은 이러한 문제들에 대해 확고한 입장을 취할 것이다. 이제 우리가 협상의 타결을 원한다면, 우리는 소련의 요구를 들어주어

---

278) док. 561, *Год Кризиса*, т. 2, 248쪽.
279) док. 418, *СССР в Борьбе за Мир*, 582쪽.

야 한다. 그래서 두멩과 나기에르는 다시 한번 폴란드 정부에 압력을 가할 것을 자국 정부에 요청하였다.280)

프랑스 외무부 '유럽' 담당국 국장인 오뻬노(Henri-Etienne Hoppenot)의 기록에도 이러한 요청이 담겨 있다. "나기에르와 두멩은 샤포슈니코프가 진술한 작전 계획이 프랑스와 폴란드에 이익을 줄 수 있다는 사실에 의견의 일치를 보았다. 그들은 폴란드를 연합국의 일원으로 만드는 일이 필수적이며, 그를 위해 폴란드 지도부에 압력을 가해야 한다고 주장하였다. 더 나아가 나기에르는 협상에서 발생한 문제점을 가능한 빠른 시일 내에 해결하려면, 정부가 두멩에게 협상에 대한 전권을 부여해야 한다고 촉구하였다."281)

주소 영국 대사 시즈도 소련이 분명한 군 작전 계획을 지니고 있으며, "이것이 협정을 체결하려는 소련의 태도는 이것으로 입증될 수 있을 것이다"라고 보고하였다.282) 영국 대표단 장 드락스도 이런 입장을 공유하였다.283)

이와 같이 현지에서 군사 협상을 이끈 대표단과 각국 대사들은 소련의 태도를 진지한 것으로 받아들였고, 협상의 타결에 폴란드의 입장이 중요하다고 인식했다. 폴란드가 자발적으로 동의하지 않으면, 영국과 프랑스가 대신 나서서 동의를 확보해야 한다고 생각했던 것이다. 하지만 상황은 그와 달랐다. 3국 군사 협상은 소련군이 폴란드 영토를 통과하는 문제로 여전히 어렵게 진행되고 있었다.

이러한 상황에서 소련은 더 이상 군사 협정의 타결에 희망을 품지

---

280) док. 553, *Год Кризиса*, т. 2, 220쪽.; док. 555, 같은 책, т. 2, 228쪽.
281) док. 561, 같은 책, 247쪽.
282) док. 552. 같은 책, 219쪽.
283) док. 552. 같은 책, 219쪽.

않았다. 이것은 8월 16일에 몰로토프가 신임 미국 대사 로렌스 스타인하르트(L. Steinhart)와 나눈 회동에서 드러났다. 그 회동에서 몰로토프는 이렇게 말했다. "…… 우리는 협상에 많은 시간을 허비했고 여전히 그렇게 하고 있다. 왜냐하면 우리가 협상의 성공을 고려하고 있기 때문이다. 이미 일련의 문제들이 극복되었지만, 아직 끝은 보이지 않는다. 사태의 해결은 우리에게 달려 있지 않았다."[284] 이와 같이 소련 역시 전쟁이 일어날 경우 협상 3국간의 군사적 지원 의무를 구체적으로 정하는 데 관심을 가지고 있었지만, 그 이외에 협상의 타결을 위해 자신의 제안을 완화하는 등의 노력을 하지 않았다. "그 문제는 영국과 프랑스의 의지에 달려 있는 것이다."[285]

결국 8월 17일에 군사 협상은 소련군이 폴란드 영토를 통과하는 문제로 교착 국면에 이르렀다. 보로실로프는 유감스러운 일이긴 하나 이 문제에 대한 영국과 프랑스 측의 명확한 답변 없이 회담을 지속하는 것이 무의미하다고 말하였다. 영국과 프랑스 대표단은 난처한 입장이었다. 폴란드의 양보를 얻기 위한 영국과 프랑스의 외교적 노력이 지금까지 아무런 성공을 거두지 못했던 것이다. 두멩과 드락스는 보로실로프에게 이 상태에서 협상을 중단시키지 말 것을 요구하였다. 그래서 협상은 8월 21일에 다시 열릴 예정이었다.[286]

하지만 협상의 운명은 정해진 것이나 다름없었다. 이러한 생각은 영국과 프랑스 대표단도 품고 있었다. 사실 협상 초반부터 영국과 프랑스가 협상에 대한 전권을 지니지 못했고 구체적인 군사적 지원 규모나 작전 계획을 제시하지 못했다는 점에 비추어 볼 때, 영국과 프랑스 대

---

284) док. 564, 같은 책, 254쪽.
285) 같은 책, 같은 곳.
286) док. 566, 같은 책, т. 2, 264쪽.

표단들은 그러한 생각을 품을 수 있었다. 그래서 8월 14일에 협상이 끝난 뒤, 드락스는 "우리의 임무가 끝났다고 생각한다"는 의견을 피력한 바 있다.[287) 더구나 그들은 폴란드를 설득할 수 없었다.[288)

마침내 8월 21일 협상의 마지막 날이 왔다. 드락스 제독이 약 4시경에 군사 회담을 열었을 때, 영국과 프랑스 대표단은 아무런 답변을 할 수 없었다. 그들은 폴란드의 동의를 얻지 못했을 뿐만 아니라, 폴란드의 입장에 상관없이 협정을 체결할 수도 없었다. 영국과 프랑스 정부는 자국 대표단에게 뒤늦게 전권을 위임했지만, 폴란드의 동의 없이 협정을 체결하라는 새로운 훈령을 받지 못했다.[289)

보로실로프는 재차 소련군이 폴란드 영토를 통과해야 한다고 말하였다. 소련이 독일과 교전하기 위해서 폴란드 영토를 통과하는 문제는 작전상의 원칙과 다름없었던 것이다. 그는 1914-18년의 전쟁에서 영국과 미국의 연합군이 프랑스 영토에서 적과 교전하기 위해

---

287) Сиполс, "За несколько месяцев," 139쪽.

288) 1935년 프랑스와 소련 간의 상호 원조 조약과 독일의 영토적 요구에 대한 서유럽 국가의 유화적 태도에 대한 부정적 경험을 한, 소련은 간접 침략의 개념조차도 정확히 정의하는 등 구체적이고 실질적인 협정을 관철시키는 것을 목표로 삼았다. 더 나아가 서유럽 국가가 적극적인 군사적 개입의 의무를 지지 않은 채 독일과 소련 간의 군사적 충돌 가능성을 유리하게 할 수 있는 틈을 조약에서 배제시켜야만 하였다. 그래서 소련군의 폴란드와 루마니아 영토에 대한 통과 행군권이 제기된 것이었다.(*История войны Советского Союза 1939-1945*, т. 2, 131쪽.) 소련의 이러한 요구에 영국과 프랑스가 취한 태도에 대한 평가는 정반대이다. '전통주의자'들의 경우, 이러한 요구는 분할을 염두에 둔 것이라고 주장하면서, 영국과 프랑스가 소련의 요구를 거부한 것은 바로 이들 나라가 주권을 지닌 독립국이었기 때문이라고 한다.(Weinberg, *Germany, Hitler, and World War Ⅱ*, 177쪽.: Arumäe, 앞의 글, 117쪽.) 소련은 주변의 작은 국가들의 의지와 독립된 세 나라의 보장을 통해 작은 국가들의 주권에 대한 관여를 주장할 정도로 멀리 나갔지만, 그 당시의 상황 속에서 그러한 요구는 동유럽을 보장하는 유일한 방법이었다는 것이다.(Pietrow, *Stalinismus*, 65쪽.)

289) 볼코고노프, 앞의 책, 31쪽.

212

작전을 전개할 수밖에 없었다는 사실을 상기시켰다. 그러면서 그는 영국과 프랑스 참모부가 대표단의 훈령에 통과 행군권 같은 근본적인 질문에 정확하고 긍정적인 지시를 내리지 않았다는 사실을 전혀 상상할 수 없었다.[290] 보로실로프는 "답변이 전달될 때까지 회담을 중단합시다. 이 문제가 해결되지 않을 경우, 회담을 지속하는 것은 시간 낭비에 지나지 않습니다"라고 말했다. 드락스와 두멩은 유감스럽지만 보로실로프의 의견을 받아들일 수밖에 없었다.[291]

프랑스 대표단장 두멩은 프랑스 수상 달라디에 앞으로 다음과 같이 보고하였다. "약속된 회의는 아침에 열렸습니다. 두 번째 회의는 오후에 열렸습니다. 이 두 회의에서 양측은 폴란드 통로와 관련된 정치적 문제에서 비롯되는 지연에 관한 정중한 의견들을 교환했습니다. 아직 미정인 다음 회의는 우리 측이 긍정적인 답변을 해야만 열릴 수 있을 것입니다."[292]

그럼에도 영국 대표단장 드락스는 시간을 좀 더 벌어 보려고 했다. 드락스 제독은 마지막 회담에서 보로실로프에게 아래와 같은 메모를 보여 주었다. "보로실로프 원수 귀하. 프랑스와 영국 대표단들은 각국의 정부로부터 귀하께서 저희 정부에 전달을 부탁한 정치적 질문에 대해 여태까지 회신을 못 받으신 점을 유감스럽게 생각합니다. 제가 차기 회담을 주최한다는 사실을 감안하여 8월 23일 오전 10시까지 혹은 그 이전에 회신을 받았으면 합니다. 경의를 표하며, 영국 대표단 단장 드락스 제독."[293]

---

290) док. 584, 같은 책, т. 2, 295-301쪽.
291) док. 584, 같은 책, т. 2, 295-301쪽.
292) док. 585, 같은 책, т. 2, 304쪽.
293) 볼코고노프, 앞의 책, 31쪽.

하지만 이러한 시도는 무위로 끝나고 말았다. 소련은 더 이상 시간을 허비할 수 없었다. 이미 그날 오전에 몰로토프는 스탈린에게 슐렌부르크가 아주 중요한 문서를 전달하기 위해 자신을 만나 달라고 요청하였다고 알렸다.294) 그러나 스탈린은 독일 대사를 만나는 일을 서두르지 않았고 군사 회담의 결과를 기다렸다. 그날 오후 1시경에 보로실로프는 스탈린에게 영국과 프랑스, 소련 간의 군사 회담이 교착 상태에 빠졌고 무기한 휴회되었다고 보고하였다.295) 그날 오후 3시에 슐렌부르크는 히틀러의 편지를 몰로토프에게 전달하였다.296) 스탈린은 몰로토프를 통해 히틀러의 편지에 관한 회답을 즉시 전달하였다. "독일 제국 수상 히틀러에게 소련 공산당(볼) 중앙 위원회 서기장 스탈린"의 답신은 독일 대사에게 같은 날 오후 5시에 전달되었다. 그 답신에서는 지도자의 모든 조건을 수용한다는 내용이 들어 있다.

    히틀러 총통 귀하.
    1939년 8월 21일 귀하의 서한에 감사합니다. 나는 독일과 소련 간의 불가침 협정을 계기로 양국 간의 정치적 관계가 개선되었으면 합니다.
    양국의 국민들은 평화로운 관계가 필요합니다. 독일 정부가 불가침 조약에 합의키로 한 사실은 정치적 갈등의 제거와 양국 간의 평화와 협력을 구축할 계기가 될 것입니다.
    소련 정부는 독일 외무장관 리벤트로프가 8월 23일에 모스크바를 방문하는 것에 동의한다는 사실을 귀하께 알리라고 나에게 지시하였습니다. 스탈린.297)

---

294) Read & Fisher, *The Deadly Embrace*, 225쪽.

295) Волкогонов, "Драма Решений," 11쪽.

296) Read & Fisher, *The Deadly Embrace*, 225쪽.

297) док. 582, *Год Кризиса*, т. 2, 302쪽.

이로써 3국 동맹 협상은 결렬되었다.[298] 영국과 프랑스는 여전히 단순한 선언이라는 불확실한 교각을 통해 유럽의 안보 및 보장 체제를 강화시킬 수 있다고 생각하였다. 그리고 그들은 폴란드와 루마니아가 소련의 요구를 수용하도록 설득할 수도 없었다. 소련은 이러한 사실을 믿을 수 없었다. 소련은 영국과 프랑스 측의 명확한 답변의 회피를 전술적 책략으로 생각하였다. 왜냐하면 그들은 "소련의 요구가 현실적"[299]이라고 판단했음에도 불구하고 아무런 조치를 취하지 않았기 때문이다. 영국과 프랑스는 물에 빠진 사람을 죽기 일보 전이라도 구조하면 회생할 수 있다고 믿었던 것이다.[300] 당시 영국과 프랑스는 이미 기존유럽의 질서가 근본적으로 흔들리고 있는

---

298) 3국 협상의 결렬에 대한 책임은 양측에 있다. 최근에 소련 역사가들은 3국 협상을 연구하는 데 있어서 서유럽 국가의 정책뿐만 아니라, 소련 지도부의 정책에 대해서도 비판적인 입장을 견지하고 있다. 이미 1989년 5월에 소련과 폴란드 역사가 위원회가 제출한 제2차 세계대전의 직전의 상황과 발발에 관한 테제에서 역사가들은 그 당시에 소련과 서유럽 국가 간에 발생한 신뢰의 위기를 언급하였다.("Канун и Начало второй мировой войны. Тезисы подготовленные Кониссией ученых СССР и ПНР по истории отношений между двумя странами," *1939 год.* 461쪽.) 츄베럄(А. Чуберьян)은 "소련 외교의 확고한 노선과 함께 군사 협정 없이 정치 협정을 체결할 수 없다는 소련 측의 주장이 적극적인 협상 체결에 대립된 것이었다. 이와 더불어 영국과 프랑스의 정책에 대한 소련 지도부의 지나친 불신도 협정의 체결을 막았다"고 지적하였다.(A. Chuberjan, "Die UdSSR und der Beginn des Zweiten Weltkrieges," K. Hildebrand, J. Schmädeke &K. Zernack(hrsg), *An der Schwelle.* 285-6쪽.) 1940년 6월 25일에 처칠(W. Churchil) 역시 스탈린에게 보낸 교서에서 "독일은 우리의 적이었던 바로 그 순간에 당신의 적이기도 하였다"고 지적하면서 양측을 비판하였다. 이러한 처칠의 말에 따르면, 결과적으로 3국 협상에 참여한 모든 국가가 자국 인민들에 대한 책임감과 힘을 합쳐 전쟁을 저지하거나 사정이 여의치 않을 경우 전쟁을 지연시키기 위해 자신들에게 유리하게 세력관계를 일변시킬 수 있는 현명함도 없었다는 것을 의미하는 것이다.(Семиряга, "Советский Союз," 54쪽.)

299) док. 551, *Год Кризиса,* т. 2, 217-218쪽.

300) Aster, *1939,* 205쪽.

상황임에도 불구하고 공식적으로는 1919~20년에 짜여진 기본 구도
를 그대로 고집하고 있었다. 그들은 소련을 견제하기 위하여 1919~
20년에 조성한 '정치·사상적 완충 지대'에 소련군의 주둔을 승인하
지 않았던 것이다.[301]

　이러한 상황에서 소련은 더 이상 기다릴 수 없었다. 물론 3국 동맹
협상은 소련을 엄청난 물질적 잠재력과 도덕적 우월성을 지닌 반파시
즘 연합의 일부분으로 만들기 때문에 바람직하였다.[302] 하지만 소련
은 3국 간 협상이 아무런 결과를 거두지 못할 것이 확실시되자, 독일
을 택했다. 이런 점에서 '3국 동맹 협상'이 결렬되자, 비로소 소련이
독일과 조약 체결로 나아갔다는 주장은 수정될 수 있을 것이다. 소련
은 협상 타결이 불확실한 상황에서, '3국 동맹 협상'이라는 '비상의 탈
출구'를 확보하면서 독일 측을 다급하게 만들었다. 그러한 '이중 외교'
과정에서 소련은 독일의 폴란드 침공을 '기정사실'로 받아들이면서,
위기에 처한 약소국을 '구제'하는 것이 아니라, 자신만의 안전을 염두
에 두었다. 즉 그 과정에서 소련이 중점에 둔 것은 반파시즘 투쟁이
아니라, 자신의 안전 보장이었다.[303] 물론 스탈린은 독일이 소련과
조약을 체결한다 할지라도, 소련에 대항하여 모든 힘을 결집한다는
히틀러의 계획이 바뀌지 않을 것이고 언젠가는 독일과 싸울 수밖에
없다는 사실을 알고 있었다.[304] 전쟁이 임박하고 있었지만, 전쟁의

---

301) 안드레아스 힐그루버, 『제2차세계대전. 국제정치와 전쟁 전략』, 류제승 옮김
　　　(한울 아카데미, 1996), 25쪽.

302) 볼코고노프, 앞의 책, 35쪽.

303) 물론 그러한 판단은 잘못되었음이 역사적 사실로 드러났다. 하지만 그러한 판
　　　단이 정확하였는가의 여부는 이 책의 연구 대상을 넘어선 과제라 생각된다.
　　　이에 관해서는 이 책 제4장 2절의 각주 43을 참고할 것.

304) Розанов, *Сталин-Гитлер*, 85쪽.

발발은 어떻게 해서라도 연기시켜야 했던 것이다.[305] 소련은 폴란드를 분쇄하고 난 뒤 소련으로 진군할 독일과 싸울 준비가 되어 있지 않았다. 그래서 소련으로서는 무장을 위한 시간과 가급적 전쟁이 일어나더라도, 자신의 국경에서 멀리 떨어진 곳에서 일어날 수 있도록 완충 지대라는 공간이 필요했던 것이다.[306]

---

305) 볼코고노프, 앞의 책, 32쪽.

306) Haslam, "The Soviet Foreign Policy," 104쪽.

Ⅳ. 독·소 불가침 조약의 체결과 그 역사적 의미

1. 독·소 불가침 조약의 체결

1) 불가침 조약의 체결

8월 23일 오전, 독일 측 사절단이 모스크바에 도착하였다. 그들은 독일 대사관에 여장을 푼 뒤 소련 측 수뇌부가 기다리고 있는 크렘린으로 향하였다. 회담은 당일 3시 30분으로 예정되어 있었다. 슐렌부르크 대사와 힐거 대사관 참사관이 리벤트로프를 안내 하였다.[1]

리벤트로프를 맞이한 것은 스탈린 자신이었다. 리벤트로프로서는 전혀 예상하지 못했던 상황이었다. 그는 몰로토프와 사전 회담을 거친 이후 스탈린이 나설 것이라고 생각했었다. 스탈린이 회담장에 모습을 드러냈다는 사실 자체는 그만큼 그의 의사가 단호함을 대변해 주는 것이었다. 바로 이 자리에서 조약을 체결하든가 아니면 영원한 결별뿐, 다른 대안은 없었다. 따라서 스탈린의 존재 자체는 사실상 사전에 계획된 독일에 대한 경고나 다름없었다. 리벤트로프는 불가침 조약과 별첨의 비밀 의정서를 가능한 한 신속히 체결한 뒤 곧바로 떠나기를 원한다고 말하였다.[2]

---

1) Семиряга, "Советско германские договоренности в 1939-июне 1940 г.," 92쪽.

2) Dok. 136, Pätzold & Rosenfeld (Hrsg.), *Hakenkreuz und Sowjetstern*, 233쪽.

이 회담에 관한 자료는 현재까지 밝혀진 바가 없다.[3] 다만 리벤트로프가 독일로 타전한 8월 23일자 긴급 전보를 통해 회담의 내용을 추론해 볼 수 있을 뿐이다. "나는 첫 번째 회담에서 독일의 견해를 상세히 설명하였다. 그 자리에서 소련은 리바프(Ливаб) 항구와 빈다프(Виндаб) 항구를 자국의 이해관계 영역에 포함시킬 것을 요구하였다. 나는 이러한 요구가 최종 결정에 대한 마지막 장애라고 생각하였다."[4] 즉, "독일의 견해를 상세히 설명하였다"는 것과 "최종 결정"이라는 표현이 등장하는 것으로 미루어 볼 때, 독일과 소련 양측은 처음부터 불가침 조약과 의정서의 문제를 논의했을 가능성이 있다. 이후의 회담은 소련의 요구에 대한 히틀러의 답변이 전달될 때까지 연기되었다.

두 번째 회담은 밤 10시부터 다음 날 새벽 1시까지 몰로토프의 집무실에서 열렸다.[5] 이 회담에서 일본과 이탈리아, 터키, 영국, 프랑스, 반코민테른 조약 등과 같은 전반적인 상황에 관한 양측의 의견 교환이 이루어졌다.[6] 회담은 리벤트로프가 일부 항목에 관해 히틀러에게 문의한 것을 제외하면[7] 대체로 순조로이 진행되었다.[8]

불가침 조약을 둘러싼 논의는 앞서 8월 19일에 소련이 제시한 계획안[9]을 근거로 하여 진행되었다. 회담이 진행되는 과정에서 일부

---

3) Реутов, 앞의 글, 11쪽.

4) док. 31, Ю. Фельштинский (Сост.), *Оглашению подлежит : СССР-Германия 1939-1941*, 68쪽.

5) Розанов, *Сталин-Гитлер*, 95쪽.

6) 이에 관해서는 док. 34, Ю. Фельштинский (Сост.), *Оглашению подлежит : СССР-Германия 1939-1941*, 73-77쪽을 참고할 것.

7) Dok. 81, G. Hass, *23. August 1939 der Hitler-Stalin-Pakt*, 191쪽.

8) Read & Fisher, *The Deadly Embrace*, 252-4쪽을 참조하시오.

9) "1. 협상국은 상호간에 폭력 행위와 단독으로든지 다른 나라와 함께 상대방에

조항이 수정되거나 새로운 내용이 첨가되었다. 제1조와 2조, 5조는 소련 측 안이 그대로 수용되었다. 반면에 제3조와 4조, 6조, 7조는 독일 측의 이견 제시로 수정되거나 몇 가지 내용이 삽입되었다. 그 결과 양측이 합의한 불가침 조약은 전문과 7개 조항으로 구성되어 있으며, 그 내용은 아래와 같다.

독일 제국 정부와 사회주의 소비에트 공화국 연방 정부는 독일과 소련 간의 평화적 관계를 공고히 한다는 희망에 따라 1926년 4월에 독일과 소련 간에 체결된 중립 조약의 기본 규정에 의거하여 다음의 합의에 도달하였다.

제1조. 조약 체결국의 양측은 단독 혹은 다른 강대국과 함께 상대국에 대한 모든 폭력 행위와 공격적인 행동, 침략 행위를 방지하기 위해 최선을 다하기로 약속한다.

제2조. 만일 조약 체결국의 어느 한 측이 제3국의 전쟁 행위의 대상이 될 경우에, 다른 측은 어떤 형식으로든지 제3국을 지지해서는 안 된다.

제3조. 조약 체결국의 양측 정부는 장차 그들 공동의 이해관계를 침범할 수 있는 문제들에 관해 상대방에 정보를 제공하기 위한 협의를 목적으로 항시 접촉을 지속한다.

제4조. 조약 체결국의 어느 한 측도 직접적으로든지 간접적으로든지 다른 한 측을 겨냥한 강대국의 동맹에 가담해서는 안 된다.

제5조. 조약 체결국 간에 이러저러한 문제를 둘러싸고 논쟁이나 분규가 발생할 경우, 양측은 그러한 논쟁과 분규를 우호적인 의견 교환이나 필요할

대한 공격 행위 또는 침략을 자제해야 한다. 2. 협상국의 한 측이 제3국의 폭력 행위나 침략의 대상으로 될 경우에, 다른 한 측은 어떤 형식으로든지 제3국의 그러한 행위를 지지해서는 안 된다. 3. 협상국 간에 이러저러한 문제를 둘러싸고 분쟁이나 갈등이 발생할 경우에, 양측은 이러한 분쟁과 갈등을 서로 간의 협의나 필요할 경우 그에 상응하는 조정위원회를 구성함으로써 평화적으로 해결한다. 4. 이 협정은 25년 기한으로 한다. 5. 현재의 협정이 가능한 빠른 시일 내에 인준받아야 하고 그 이후 협정이 효력을 발휘한다. 추신. 현재의 조약은 외교정책의 영역에서 협상국이 관심을 갖고 있는 이러저러한 문제들에 관한 특별 의정서를 동시에 체결할 때에만 실행될 수 있다. 이 의정서는 조약의 본질적 부분을 이룬다."('док. 572, *Год Кризиса*, т. 2, 277쪽.)

경우에 중재 위원회의 설치를 통한 평화적 수단으로 해결해야 한다.

제6조. 현재의 조약은 10년간 유효하다. 기간 만료 1년 전에 어느 한 측도 조약의 만료를 알리지 않는 한 조약의 유효 기간이 자동적으로 5년간 연장된다.

제7조. 현재의 조약은 가능한 한 최단 시일 내에 비준되어야 한다. 비준서는 베를린에서 서로 교환한다. 조약은 서명과 동시에 효력을 갖는다.[10]

제7조는 독일의 다급함을 말해주는 하나의 징표였다. 그것은 독일의 폴란드 침공이 임박했음을, 나아가 독일이 영국·프랑스·소련 간의 3국 동맹 협상을 완전히 차단하려는 의도를 지니고 있었음을 말해준다. 한편 소련은 아무런 이의 제기 없이 독일의 수정안을 받아들였다.[11] 소련이 요구한 구체적 사안은 사실상 조약의 본질적인 부분이 될 추가 의정서에서 논의될 것이기 때문이다.

---

10) док. 602, 같은 책, т. 2, 319-320쪽.

11) Розанов, *Сталин-Гитлер*, 96쪽.

Molotov signs the Nazi-Soviet Pact while Ribbentrop (standing behind) and Soviet leader Stalin observe.

2) 비밀 의정서의 탄생

이러한 의정서의 문제가 처음 제기된 것은 8월 17일이었다. 슐렌부르크는 몰로토프에게 발트해와 발트해 연안국, 폴란드와 남동부 유럽의 문제, 필요할 경우에는 동유럽의 영토 문제를 공동으로 해결할 수 있다고 제의하였다. 이에 대해 몰로토프는 이러한 문제들을 특별 의정서에서 논의해야 한다고 말하였다.[12] 그러면서도 소련은 의정서에 담길 구체적인 내용을 직접 언급하지 않았다. 독일은 의정서에 담길 내용을 제시해야 하였다.

소련의 요구에 따라, 독일은 의정서의 초안을 작성하여 8월 23일에 처음으로 제시하였다. 그날 오후 3시 30분에 시작된 독일과 소련 간의 첫 번째 회동에서 리벤트로프는 가방에서 4개 항으로 구성된 문서를 꺼내 펼친 후 통역관 힐거에게 전달하였다. 스탈린과 몰로토프뿐만 아니라 리벤트로프의 수행원들도 이 문서에 무엇이 담겨 있는지 알지 못하였다. 그것의 내용은 8월 21일과 22일 밤에 열린 히틀러와 리벤트로프 간의 베르흐테스가르텐 회동에서 정해졌고 가우스가 작성했던 것이다.[13] 독일 측이 제시한 의정서 초안은 다음과 같다.

독일 제국과 소비에트 사회주의 공화국 연방 간의 불가침 조약이 서명될 경우에, 문서에 서명한 양측의 전권 대표는 아주 비밀리에 동유럽에서 양측의 영향권의 경계에 관한 문제를 논의할 것이다. 이러한 의견 교환은 다음의 결과로 귀결될 것이다.

1. 발트해 연안국(핀란드와 에스토니아, 라트비아, 리투아니아)에 속한 지역에서 영토·정치적 변경이 발생할 경우에, 리투아니아의 북쪽 경계선은 독일과 소련의 영향권의 경계로 될 것이다. 특히 양국은 빌나(Вильно) 지역을 리투아니아로 귀속시킬 것이다.

2. 폴란드 영토에서 영토·정치적 변경이 일어날 경우에, 독일과 소련의 영향권의 경계는 대략 나레브(Нарев)와 비슬라(Висла), 싼(Сан) 강(江)의 선을 지나갈 것이다.

---

12) док. 570. *Год Кризиса*, т. 2, 273쪽을 참고할 것.

13) В. А. Невежин, "Советско-Германские дипломатические контакты 1939- 1941 годов : Новей шие исследования," *Преподавание истории в школе*, но. 1/2, 1992, 10쪽.

　3. 독립 폴란드 국가의 존속이 양측의 이해관계 속에서 바람직한 것인지 그리고 이 국가의 국경이 어떻게 될 것인지의 문제는 향후 정치적 발전의 과정 속에서만 결정적으로 해결될 수 있을 것이다. 모든 경우에 양국 정부는 상호 우호적인 협력을 통해 이러한 문제를 해결할 것이다.[14]

　이에 대해 스탈린은 한 가지를 정정하고 한 가지를 추가할 것을 제의하였다. 앞서 언급했듯이, 그것은 리바프와 빈다프 항구가 소련의 영향권 속으로 편입되어야 하고,[15] 1919년에 이루어진 루마니아의 베사라비아 합병을 무효로 할 것 등이었다.[16] 리벤트로프는 즉시 히틀러에게 이에 관한 답변을 독일 현지 시간으로 8시까지 받았으면 한다고 타전하였다.[17] 이에 대해 히틀러는 "동의한다"[18]라는 간략한 답변을 전화로 전달하였다. 이로써 현재 공개된 비밀 의정서가 만들어졌다. 그리고 그 내용은 다음과 같다.

　독일과 소비에트 사회주의 공화국 연방 간에 불가침 조약을 서명하면서 양측의 전권 대표는 동유럽에서 양측의 영향권의 확정에 관한 문제를 비밀리에 논의하였다. 이러한 논의는 다음의 결과를 낳았다.
　1. 발트해 연안국(핀란드와 에스토니아, 라트비아, 리투아니아)에 속한 지역에서 영토·정치적 변경이 발생할 경우에, 리투아니아의 북쪽 경계선은 독일과 소련의 영향권의 경계로 될 것이다. 특히 양국은 빌나 지역을 리투아니아로 귀속시킬 것이다.
　2. 폴란드 영토에서 영토·정치적 변경이 일어날 경우에, 독일과 소련의

---

14) Розанов, *Сталин-Гитлер*, 97쪽.

15) док. 31, Ю. Фельштинский (Сост.), *Оглашению подлежит : СССР-Германия 1939-1941*, 68쪽.

16) Fleischhauer, *Der Pakt*, 371쪽.

17) док. 31, Ю. Фельштинский (Сост.), *Оглашению подлежит : СССР-Германия 1939-1941*, 68쪽.

18) док. 32, 같은 책, 68쪽.

영향권의 경계는 대략 나레브와 비슬라, 싼 강(江)의 선을 지나갈 것이다.

독립 폴란드 국가의 존속이 양측의 이해관계 속에서 바람직한 것인지 그리고 이 국가의 국경이 어떻게 될 것인지의 문제는 향후 정치적 발전의 과정 속에서만 결정적으로 해결될 수 있을 것이다.

모든 경우에 양국 정부는 상호 우호적인 협력을 통해 이러한 문제를 해결할 것이다.

3. 남동부 유럽에 관해서는, 소련 측은 베사라비아에 대한 이해관계를 강조하였다. 독일 측은 이 영토에서 자국의 정치적 무관심을 천명할 것이다.

4. 이 의정서는 양측에 의해 완전히 비밀로 유지된다.[19]

---

19) док. 603, *Год Кризиса*, т. 2, 324쪽. 그리고 이 의정서는 독일과 소련의 약속대로 얼마간 비밀로 남겨졌다. 그러나 그 당시 일부 사람들은 불가침 조약이 유일한 것이 아니라 히틀러가 소련과의 동맹의 대가를 지불한 또 다른 문서가 있을 것이라고 추측하기 시작하였다. 실제로 그 당시 영국과 미국의 외교관들은 의정서가 조인된 직후 의정서의 존재 사실을 알고 있었다.(Розанов, *Сталин-Гитлер*, 102쪽.) 미국이 독일에 있는 첩자를 통해 의정서에 대해 통고 받았고 이 사실을 영국 정부에게 전달했던 것이다.(이에 관한 좀 더 자세한 내용은 C. Bohlen, *Witness to History* (New York, 1973), 70-83쪽을 참고할 것.) 심지어 외무부 관리들이 이 문제에 대한 비밀을 맹세했던 독일에서, 몇 주 후에 의정서의 내용이 발트해 연안국에 있는 독일 대표들에게 알려졌다. 그럼에도 불구하고, 의정서의 존재 사실은 세상에 공개되지 않았다.(L. Bezymencky, "The Secret Protocols of 1939 as a Problem of Soviet Historiography," G. Gorodetsky (ed.), *Soviet Foreign Policy*, 75쪽.) 종전 후 비로소 미국이 독일 문서고에서 압수한 필름을 공개하자, 비밀 의정서의 존재 사실이 처음으로 전 세계 대중들에게 알려졌다. 1945년 11월에 뉘른베르크 나치 전범 재판 과정에서였다. 이 사실로 여론이 들끓었다. 그러나 연합국 대표들 간의 협상에 따라, 의정서의 문제는 더 이상 제기되지 않았다.(Ю. Зоря и Н. Лебедева, "1939 год в Нюрнбергских Дофе," *Международная жизнь*, 1989, но. 9, 130쪽.) 하지만 1946년에 미국 언론이 재차 이 문제에 관한 여론의 관심을 촉발시키자, 의정서의 문제를 둘러싼 논쟁은 새롭지만 전혀 다른 국면으로 접어들었다. 냉전의 신호탄이었던 것이다.(Bezymencky, "The Secret Protocols," 76쪽.) 이에 맞서 소련은 의정서가 서구의 날조라고 비판하였다.(Семиряга, "Советский Союз и предвоенный политический кризис," 50쪽.) 소련의 이러한 입장에도 불구하고, 의정서는 조약을 둘러싼 끊임없는 논쟁의 동기를 제공해왔다. 최근 소련이 의정서의 존재 사실을 인정하고 그 문서를 공개 출판하자, 이 문서의 의미를 둘러싼 논쟁은 재차 뜨거워졌다.(러시아에서 비밀 의정서를 둘러싼 논쟁은 '전통주의자'와 '급진주의자'들로 나뉘어 진행되고 있다. 그들의 논쟁은 국내의 정치적 상황과 맞물려 극단의 양상을 나타내기도 하였다. 이에 관한 자세한 내

이와 같이 독일과 소련은 동유럽에서의 자신들의 영향권의 경계를 확정지었다.

양측이 협정에 서명할 준비를 하는 동안 자정이 지났다. 몰로토프와 리벤트로프는 독일어와 러시아어로 된 불가침 조약과 추가 비밀 의정서로 구성된 조약에 서명하였다. 서명 장면은 사진으로 남았고 그 사진은 세상에 공개되었다. 참석자들은 만족스러운 표정을 짓고 있었다.[20] 서명이 끝난 후 양국 간의 새로운 우호관계를 기념하는 축하연이 열렸다. 스탈린은 축사를 하였다. "나는 독일 국민이 그의 지도자를 얼마나 사랑하고 있는지 알고 있습니다. 나는 그렇기 때문에 그의 건강을 위해 축배를 들고 싶습니다."[21] 그 다음 날인 8월 24일 이른 아침에 독일 사절단은 독일로 돌아갔다.

이처럼 독일과 소련은 가우스가 작성하고 리벤트로프가 모스크바로 가져온 비밀 의정서에 서명함으로써 조약 체결 과정을 완료하였다. 두 나라는 불가침 조약과 비밀 추가 의정서를 통일적인 전체이자 향후 발전적인 동맹을 위한 토대라고 보았다.[22]

용은 Bezymencky, "The Secret Protocols," 75-85쪽을 참고할 것.)
20) Pätzold &. Rosenfeld (Hrsg.), *Hakenkreuz und Sowjetstern.*, 49쪽.
21) Dok. 83, G. Hass, *23. August 1939 der Hitler-Stalin Pakt*, 193쪽.
22) Rosenfeld, 앞의 글, 49쪽.

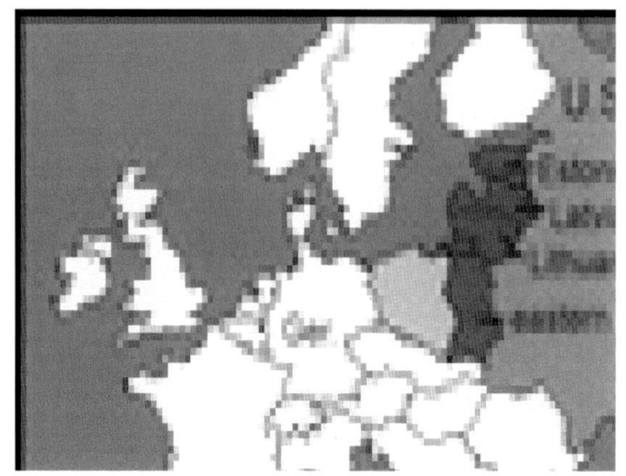

그림 1 조약 체결 이후 양국 간의 경계

2. 독·소 불가침 조약의 역사적 의미

독일은 조약 체결을 아주 흡족하게 받아들였다. 리벤트로프는 봄
부터 자신이 책임져왔던 과제를 해결한 것으로 생각하였다.[23] 모든
일이 계획대로 풀려 나갔기 때문에 히틀러 역시 기분이 흡족하였다.
독일은 이 조약 덕분에 양면전의 위협에서 벗어날 수 있었다.[24] 사
실 히틀러에게 있어서 조약의 직접적인 목적은 영국과 프랑스가 폴
란드를 위해 개입하는 것을 막아내는 데 있었다.[25] 폴란드를 침략하
더라도 영국과 프랑스가 선전포고를 하지 않는 한, 독일은 동부 전
선에 총력을 쏟아 부을 수 있게 되었다. 만일 전쟁이 전체 유럽 대

---

23) 리벤트로프가 영국에 대한 증오 외에는 어떤 정치적 신념도 가지고 있지 않았
다는 로젠베르크의 평가도 있다.(놀테, 앞의 책, 314쪽.)

24) Dok. 82, G. Hass, *23. August 1939 der Hitler-Stalin Pakt*, 191쪽을 참고할 것.

25) 놀테, 앞의 책, 314쪽.

륙으로 확산된다고 할지라도 폴란드를 손아귀에 넣은 상태이기 때문에, 독일은 배후의 안전을 보장한 가운데 서유럽 국가들을 상대로 전쟁을 수행할 수 있었던 것이다.[26] 이로써 히틀러가 원한 생존권이 확보되고 더 나아가 영국의 봉쇄에 대비하여 전쟁에서 필요한 군수물자와 원료, 그리고 식량 문제가 해결될 수 있을 것이다. 그런 뒤 유럽 대륙 전체를 거머쥘 수 있을 것이다.

소련은 혁명 이후 외교정책의 화두나 다름없었던 국제적 고립 내지 포위 위협에서 완전히 벗어날 수 있었다. 서부에서의 반소비에트 동맹과 동부에서의 반코민테른 동맹의 결속을 차단시킬 수 있었던 것이다. 그와 동시에 소련은 자신의 서부 국경뿐만 아니라 동부 국경에서의 안전을 확보할 수 있었다. 그래서 소련은 일시적으로나마 임박한 전쟁 위기에서 벗어날 수 있었다.

며칠 후인 8월 31일, 소비에트 최고 회의가 개최되었다. 이 회의에서 독·소 불가침 조약의 비준 문제가 예정되어 있었다. 몰로토프는 다음과 같이 연설하였다. "독·소 불가침 조약의 중요한 의미는 유럽의 두 강대국이 서로 간의 적대적 태도를 지양하고 전쟁의 위협을 제거하며, 유럽에서 군사적 충돌 지역을 가능한 한 현저히 축소시키면서 상호 평화적인 관계를 유지하기로 합의한 것에 있다. …… 전쟁이 일어날 경우에도, 우리는 독일에 대항하여 영국의 손을 들어주거나 영국에 반대하여 독일 편에 서서 전쟁에 참여할 의무를 지지 않는다. 우리는 어떠한 유럽 전쟁에도 관여하지 않으면서 우리의 힘을 증대시킬 수 있고, 향후 국제적 발전에서 우리의 외교적 입지를 강화하며 우리의 영향력을 한층 더 확대할 수 있게 되었다."[27]

---

26) Hillgruber, 앞의 책, 26쪽.

27) J. Degras, *Soviet Documents on Foreign Policy*, vol. 3, London, 1953, 369-370쪽.

그것은 한 마디로 이 조약의 중립성에 대한 강조였다.

이후 독일이 소련을 침공한 상황에서 스탈린 자신도 조약에 관해 몰로토프와 동일한 평가를 내린 바 있다. 스탈린은 1941년 7월 3일에 라디오 방송에 출현하여 다음과 같이 말하였다. "논쟁해 봅시다 : 소련 정부가 어떻게 히틀러와 리벤트로프처럼 배신자이고 무뢰한인 이들과 불가침 조약을 체결할 수 있었을까? 단지 이제 와서 실수라고 가정할 수는 없지 않는가? 물론, 아니다! 불가침 조약은 두 정부 간의 평화에 관한 조약이었다. 즉, 이러한 조약은 1939년에 독일이 우리에게 제안하였다. 소련 정부가 이러한 제안을 거절할 수 있었겠는가? 나는 평화를 사랑하는 나라들이 이웃 정부와의 평화 협정을 거절할 수 없다고 생각한다. 만일 히틀러와 리벤트로프처럼 무뢰한들이 이 국가의 대표였다 할지라도. 물론 이 조약은 직접적으로든지 간접적으로든지 영토보전과 독립, 평화를 사랑하는 나라들의 체면을 손상시키지 않는 것을 필수 조건으로 한 것이다. 알려져 있듯이, 독일과 소련 간의 불가침 조약은 바로 이러한 조약이었다."[28]

그러나 이 조약은 여느 불가침 조약뿐만 아니라 1926년 베를린 중립 조약과도 다른 성격을 지니고 있었다. 그 가운데 가장 중요한 것은 '중립'에 관한 조항이다. 1926년 베를린 중립 조약에서 '중립'의 의무는 조약 체결국의 다른 한 측의 평화적 행위에 한정된 것으로 우호적인 중립이었다.[29] 바꿔 말하자면, 조약 체결국 가운데 어느 한 측이 다른 어떤 나라를 침략했을 때, 이 조약은 자동적으로 무효로 된다는 것이다. 그런데 1939년 불가침 조약의 제2조에는, "조약 체결국의 어느 한 측이 제3국에 의한 전쟁 행위의 대상이 될 경우,

---

28) Семиряга, "Советско германские договоренности в 1939-июне 1940 г.," 93쪽.
29) Pätzold & Rosenfeld (Hrsg.), *Hakenkreuz und Sowjetstern.*, 50쪽.

다른 측은 어떤 형식으로든 제3국을 지지해서는 안 된다"는 표현이 들어있다. 말하자면 소련이나 독일이 제3국으로부터 먼저 침공 당할 경우에만, 중립이 유효하다는 것이다. 하지만 이 조항에는 조약 체결국 가운데 어느 한 측이 다른 어떤 나라를 침략할 경우 조약의 무효를 알리는 '해지' 조항이 삭제됨으로써, 이 조약에서 '중립'이란 조약 체결국 가운데 어느 한 측의 침략으로 인한 전쟁이 발발할 수 있음을 사실상 허용하는 것이 되었다.[30] 특히 그 당시 독일의 폴란드 침략이 기정사실로 된 상황에서, 이러한 해지 조항을 달지 않았다는 것은 소련이 사실상 독일의 침략 계획을 인정한 실수를 저질렀음을 의미한다. 따라서 제2조의 '중립' 의무는 조약 체결국에 대해 사실상 무제한적인 침략 행위를 용인하는 꼴이 되고 말았다. 예를 들자면, 독일이 폴란드를 공격할 경우, 소련은 무조건 중립을 지켜야 한다는 것이다.[31] 그러므로 몰로토프가 그토록 자랑했던 중립이란 다름 아닌 침략에 대한 묵인이나 방조에 지나지 않았다.

더욱이 제2조는 제4조를 통해 확증되었고 보충되었다. 제4조에 따르면, 조약 체결국의 어느 한 측은 "직접적으로 혹은 간접적으로 다른 한 측을 반대한 강대국 집단에 참여할 수 없다." 이 조항을 통해, 소련은 좌초된 3국 협상의 재개를 포기한다는 점을 명시하였다. 이 조항은 소련이 독일과 조약을 체결한 이후에도 3국간의 군사 협상이 재개될 수 있다고 밝힌 것과 정면 배치된다.[32] 더 나아가 폴란

---

30) Ahmann, "Der Hitler-Stalin-Pakt : Nichtangriffs-und Angriffswertrag?," 26쪽.

31) Fleischhauer, "Die sowjetische Außenpolitik," 34쪽.

32) 하지만 일부 러시아 학자들은 조약 체결 이후에도 영국과 프랑스의 의지만 있었다면 3국 동맹 협상이 체결될 수 있었다고 강변한다. 그들이 내세운 증거란 두 가지 정도이다. 그 가운데 하나는 몰로토프가 프랑스 대사 나기에르를 만나 영·프 사절단과의 회담이 소·독 체결 이후 한 주 안에 속개될 수 있을 것이

드가 독일과 전쟁에 돌입하고 영국과 프랑스가 폴란드 편에 서서 참전할 경우, 소련은 이들을 지원할 수 없게 되었다. 이러한 점에 비추어 볼 때, 이 조항은 독일에 한층 더 유리한 약속에 불과했던 것이다. 히틀러가 폴란드에 대한 침략 계획을 수립한 이후, 그의 뇌리에서 잊혀지지 않았던 '연합국의 부활'이라는 우려가 제거되었던 것이다.[33]

그런데 19일자 소련 측 안에는 제4조가 들어 있지 않았다. 조약의 체결 과정에서 소련은 독일 측 안을 수용하였다. 이러한 점으로 미루어 볼 때, 스탈린과 몰로토프가 소련에 끼칠 전략적 결과를 심도 있게 분석하지 않고 당면한 전술적 이익에 급급한 나머지 조약을 성급히 체결하였다는 사실이 드러났다.[34] 마이스키 역시 이 점을 우려하였다. "조약은 두 국가가 관심을 갖고 있는 문제에 관한 양국 정부 간의 협의를 미리 규정했고, 해지 조항이 빠졌다. 조약의 유효 기간은 10년이다. 우리의 정책은 분명히 어떤 급작스러운 전환을 이루었고,

---

라고 말하였다는 것이다.(Сиполс, *Внешняя Политика Советского Союза*, 328쪽.) 다른 하나는 조약 체결 과정에서 스탈린과 리벤트로프가 나눈 대화이다. 스탈린은 조약에 서명하면서 리벤트로프에게 반코민테른 조약도 조약의 제4조의 "강대국 집단"에 해당되는가라고 물어 보았다. 이에 대해 리벤트로프는 소련이 반코민테른 조약에 가담할 수 있을 것입니다만, 모든 문제가 전적으로 스스로에게 달려 있다고 웃으면서 답변하였다.(Розанов, *Сталин- Гитлер*, 98쪽.) 독일이 반코민테른 조약에 가입해 있는 한, 소련도 역시 3국 동맹 협상을 속개할 수 있다는 것이다. 하지만 이러한 주장은 자신들의 행위를 억지로 합리화시키는 일에 불과하다. 반코민테른 조약 체결국의 일원인 일본은 독일의 행동으로 충격을 받았고, 내각이 총 사퇴한 바 있다. 이와 같은 일본의 대응으로 추론해 볼 수 있는 점은 독일이 반코민테른 조약을 폐기하진 않았지만, 그 조약의 유효성에는 중대한 오점이 생겼다는 사실이다.

33) Jan T. Gross, *Revolution from abroad. The Soviet Conquest of Poland's Western Ukraine and Western Belorussia* (Princeton/N. J., 1988), 8쪽.

34) Семиряга, "Советский Союз и предвоенный политический кризис," 55쪽.

그러한 전환의 결과는 어찌될지 분명하지 않았다. 당분간 정부가 보낼 훈령을 기다릴 수밖에 없는 일"[35]이라고 자신의 일기장에 썼다. 이것은 1989년에 만들어진 '독·소 불가침 조약에 관한 정치적·법적 평가 위원회' 위원장인 알렉산드르 야코블레프의 진술로 확인된 바 있다. 그는 제2차 소련인민대표자 대회에서 "그 당시에 소련의 정책이 중대한 전략적 계산보다 종종 작전 보도에 의거하여 만들어졌다는 사실이 문서를 통해 입증되었다"[36]고 지적하였다.

이와 같이 독일과 소련 모두는 서둘렀다. 그들은 너무 급한 나머지 조약 안에 일부 문법적으로나 의미상의 실수를 하였다. 예를 들자면, 양국 정부의 의무에 관한 조항에는, '양국'이라는 말이 빠져 있고 뒤늦게 첨가되었다. 또한 '대략'을 의미하는 'ungefähr'라는 단어는 'ungefährt'로 잘못 쓰였다.[37] 또한 양측은 의정서를 체결하는 과정에서 즉석에서 쓸 수 있는 적합한 지도를 준비하지 않을 정도로 서둘렀다. 그로 인해 양측은 삐싸(Писса) 강이 나레브 강의 상류로 잘못 생각함으로써, 양측의 경계선에는 수 킬로미터에 달하는 구멍이 생겼다. 며칠 후 몰로토프는 이 사실을 알고 삐싸 강의 명칭을 비밀 의정서의 제2항에 삽입시키자고 주장하였다. 그래서 8월 28일에 의정서의 문안이 수정되었다. 즉 "제2항. 폴란드에 속한 지역에서 영토·정치적 변화가 있을 경우에, 독일과 소련의 영향권의 경계

---

35) док. 495, *ДВПС*, т. 22, кн. 1, 647쪽.

36) Второй Съезд, 269쪽.

37) *1. September 1939. Europär erinnern sich an den Zweiten Weltkrieg*, Zürich, 1990, 135쪽. 그리고 이에 관한 좀 더 자세한 내용은 Helmut König, "Das deutsch-sowjetische Vertragswerk von 1939 und seine Geheimen Zusatzprotokolle. Eine Dokumentation," *Osteuropa*, 1989, Nr. 5, 413-458쪽을 참조할 것.

는 삐싸, 나레브, 비슬라, 싼 강의 경계를 따라 정해질 것이다."[38]

이후 1967년 바실레프스키(A. M. Василевский) 장군과 시모노프(К. Симонов)와의 회담에서도 독일과 소련이 회담을 서둘러 마무리하려 하였다는 사실이 밝혀진 바 있다. 바실레프스키는 다음과 같이 말하였다. "나는 이 과정을 아주 잘 알고 있다. 왜냐하면 나는 이 문제의 심의를 위한 위원회와 함께 그 자리에 참석했기 때문이다. 그러나 흥미 있는 일은 우리가 독일 측의 입장 표명이나 항의를 기다렸지만, 독일 측은 입장 표명이나 항의도 하지 않았다는 사실이다. 리벤트로프도 그의 수행원도, 슐렌부르크도 이 사실에 관해 단 한 마디도 하지 않았다."[39] 시모노프는 바실레프스키 장군의 이러한 언급을 다음과 같이 평가하였다. "아마 독일인들은 무슨 일이 있어도 조약을 성사시키기로 마음먹고 있었을 것이다. 그렇기 때문에 만일 어떤 경우에도 예정된 것을 방해할 수 있는 이의 제기를 할 수 없었을지 모른다."[40]

이러한 일련의 사실을 염두에 둘 때, 소련이 양측을 상대로 '이중 외교'를 펼치다 갑자기 서두른 이유는 명확히 단언할 수 없겠지만, 스탈린이 영국과 프랑스, 독일 간의 동맹 가능성을 과대평가했을 것이라고 추론해볼 수 있다.[41] 스탈린은 3국 동맹 협상 과정에서 영국과 프랑스에 대한 불신을 지울 수 없었고 히틀러의 의도에 대한 지

---

38) док. 507, *ДВПС*, т. 22, кн. 1, 670쪽. 이와 같이 의정서 제2항이 수정되자, 현재에 간행된 대부분의 서적에는 23일자의 의정서 조항이 보편적으로 사용되지만, 종종 28일자 의정서 조항이 수록된 책도 발견되기도 한다.

39) К. Симонов, *Глазами человека моего поколения. Размышления о И. В. Сталине*(Москва, 1988), 447쪽.

40) 같은 책, 같은 곳.

41) 볼코고노프, 앞의 책, 35쪽.

속적인 공포와 의심을 지니고 있었다.[42] 반(反)소비에트 동맹에 대한 의혹이 증폭된 상황에서도 스탈린이 보기에 전쟁은 조만간 발발할 것이 분명하였다. 소련은 그러한 전쟁에서 벗어나거나 전쟁의 발발을 어떻게 해서라도 연기시켜야만 하였다.[43] 더구나 소련은 동부 국경에서 일본과의 결전을 앞두고 있는 상황이었다. 이미 소련은 일본이 8월 24일에 만주에서 총공세를 펼칠 예정이라는 정보를 입수하였다. 소련은 이러한 일본의 공세가 시작되기 전에, 선제 공격을 시작하기로 하였다. 그래서 8월 20일에 소련은 일본군에 대한 총공세를 퍼부었다.[44] 소련이 주력군을 동부 국경에서의 일본과의 전쟁에 투입함으로써, 서부 국경에는 최소한의 병력만이 남아 있었다.[45] 이와 같은 우려는 결국 스탈린을 독일 쪽으로 기울게 만들었다. 이러한 선택의 결과는 소련 국민뿐만 아니라, 전 세계에 고통을 안겨 준 '스탈린의 실수'라[46] 할 수 있겠지만, 그 당시 한 국가가 생존의 위기 앞에서 선택할 수밖에 없는 행동이었다. 소련으로서는 자신만이라도 임박한 전쟁 위협에서 벗어나는 것이 문제였던 셈이다.

---

42) Haslam, "The Soviet Foreign Policy," 104쪽.

43) 같은 책, 32쪽.

44) Haslam, *The Soviet Union and the Treat from the East*, 132쪽.

45) 소련군은 8월 23일 저녁 무렵(모스크바와의 시차는 6시간이었다)에 일본군의 주력 부대인 제6군을 몽고 인민공화국의 국경 근처에서 포위하였다.(Розанов, *Сталин-Гитлер*, 99쪽.)

46) В Комиссиях ЦК КПСС, "С Заседания Комиссии ЦК КПСС по вопросам международной политики 28 марта 1989 г : Вглядываясь в прошлое," *Известия ЦК КПСС*, но. 7, 1989, 38쪽. 그리고 이와 관련해서는 Р. Медведев, "Дипломатические и военные Ошибки Сталина в 1939-1941 годах," *Звезда*, 1989, но. 12, 57-74쪽과 В. Бережков, "Просчёт Сталина," *Международная жизнь*, но. 8, 1989; Волкогонов, "Драма решений ," 14-27쪽을 참고할 것.

그와 같은 불가피한 상황 속에서 독일이 제시한 이익은 소련에게 아주 유익했을 것이다. 독일의 요구를 수락한다면, 소련은 자신의 서부 국경에서 반소 방역선을 청산하고 우크라이나 및 백러시아인의 재통합할 수 있으며, 동시에 발트해로의 출구도 확보할 수 있을 것이다.[47] 물론 애초 소련이 이러한 결과를 염두에 두고 조약을 사전에 계획하였다고 볼 수 있는 근거는 충분하지 않다.[48] 바꿔 말하자면 스탈린이 향후 행동을 위해 8월 23일자 조약을 이용할 수 있겠지만, 조약을 체결한 순간에는 그의 행동 수단과 시기가 전혀 결정되지 않았다는 것이다.[49] 이런 점에서 볼 때, 독일이 핀란드, 에스토니아, 라트비아와 폴란드 동부 지역에 간섭하지 않음을 약속한 대가로, 소련이 폴란드를 둘러싼 히틀러와 서유럽 국가 간에 도래할 갈등에서 '무제한적인 중립'을 약속한 것이다.[50] 이러한 '무제한적인 중립'을 독일에 제공함으로써 소련은 전리품인 동유럽의 사전 분할 조치에 참여하였다. 소련은 독일과 제휴하여 장차 독일의 침공 가능성에 맞서 시간과 공간을 확보했던 것이다. 이 점에서 소련의 행위는 '급진적 방어 정책'으로 평가될 수 있을 것이다.[51]

약탈자와 함께 전리품 분할에 참여한 스탈린은 소련의 국가적 영

---

47) Розанов, *Сталин-Гитлер*, 99쪽.

48) 추바랸은 이와 관련하여 독일과 소련 양측이 사전에 구두의 합의가 있었는지에 관해 현재로선 알 수 없다고 하였다.(В Комиссиях ЦК КПСС, "С Заседания Комиссии ЦК КПСС по вопросам международной политики 28 марта 1989 г : Вглядьваясь в прошлое.", *Известия ЦК КПСС*, но. 7, 1989, 36쪽.)

49) Pätzold & Rosenfeld (Hrsg.), *Hakenkreuz und Sowjetstern*, 51-2쪽.

50) Roberts, *The Soviet Union*. 92쪽. 더 나아가 독일 역사가 아만(R. Ahmann)은 조약이 '불가침'이 아닌 "침략 조약"에 지나지 않는다고 지적하였다.

51) Haslam, "The Soviet Foreign Policy," 103쪽.

향권에 속한 주변 국가들에 위협과 최후통첩의 의지를 명백히 선언하였다. 소련은 불가침 조약의 비밀 의정서를 통해 발트해 연안국과 관련한 우선권과 폴란드 영토의 분할, 베사라비아를 얻었다. 그 이후 에스토니아와 라트비아, 리투아니아와의 원조 조약의 체결과 이들 국가의 영토에 소련군의 진군은 불가침 조약에서 소련과 독일 간의 합의 없이는 분명히 상상할 수 없는 것이었다. 베사라비아를 소련으로 합병시킨 1940년 6월 28일 소련・루마니아 조약의 경우도 마찬가지이다.[52] 국제관계의 역사에서 가장 유명한 문서 가운데 하나인 비밀 의정서에 나타난 독일과 소련의 세력권 경계는 일련의 동유럽 국가의 주권과 독립을 명백히 침해한 것이었다.[53]

---

52) W. Leonhard, *Betraya 1: The Hitler-Stalin Pact of 1939*(London, 1989), vii 쪽. 그리고 이에 관한 좀 더 자세한 내용은 Shtromas A., "Soviet Occupation of the Baltic States and Their Incorporation into the USSR," *East European Quarterly*, September 1985; Орлов А. С., "СССР и Прибалтика 1939-1940," *История СССР*, но. 4, 1990를 참고할 것.

53) Л. Везьыменский и Мюллерсон, "Вторая Мировая Войon а : Истоки и бьыводы," *Правда*, 11 Авг. 1989, 5쪽.

맺 음 말

독일은 자국민의 생존권 확보라는 미명하에 동부 및 중부 유럽 지역으로의 팽창을 공언하였다. 이것은 독일에 필수적인 식량과 원료, 인적 자원을 확보하기 위한 것이었다.[1] 그러한 팽창 정책의 최종 목표는 슬라브인의 노예화였다. 이와 같은 상황에서 소련은 필사적으로 독일의 침략을 저지해야만 하였다. 영국과 프랑스 역시 동일한 생각을 지니고 있었다. 그래서 그들은 독일의 침략으로부터 유럽의 평화와 안전을 보장하려 하였다.

소련은 독일의 침략을 저지하기 위한 구체적인 동맹을 영국과 프랑스에 제안하였다. 이 제안의 핵심은 영국과 프랑스, 소련 세 나라가 자신들뿐만 아니라, 독일의 위협을 받고 있는 동부 및 중부 유럽의 나라들을 정치적·군사적으로 공동으로 지원하려는 것이었다. 이로써 유럽의 평화는 개별적 수준에서가 아니라 집단적으로 확보될 수 있으리라는 구상이었다.

영국과 프랑스 역시 침략을 저지한다는 원칙에 동의하였다. 하지만 그들은 소련과 다른 방식을 염두에 두고 있었다. 영국과 프랑스는 독일의 침략 위협을 받고 있는 국가들에 유럽 강대국의 보장 선언을 부여할 생각이었다. 그들이 염두에 둔 보장 선언이란 동유럽 국가의 영토 보장이 아닌 '주권의 보장'이었다. 그들은 이러한 보장 선언을 통해 독일의 침략 계획을 단념시키고 난 뒤, 당사자들끼리 대화와 조정

---

1) 더 나아가, 이 지역은 장차 독일의 세계 정복 전략에 유용한 출발 기지로 이용될 것이다.(페스트, 앞의 책, 제1권, 375쪽.)

을 이끌어내고자 하였다. 그들은 이와 같은 방법으로써 유럽의 위기가 해소될 수 있다고 보았고, 소련이 제의한 대대적인 동맹은 오히려 이러한 구상을 방해하고, 전쟁을 부추길 소지가 있다고 여겼다. 그러므로 영국과 프랑스로서는 소련의 제의가 달갑지 않았다.

평화를 확보하는 방식에 있어서 이와 같은 근본적인 차이는 3국 동맹 협상의 과정에서 더욱 확연해졌다. 영국과 프랑스는 소련이 요구한 '간접 침략'의 정의 문제나 독일이 폴란드를 침공할 경우에 '소련군이 폴란드 영토를 통과하여 지원하는 문제'를 받아들이지 않았을 뿐만 아니라, 독일의 침공 위협에 처한 폴란드를 위시한 동유럽 국가들이 소련의 지원을 받아들이도록 설득하지도 못하였다. 소련 측의 입장에서 볼 때, 이는 곧 자신의 서부 국경이 독일의 침략 위협에 노출될 수도 있음을 의미한 것이었다.

그로 인해 세 나라 간의 동맹 협상은 지연되고 있었다. 이와 같은 상황 속에서도 독일은 자신의 전쟁 준비를 계획한 바대로 진행하였다. 독일 측의 입장에서 해결되어야 할 문제는 전쟁을 위한 유리한 조건의 마련이었다. 그 핵심은 폴란드의 고립, 다시 말해 전쟁을 폴란드에 국한시키는 것이다. 그것은 다름 아닌 독일에 대항하는 유럽 강대국 간의 동맹을 저지하는 것이었다. 그에 따라 독일은 영국과 소련을 상대로 중립을 얻어내려고 동맹의 가능성을 탐색하기 시작하였다. 그와 동시에 독일은 영국이나 소련과의 동맹을 배제할 수 있는 방법도 모색하였다. 그것은 바로 반코민테른 조약을 군사 동맹으로 전환시키는 것이었다. 독일과 이탈리아, 일본 간의 군사 동맹이 체결된다면, 영국과 프랑스, 소련은 전면전을 감수하지 않는 한 폴란드 문제에 개입하지 못한다는 것이다.

독일은 먼저 이탈리아와 강철 조약을 체결하였다. 독일은 일본의 가입을 낙관하였다. 하지만 독일의 희망과 달리, 일본은 유럽 문제에 대한 개입을 원하지 않았다. 그래서 일본은 유럽 문제에서 중립을 천명했고, 한 발 더 나아가 동북아시아 지역에 대한 지배권을 인정받은 영·일 협정을 체결하기에 이르렀다. 그 결과 독일이 희망한 모든 조건은 사라졌다. 폴란드 침공을 위한 일정에도 차질이 생겼고 상황 역시 불리하였다. 그래서 독일은 폴란드 침공 계획을 수립한 이후 줄곧 염두에 둔 대안을 고려할 수밖에 없었다. 그것은 소련과의 동맹이었다. 이것은 독일의 입장에서 볼 때 불쾌한 대안이긴 하지만, 가장 유리한 조건에서 전쟁을 할 수 있게 해준 것이었다. 독일은 3국간의 동맹에서 소련을 이탈·중립시키려고 소련에 구체적인 제안을 하였다. 그것은 독일이 소련을 공격하지 않는다는 것, 발트해 연안국을 포함한 동부 및 중부 유럽에서 각자의 이해관계를 조정하자는 것, 그리고 독일이 소련과 일본 간의 관계 개선을 중재한다는 것이다.

소련은 선택의 기로에 놓였다. 그 당시 사람들이 낙관한 것과 달리, 3국 동맹 협상은 소련군의 폴란드 영토 통과 문제를 둘러싸고 지연되고 있었다. 하지만 독일의 폴란드 침공은 임박해 있었다. 이러한 상황에서 소련은 영국과 프랑스와의 군사 동맹이 타결되지 않을 경우 벌어질 수 있는, 다시 말하자면 소련이 정치적·외교적으로 고립되었을 경우 발생할 수 있는 모든 상황을 고려할 수밖에 없었다. 그러한 상황이란 1938년 9월의 사건과 마찬가지로 서유럽 국가와 독일 간의 타협을 통한 독일의 폴란드 침공, 혹은 그러한 타협 없는 상태에서 독일이 폴란드 침공을 개시하고 영국과 프랑스가 대독 선전포고를 하는 것이다. 그 모든 경우에, 소련은 독일 군과 국경에서 대면하게 될 것이다. 하지만 상황이 어떤 식으로 전개될 것인지는 아무도 예측할 수 없었다. 그와 같은 불확실한 상황에서 소련은 독일의 제의를 받아들여 양측을 넘나들면서 치열한 외교전을 펼쳤다. 그 과정에서 소련이 자국의 서부 국경에 위치한 나라들에 대한 통제권을 확보함으로써 자국의 안전을 보장하고 전쟁에서 벗어날 수 있는 방법은 일시적이라 해도 독일과 타협하는 것뿐이었다. 그래서 소련은 독일과 동맹을 체결하였다. 그 결과 소련은 독일과의 동맹을 통해 자국의 서부 국경 지역에 위치한 나라들에서 독일의 영향을 차단시키는 데 성공하였다.

이상의 분석을 요약해보면, 다음의 결론이 나온다. 소련이 처음부터 독일과 조약 체결을 염두에 두고 '이중 외교'를 펼쳤던 것은 아니었다.[2] 또한 3국 동맹 협상이 결렬되자, 비로소 소련이 독일과의 동맹을 추구하였던 것도 아니었다. 물론 소련은 3국 동맹 협상의 결렬을 계기로 하여 독일과 조약을 체결하였다. 하지만 그러한 '계기'는 소련이 독일과의 조약 체결로 이끈 근원적 이유로 해석되기에는 미흡한 측면이 없지 않다. 그러한 협상의 결렬 그 이면에는 보다 구체적인 하나의 이유, 즉 동유럽을 둘러싼 이해관계의 대립이 자리 잡고 있다. 소련은 국가 안보를 위해 동유럽 지역을 자신의 영향권 아래 두거나 혹은 최소한 동유럽 지역에 대한 모든 강대국의 영향력을 배제하려 하였다. 이러한 문제를 둘러싸고 3국 동맹 협상이 교착에 처한 반면, 독일은 이를 보장하겠다고 제의하였다. 소련은 세

---

2) P. D. Raymond, "Witness and Chronicler of Nazi-Soviet Relatons : The Testimony of Evgeny Gnedin," *The Russian Review*, no.44, 1985, 385쪽을 참고할 것.

나라 간의 동맹 체결 가능성이 불확실하던 상황에서 반(反)파시즘 투쟁보다는 임박한 전쟁에서 벗어나는 것, 즉 자국의 안전을 보장해야 하였다. 이러한 의미에서 독일과의 조약은 소련에게 있어서 불가피하였다. 그 과정에서 소련은 비록 처음부터 동구권 분할을 염두에 둔 '이중 외교'를 추구한 것이 아니었지만, 3국 동맹 협상의 추이를 보면서 단기간이긴 하나 '이중 외교'를 펼쳤다. 소련은 막대한 생존이 걸린 문제를 앉아서 당할 정도로 어리석지 않았다. 소련은 마지막 순간에 자신의 이익을 확보할 정도로 치밀한 외교적 노력을 기울였다. 이런 점에서 '수정주의자'들이 중요성을 부여하지 않은 '이중 외교'는 적극적인 의미를 지니게 된다.[3] 그것은 '이중의 맞선'이며, 따라서 결혼의 성사 여부는 누가 더 많은 지참금을 가져오느냐에 달려 있었다. 말하자면 소련이 독일을 택한 이유로 부가된 '불가피함'이라는 수식어에 가려 '이중의 게임' 전술로 표현되는 소련의 치밀한 외교적 행태가 보다 확연히 지적되지 않았다는 것이다. 3국 동맹 협상이 난항을 겪고 있을 때 독일이 소련에 접근해왔다. 독일은 동유럽에 대한 소련의 이익을 보장하는 제안을 내놓았고, 이에 소련은 그 맞선에서 보다 유리한 조건을 제시한 독일과의 동맹을 택하였다. 따라서 소련이 독일을 택한 것은 임박한 전쟁 위협 속에서 3국 동맹 협상이 결렬되어서 '불가피한' 대안이었다기보다는 오히려 독일이 동유럽 분할까지 거론함으로써 자국의 이익을 최대한 보장하겠다고 나섰기 때문이었다.[4] 사실상 그것은 국가 이익의 최

---

3) 특히 로버츠는 조약 체결 과정에서 소련이 보여준 태도를 주도적이고 적극적인 것이 아니라, 상황에 끌려 다닌 소극적인 의미로 평가하고 있다. 그래서 조약은 계획된 것이라기보다는 사건의 산물이고, 명확한 목적을 추구한 정책이라기보다는 정책 표류의 결과이며, 전략적 계산이 아니라 전술적 변화와 조정의 결과였다고 한다.(Roberts, *The Soviet Union*, 64쪽.)

대 구현을 지향하는 국제 정치상의 보편적 경향을 따른 것이며, 그 과정에서 독일과 소련 양국의 체제나 이념상의 차이가 아무런 역할을 하지 못하였다는 점이다. 독·소 불가침 조약의 체결은 언제 터질지 모르는 전쟁 직전의 숨 가쁜 상황에서 자국의 이익을 극대화하려는 국가들이 참여하여 빚어낸 현실 정치상의 사건이었다. 동유럽 분할과 위성국화는 그러한 현실 정치상의 이해관계가 빚어낸 비극이었다.[5] 그것이 애초에 소련이 의도했었던 동유럽 지역의 현상 보전을 넘어 사실상의 '합병'으로까지 나아간 데에는 자국의 이익을 극대화하려는 강대국의 야욕이 도사리고 있었음을 지적해야 한다.[6]

마지막으로 이 글의 한계와 향후 연구 과제를 지적하면서 글을 마무리하고자 한다. 이 글은 조약의 성립 과정을 강대국 간의 영향

---

4) 소련은 독일의 이러한 제의를 받아들인다면 일시적으로나마 전쟁에서 벗어날 수 있을 것으로 생각하였다. 바로 그 점 때문에 소련은 독일과 그야말로 "순식간에" 불가침 조약을 체결할 수 있었다.(В Комиссиях ЦК КПСС, "С Заседания комиссии ЦК КПСС по вопросам международной политик и 28 марта 1989 г : Вглядываясь в прошлое," *Известия ЦК КПСС*, 1989, но. 7, 28쪽.)

5) 해슬럼(J. Haslam)과 로버츠는 비밀 의정서에 나타난 영향권 경계를 동유럽 지역에 대한 독일과 소련 두 나라의 '공동 통치(Condominium)'에 대한 약속으로 파악하고 있다.(Haslam, *Soviet Foreign Policy 1939-1941*, 104쪽/ Roberts, *The Soviet Union*, 93쪽.). 대부분의 러시아 학자들은 비밀 의정서에 나타난 영향권 경계를 독일과 소련 사이에 합의된 일종의 "군사 분계선"으로 파악하고 있다.(1939 год, 343쪽.) 그들은 전후 전범 재판 과정에서 드러난 리벤트로프의 증언을 들이대면서 소련이 사전에 폴란드를 분할하는 데 합의하지 않았다고 주장한다. "비밀 의정서는 독일의 군사적 팽창의 동부 한계선이었다."(И. Фляй шхауэр, "Советско-Германский Пакт," 168쪽을 참고할 것.)

6) 이러한 비극은 비단 여기서 그친 것이 아니었다. 현재까지도 지속되거나, 벗어났다 해도 너무나 커다란 상처를 전 인류에 남겨 놓은 또 다른 비극이 잉태되고 있었다. 그것은 바로 냉전이었다. 물론 냉전의 원인은 다양하겠지만, 조약을 통해 새로운 "공산주의적" 제국주의가 출현했던 것이다.(Haslam, *Soviet Foreign Policy 1939-1941*, 103쪽.)

권 놀음이라는 측면에서 비판적으로 고찰하려고 노력하였다. 그럼에도 이 글은 '전통주의적' 해석과 '수정주의적' 해석 모두에서 독일의 침략 대상으로 '기정사실'화한 강대국의 희생양인 폴란드와 발트해 연안 3국을 포함한 동유럽 약소국의 입장에서 그 원인을 파헤치지 못한 한계를 지니고 있다. 그러한 한계와 더불어, 히틀러 독일의 팽창 정책이 영국 및 프랑스에 대한 불신보다 더 위험했음에도 불구하고, 소련이 독일을 택한 정확한 시기와 동기를 좀 더 분명히 밝히기 위해서는 소련 지도부 내부의 논의 과정을 담은 사료가 분석되어야 한다고 생각된다. 즉 '독일 쪽으로의 선회'를 결정하는 과정에서 소련 지도부는 내부적인 논의를 거쳤을 것으로 생각된다. 그렇다면 그러한 논의 과정이 기록되었는가의 문제, 기록되었다면 그 사료의 공개 여부 등을 해명하는 것이 중요하다고 생각된다.

참고문헌

1. 사　료

Второй съезд народных депутатов СССР, Москва, 1989년.

Год Кризиса 1938-1939: Документы и Материалы, В 2 томах, Москва, 1991년.

Документы Внешней Политики СССР. 1935 год, т. 18, Москва, 1962년.

Документы Внешней Политики СССР. 1938 год, т. 21, Москва, 1965년.

Документы Внешней Политики. 1939 год, т. 22, В 2 Кн., Москва, 1992년.

Документы и материалы Кануна Второй Мировой Войны 1937-1939 гг. т. 1, Москва, 1981년.

Документы по Истории Мюнхенского Сговора 1937-1939 гг. Москва, 1979년.

История Внешней Политики СССР 1917-1945, т. 1, Москва, 1986년.

История Второй Мировой Войны 1939-1945, т. 1, Москва, 1973년.

История Великой Отечественной Войны Советского Союза 1941-1945, т. 1, Москва, 1960년.

Майский И. М., *Кто Помогал Гитлеру*(Из воспоминаний советского посла), Москва, 1962년.

Нюрнбергский Процесс Сборник Материалов, т. 2, Москва, 1988년.

Оглашению подлежит: СССР-Германия 1939-1941. Документы и Материалы, Москва, 1991년.

ОТ ПАКТА МОЛОТОВА-РИББЕНТРОПА ДО ДОГОВОРА О БАЗАх: Документы и Материалы, Таллинн, 1990년.

Сталин И. В., *Сочнение*, т. 5, 7, 13, Москва, 1952년.

СССР-Германия 1939-1941: Документы и материалы о советско-германских отношениях, В 2 томах, Вильнюс, 1989년.

СССР-Германия 1939-1941: Документы и Материалы, Москва, 1991년.

СССР в Ворьбе за Мир Накануне Второй Мировой Войну, Москва, 1971년.

Троцкий Л. Д., *Портреты. Сборник*, Июю-Йорк, 1984년.

Советско-Нацистские Отношения 1939-1941. Документы, Париж-Нью-Йорк, 1983년.

Degras J., *Soviet Documents on Foreign Policy*, vol. 3, London, 1953년.

2. 연구 저서와 논문

1) 연구 저서

미셸 헬러/알렉산드르 네크리치,『권력의 유토피아 Ⅰ. 소비에트 러시아사 1917-1940』, 김영식/남현욱 옮김, 청계연구소, 1988년.

金學俊 저,『蘇聯外交論序說』, 서울대 출판부, 1986년.

드미트리 볼코고노프,『스탈린』, 한국전략문제연구소 옮김, 서광사, 1993년.

윈스턴 S. 처칠,『第2次世界大戰』, 황성수 외 3인 공역, 제1권, 향우사, 1970년.

요하힘 C. 페스트,『히틀러 평전』, 안인희 옮김, 제1·2권, 푸른숲, 1997년.

아돌프 히틀러,『나의 투쟁』, 서석연 옮김, 범우사, 1989년.

안드레아스 힐그루버,『제2차세계대전. 국제정치와 전쟁 전략』, 류제승 옮김, 한울 아카데미, 1996년.

에릭 홉스봄,『극단의 시대』, 이용우 옮김, 제1권, 까치, 1997년.

도널드 케이건,『전쟁과 인간』, 김지원 옮김, 세종, 1997년.

에른스트 놀테,『유럽의 시민 전쟁 1917~1945. 민족사회주의와 볼세비즘』, 유은상 옮김, 대학촌, 1996년.

제임스 졸,『현대 유럽 정치사회사 Ⅱ』, 편집부 옮김, 학문과 사상사, 1986년.

윌리엄 L. 샤이러,『제3제국의 흥망』, 유승근 옮김, 제2·3권, 에티터, 1993년.

P. H. 비거, 『소련의 전쟁관·평화관·중립관』, 권인태/이민룡 역, 형성사, 1984년.

하랄트 슈테판, 『아돌프 히틀러』, 최경은 옮김, 한길사, 1997년.

Академия Наук СССР, *СССР в Борьбе против Фашистской Агресии 1933-1945*, Москва, 1976년.

Академия Наук СССР, *Альтернативы 1939 года: Документы и материалы*, Москва, 1989년.

Академия Наук СССР, *1939 Год: Уроки истории*, Москва, 1990년.

Академия Наук СССР, *Историки отвещают на Вопросу*, Москва, 1990년.

Далем Ф., *Накануне Второй Мировой Войны 1938 г-август 1939 г:*

Воспоминания, в 2-хт, т. 2, Москва, 1982년.

Мельников Д. и Черная Л., *Преступник Номер 1. Нацистский Режим и его Фюрер*, Москва, 1982년.

Мерцалов А. Н.(Сост), *История и Сталинизм*, Москва, 1991년.

Розанов Г. Л., *Сталин-Гитлер: Документальный Очерк Советско-Германских Дипломатических Отношений 1939-1941 гг.* Москва, 1991년.

Самсонов А. М., *Второя Мировая Война 1939-1945: Очерк важнейших событий*, 4-е изд., испр. и доп., Москва, 1990년.

Семиряга М. И., *Тайны Сталинской Дипломатии 1939-1941*,

Москва, 1992년.

Сиполс В. Я., *Дипломатическая Борьба Накануне Второй Мировой Войны*, Москва, 1989년.

Сиполс В Я., *Внешная Политика Советского Союза 1933-1935*, Москва, 1980년.

Шейнис З, *Масим Литвинов*, Москва, 1988년.

Aster S., *1939: The Making of the Second World War*, London, 1973년.

Abramsky C.(ed), *Essays in Honors of E. H. Carr*, London, 1974년.

Bohlen C., *Witness to History*, New York, 1973년.

Carr E. H., *The Interregnum 1923-1924*, London, 1969년.

Carr E. H., *Socialism in One Country*, London, 1969년.

Cragig G. A., Gilbert F.(ed), *The Diplomats 1919-1939*, Princeton: N. J., 1953년.

Douglas R. I.(ed), *1939: A Retrospect Forty Years After*, London, 1983년.

Deutscher I., *Stalin. A political biography*, New York, 1971년.

Frucht R.(ed), *Labyrinth of Nationalism /Complexities of Diplomacy*, Columbus, 1992년.

Getty J. A. &Manning R. T.(ed), *Stalinist Terror. New Perspectives*, Cambridge, 1994년.

Gorodetsky G.(ed), *Soviet Foreign Policy 1917-1991. A Retrospective*, London, 1994년.

Gross Jan T., *Revolution from abroad. The Soviet Conquest of Poland's Western Ukraine and Western Belorussia*, Princeton: N. J., 1988년.

Haslam J., *Soviet Foreign Policy 1930-1933. The Impact of the Depression*, New York, 1983년.

Haslam J., London, 1984년. *The Soviet Union and the Struggle for Collective Security in Europe 1933-1939.*

Haslam J., *The Soviet Union and the Threat from the East 1933-1941*, London, 1992년.

Haigh R. H., Morris D. S. and Peters A. R., *Soviet Foreign Policy: The League of Nations and Europe 1919-1939*, Aldershot: Gower, 1986년.

Hitchens M. G., *Germany, Russia and the Balkans: Prelude to the Nazi-Soviet Non-Aggression Pact*, New York, 1983년.

Hiden J. and Lane T.(ed), *The Baltic and the Outbreak of the Second World War*, Cambridge, 1992년.

Hochman J., *The Soviet Union and the Failure of Collective Security 1934-1938*, Ithaca N.Y: Cornell University Press, 1984년.

Keep J.(ed), *Contemporary History in Soviet Mirror*, New York, 1964년.

Kettenacker L. &Mommsen Wolfgang J.(eds), *The Facist Challenge and the policy of appeasement*, London, 1983년.

Leonhard W.(Trans., by Richard D. Bosley), *Betrayal: the Hitler-Stalin pact of 1939*, London, 1989년.

Merson A., *Communist Resistance in Nazi Germany*, London, 1985년.

Noakes J. and Pridham G.(eds), *Nazism 1919-1945. A Documenter Reader*, vol. 3(Foreign Policy, War and Racial Extermination), Exeter, 1995년.

Prazmowska A., *Britain, Poland and the Eastern Front 1939*, London, 1987년.

Phillips H. D., *Between the Revolution and the west. A Political Biography of Maxim M. Litvinov*, Oxford, 1992년.

Read A. and Fisher D., *The Deadly Embrace: Hitler, Stalin and the Nazi-Soviet Pact 1939-1941*, London, 1988년.

Roberts G., *The Unholy Alliance: Stalin's Pact with Hitler*, Bloomington and Indianapolis, 1989년.

Roberts G., *The Soviet Union and the Origins of the Second World War: Russo-German Relations and the Road to War 1933-1941*, London, 1995년.

Raack R. C., *Stalin's drive to the west 1938-1945. The origins of the cold war*, Stanford, 1995년.

Shirer W. L., *Berlin Diary*, New York, 1961년.

Smith G.(ed), *The Batic States. The National Self-Determination of Estonia, Latvia and Lithuania*, London, 1994년.

Sipols V., *Diplomatic Battles before World War II*, Moscow, 1982년.

Tucker R. C., *Stalin in Power. The Revolutionary from above 1928-1941*, New York, 1990년.

Taylor A. J. P., *The Origins of the Second World war*, London, 1961년.

Thompson N., *The Anti-Appeasers. Conservative opposition to appeasement in the 1930's*, Oxford, 1971년.

Ulam Adam B., *Expansion &Coexistence: The History of Soviet Foreign Policy, 1917-1967*, New York, 1968년.

Weinberg G. L., *The Foreign Policy of Hitler's Germany 1937-1939: Starting World War II, 1937-1939*, Chicago, 1980년.

Weinberg G. L., *Germany, Hitler, and World War II. Essays in Modern German and World History*, New York, 1995년.

Young R. J., *France and the Origins of the Second World War*, London, 1996년.

Ahmann R., *Nichtangriffspakte: Entwicklung und operative Nutzung 1922-1939*, Baden-Baden, 1988년.

Bartel H., *Frankreich und die Sowjetunion 1938-1940. Ein Beitrag zur französischen Ostpolitik zwischen dem Münchner Abkommen und dem Ende der Dritten Republik*, Stuttgart, 1986년.

Bisowsky G., Schafranek H., Stribel R.(Hrsg), *Der Hitler-Stalin-Pakt: Voraussetzungen, Hintergründe, Auswirkungen*, Wien, 1990년.

Foerster R. G.(Hrsg), *»Unternehmen Barbarossa«: Zum historischen Ort der deutsch-sowjetischen Beziehungen von 1933 bis Herbst 1941*, München, 1993년.

Fleischhauer I., *Der Pakt. Hitler, Stalin und die Initiative der deutschen Diplomatie 1938-1939*, Berlin, 1990년.

Graml H., *Europas Weg in den Krieg. Hitler und die Mächte 1939*, München, 1990년.

Hildebrand K., Schmädeke J. und Zernack K.(Hrsg), *1939. A Schwelle zum Weltkrieg. Die Entfesselung des Zweiten Weltkrieges und das internationale System*, München, Berlin, New York, 1990년.

Hass G., *23. August 1939 der Hitler-Stalin-Pakt: Documentation*, Berlin, 1990년.

Hildebrand K., *Der Deutsche Aussenpolitik 1933-1945*, Stuttgart, 1971년.

Hillgruber A., *Kalkül zwischen Macht und Ideologie: der Hitler-Stalin-Pakt: Parallelen bis heute?* Zürich, 1980년.

Hillgruber A.(Hrsg), *Die Zerstörung Europas. Beiträge zur Weltkriege-poche 1914 bis 1945*, Berlin, 1988년.

K. Pätzold &G. Rosenfeld(Hrsg), *Sowjetstern und Hakenkreuz 1938 bis 1941. Dokumente zu den deutsch-sowjetischen Beziehungen*, Berlin, 1990년.

Michalka W.(Hrsg), *Der Zweite Weltkrieg: Analysen, Grundzüge, Forschungsbilanz*, München, 1989년.

Niedhart G., *Großbritannien und die Sowjetunion 1934-1939. Studien zur britischen Politik der Friedenssicherung zwischen den beiden Weltkriegen*, München, 1972년.

Niclauss K., *Die Sowjetunion und Hitlers Machtergreifung: Eine Studie über die deutsch-russischen Beziehungen der Jahre 1929-1935*, Bonn, 1966년.

Oberländer E.(hrsg), *Hitler-Stalin-Pakt 1939: Das Ende Ostmitteleuropas ?* Frankfurt a. M., 1989년.

Pietrow B., *Stalinismus, Sicherheit, Offensive. Das Dritte Reich in der Konzeption der sowjetischen Außenpolitik 1933 bis 1941,* Melsungen, 1983년.

Reinhold W. W., *Die Entstehung des Hitler-Stalin-Paktes 1939,* Frankfurt a. M., 1980년.

Wegner B.(hrsg), *Zwei Wege nach Moskau. Vom Hitler-Stalin-Pakt zum Unternehmen Barbarossa,* Zürich, 1991년.

2) 논 문

임경훈, "The Origins of the Nazi-Soviet Non-Agression Pact of 1939", ≪러시아 연구≫, 8, no.1, 1998년.

Безыменский Л. А., "Августовское Предложение Гитлера Лондону", *Международная Жизнь,* но. 8, 1989년.

Безыменский Л. А. и С. Горлов, "Накануне Переговоры В. М. Молотова в Берлине в ноябре 1940 года", *Межуднаро дная Жизнь,* но. 6, 8/1991년.

Везьыменский Л., "Новые материалы о переговорах Wilson-Wohltat", *Новая и Новей шая История,* но. 1, 1979년.

Безыменский Л. А., "Альтернативы 1939 года: Вокруг сове тско-германского Пакта года и связанных с ним документов", *Новое Время,* но. 23, 7/1989년.

Безьыменский Л. А., "»Второй Мюнхен«: Замысел и Результаты(из арх-ива Форин оффиса)", *Новая и Новей шая история*, но. 4/5, 1989년.

Везьыменский Л. А. и Абрамов Н., "Осовая Миссия Дабида Канделаки", *Вопросы Истории*, но. 4-5, 1991년.

Везьыменский Л. А. и Мюллерсон, "Вторая Мировая Вой на: Истоки и Бьыводы", *Правда*, 11 Авг. 1989년.

Бережков В. М., "Просчёт Сталина", *Международная Жизнь*, но. 8, 1989.

"Вокруг пакта о ненападении. Документы о советско герма нских Отношениях 1939 г", *Международная Жизнь*, но. 9, 1989년.

Волкогонов Д. А., "Драма Решений 1939 года", *Новая и Новей шая История*, но. 4, 1989년.

В Комиссиях ЦК КПСС, "С Заседания Комиссии ЦК КПСС по вопросам международной политики 28 марта 1989 г: Вглядьваясь в прошлое", *Известия ЦК КПСС*, но. 7, 1989년.

Горлов С. А., "Советско-Германский Диалог. Накануне Пакта Молотова-Риббентропа 1939 г", *Новая и новей ша я история*, но. 4, 1993년.

Зоря Ю. и Лебедева Н., "1939 год в нюрнбергских досье", *Международая Жизнь*, но. 9, 1989년.

"К истории заключения Советско-Германского Договора о

Ненападении 23 Августа 1939 г: Документалый обзор", *Новая и Новейшая История*, но. 6, 1989년.

"Накануне Войны(1936-1940 гг). Доклад и Записки в ЦК В КП(б)", *Известия ЦК КПСС*, но. 3, 1990년.

Невежин В. А., 'Советско-Германские дипломатические контакты 1939-1941 годов: Новейшие исследования', *Преподавание истории в школе*, но. 1/2, 1992년.

Нежинский Л. Н., 'История внешней политики СССР: поиски новых подходов', *Новая и Новейшая история*, 1990년.

'О работе за 1939 год Из отчёта начальника Управления по начальствующему составу РККА Наркомата Обороны СССР, Е. А. Щаденко, 5 Мая 1940', *Известия ЦК КПСС*, но. 1, 1990년.

Орлов А. и Тушкевич С., 'Пакт 1939 года: Альтернативы не было', *Литературная Газета*, 26 Октябрь, 1988년.

Орлов А. С., 'Пакт 1939 года: Альтернативы не было', *Известия ЦК КПСС*, но. 7, 1989년.

Орлов А. С., 'СССР и Прибалтика 1939-1940', *История СССР*, но. 4, 1990년.

Ошман И., 'Сталин или Гитлер? Выть может, кто-то третий?' *Новое Русское Слоб*, 17-18 сентября 1994년.

Панкрашова М., 'Англо-Франко-Советские Переговоры 1939 года', *Международая Жизнь*, но. 8, 1989년.

Прибылов В. И., 'Был ли выбор?' *Военно-исторический Журнал*, но. 2, 1990년.

Реутов Г. Н., 'Накануне Великой Отечественной : Советско-Германские Отношения: Май 1939-июнь 1941', *Общество 《Энание》 РСФСР*, 1991년.

Семиряга М. И., '23 Августа 1939 года. Совтско-Германскии Договор о ненападении: Была ли Альтернатива?' *Литературная газета*, 5 Октябрь, 1988년.

Семиряга М. И., 'Советский Союз и предвоенный политический кризис', *Вопросы Истории*, но. 9, 9/1990년.

Семиряга М. И., 'Советско германские договоренности в 1939-июне 1940 г: Взгляд историка', *советское государство и право*, но. 9, 1989년.

Семиряга М. И., 'Ещё раз о кризисном годе, 1939', *Мировая Экономика и Международная Отношения*, но. 12, 1989년.

Сиполс В. Я., 'За несколько месяцев до 23 августа 1939 года', *Международая Жизнь*, но. 5, 1989년.

Сиполс В. Я. и Чельшев, 'Политические Переговоры СССР, Великобритании и Франции 1939 г. в свете французских дипломатических документов', *Новая и Новейшая История*, но. 6, 1989년.

Соколов В., 'Наркоминдел Максим Литкинов', *Международая Жизнь*, но. 4, 1991년.

Ahmann R., 'The German Treaties with Estonia and Latvia of June

1939-Bargaining Ploy or an Alternative for German-Soviet Understanding', *Journal of Baltic Studies*, no.20, April 1989년.

Bonwetsch B., 'Vom Hitler-Stalin-Pakt zum Unternehmen Barbarossa. Die deutsch-russischen Beziehungen 1939-1941 in der Kontroverse', *Osteuropa*, 6/1991년.

Carr E. H., 'From Munich to Moscow', *Soviet Studies*, June 1949년.

Carley M. J., 'End of the 'Low, Dishonest Decade': Failure of the Anglo-Franco-Soviet Alliance in 1939', *Europe-Asia Studies*, 45, no.2, 1993년.

Dukes J. R., 'The Soviet Union and Britain: The Alliance Negotiations of March-August 1939', *East European Quarterly*, September 1985년.

Haslam J., 'Soviet Foreign Policy 1939-1941: Isolation and Expansion', *Soviet Union/Union Soviètique*, 18, Nos. 1-3, 1991년.

König H., Das deutsch-sowjetische Vertragswerk von 1939 und seine Geheimen Zusatzprotokolle. Eine Dokumentation, *Osteuropa*, Nr. 5, 1989년.

Large J. A., 'The Origins of Soviet Collective Security Policy 1930-1932', *Soviet Studies*, April 1978년.

Manne R., 'The British decision for alliance with Russia. May 1939', *Journal of Contemporary History*, no.3, September 1974년.

Manne R., 'Some British Light on the Nazi-Soviet Pact', *European Studies Review*, January 1981년.

Metzmacher H., Deutsch-englische Ausgleichsbemühungen im

Sommer 1939, *Vierteljahrshefte für Zeitgeschichte*, Nr. 14, 1966년.

Niedhart G., 'Appeasement: Die britische Antwort auf die Krise des Weltreichs und des internationalen Systems vor dem Zweiten Weltkrieg', *Historische Zeitschrift*, Nr. 226, 1978년.

Pietrow B., 'Stalin-Regime und Außenpolitik in den dreißiger Jahren. Eine Zwischenbilanz des Forschungsstandes', *Jahrbücher für Geschichte Osteuropas*, Nr. 33, 1985년.

Raymond P. D., 'Witness and Chronicler of Nazi-Soviet Relatons: The Testimony of Evgeny Gnedin', *The Russian Review*, no.44, 1985년.

Roberts G., 'Infamous Encounter? The Merekalov-Weizsäcker Meeting of 17 April 1939', *The Historical Journal*, No.35, April 1992년.

Roberts G., 'The Fall of Litvinov: A Revisionist View', *Journal of Contemporary History*, vol. 27, no.4, Oct. 1992.

Roberts G., 'A Soviet-Bid for Co-existence with Nazi Germany, 1935-7: The Kandelaki Affair', *International History Review*, Aug. 1994년.

Roberts G., 'The Soviet Decision for a Pact with Nazi Germany', *Soviet Studies*, Jan. 1992년.

Roberts G., 'Stalin-Hitler Pact: A Bibliograph', *Political History of Russia*, vol. 8, no.4, 1997년.

Seidman M., 'Maksim Litvinov: Commissar of Contradiction', *Journal of Contemporary History*, vol. 23, no.2, April 1988년.

Shtromas A., 'Soviet Occupation of the Baltic States and Their

Incorporation into the USSR', *East European Quarterly*, September 1985년.

· **저 자** ·

황동하　· **약 력**

숙명여자대학교 사학과 박사
서울대학교 국제문제연구소 선임연구원
현　국민대학교 국제학부 유라시아연구소 책임연구원

· **주요논저**

「독 · 소 불가침조약(1939. 8. 23)의 성립
　- 소련 측의 동기 분석을 중심으로 -」
「소련 역사 속의 '스탈린 시대' : 이를 바라보는 몇 가지 시각들」
「'Icebreaker' Thesis : 1941년 소련의 대독 선제공격 계획설」
「스탈린과 한국전쟁의 발발 — 중 · 소 관계를 중심으로」
「소련의 전시 포스터에 등장하는 어머니 이미지에 대한 연구
　- 독 · 소 전쟁 초(1941-1943) 포스터 「Родина-Мать зовет!」를 중심으로」
「"자연발생적인 탈-스탈린화(spontaenous de-Stalinization)"
　: 러시아인들이 되돌아 본 '대조국전쟁'의 한 단면」
「소비에트 정치 포스터에 나타난 스탈린 개인숭배의 정치문화사」
외 다수

'필사적인 포옹':독·소 불가침 조약 (1939·08·23)과 소련 측의 동기 분석

· 초판 인쇄	2006년 3월 30일
· 초판 발행	2006년 3월 30일
· 지 은 이	황동하
· 펴 낸 이	채종준
· 펴 낸 곳	한국학술정보㈜
	경기도 파주시 교하읍 문발리 526-2
	파주출판문화정보산업단지
	전화　031) 908-3181(대표) · 팩스　031) 908-3189
	홈페이지　http://www.kstudy.com
	e-mail(e-Book사업부)　ebook@kstudy.com
· 등　　록	제일산-115호(2000. 6. 19)
· 가　　격	17,000원

ISBN　89-534-4808-5　93920　(Paper Book)
　　　　89-534-4809-3　98920　(e-Book)